The Arsenal Way

UN CLUB DE FÚTBOL, UNA FILOSOFÍA DE VIDA

RODRIGO DUBEN

The Arsenal Way. Un club de fútbol, una filosofía de vida / Rodrigo Duben - 1a edición
LIBROFUTBOL.com, 2022.

230 páginas; 15,2 x 22,9 cm.

ISBN 978-987-8370-98-9

1. Fútbol.
CDD 796.33409

The Arsenal Way. Un club de fútbol una filosofía de vida
de Rodrigo Duben

Cubierta: Luciano Medvetkin

Foto del autor: © Rodrigo Duben

ISBN 978-987-8370-98-9

1ª edición: agosto 2022

ediciones@librofutbol.com
+54 9 11 2215 1982
librofutbol

Av. del Libertador 6898 – Nuñez – Ciudad de Buenos Aires – Argentina

ÍNDICE

PRÓLOGO

'ONCE A GUNNER, ALWAYS A GUNNER'

Por Cesc Fàbregas (*)

Tengo 15 años, estoy en la academia del Barça. Un día, al llegar a mi casa al término de un partido, mis padres me dijeron que habían tenido contacto con el Arsenal Football Club a través de mi agente de ese momento. Supongo que mi representante habló con mis padres y ellos decidieron que era momento de contarme que habían venido a verme muchas veces. Francis Cagigao estuvo presente en muchos de mis partidos, pero yo hasta ese momento no sabía absolutamente nada. Por protocolo, Francis iba a ver a algún jugador que le interesaba y, cuando él estaba convencido de que podría estar en el Arsenal F.C., su jefe —Steve Rowley— iba a asegurarse de que encajaba con lo que el club quería. Todo había ido bien en mi caso, por lo que querían tener una reunión conmigo. Hasta ese momento, sinceramente, yo veía poco fútbol inglés. No era como ahora que puedes mirar muchos partidos de la Premier League. Era una liga famosa... pero en España, Cataluña, donde yo vivía, en TV3 los domingos por la tarde mostraban los resúmenes.

---

* Cesc Fàbregas (Arenys de Mar, 1987) debutó como futbolista profesional en el Arsenal Football Club en octubre de 2003, transformándose en ese momento en el jugador más joven de la historia de la institución (16 años y 177 días). Disputó 304 partidos y marcó 57 goles en sus ocho temporadas en el equipo. Fue parte de la plantilla que ganó la Premier League 2003/04 de forma invicta. Ganó una FA Cup (2004/05) y dos Community Shield (2004 y 2005), además de ser subcampeón de la UEFA Champions League (2005/06).

Era una época donde David Beckham era joven y recuerdo, no sé por qué, a un Steven Gerrard que estaba dando sus primeros pasos en el primer equipo del Liverpool F.C. y ya metía golazos. Tuve que ponerme a estudiar un poco más junto a mis padres. Ahí vimos quién era Arsène Wenger y los jugadores que tenía en el equipo. Habían ganado el doblete de liga y copa en la temporada 2001/02. Era la segunda vez que lo conseguía desde su llegada a Inglaterra. Es ahí donde notamos que el Arsenal F.C. podía ser el equipo del futuro.

Nos sentamos a hablar con Francis, mi representante y mis padres. Francis me explica un poco lo que el club quería de mí y cuáles eran los valores de la institución. Lo que más me sorprendió era que me había visto durante tantos partidos, pero que después de las primeras dos o tres veces ya sabía que yo era un jugador para el Arsenal F.C., aunque tuvo que seguir el procedimiento para ver cómo me desarrollaba ante distintos rivales. Seguramente debía ser muy difícil ver partidos nuestros; a veces íbamos bastante sobrados. Teníamos un equipazo. Ahí Leo Messi ya llevaba algunos años con nosotros. Y no era lo mismo verme ante esos rivales a los que ganábamos por 10-0 que cuando jugaba ante el Real Madrid o chavales que estaban a ese nivel. Francis me dijo que me veía preparado para jugar en el primer equipo del Arsenal F.C. y para mí eso, con 15 años, fue sorprendente.

En el verano de 2003, me invitaron a Londres. Querían que fuera a ver las instalaciones del club, a conocer la casa de la señora con la que yo viviría durante dos años y, principalmente, ofrecerme un contrato. Francis no tenía el poder para ofrecer dinero: era solamente el enlace entre el jugador y la dirección deportiva. Me empiezo a dar cuenta de que las cosas van en serio. Hacía un calor brutal al momento en que aterricé con mis padres en Londres. Desde el Barça nos estaban llamando para ir a renovar mi contrato, que a esa edad se actualizaba año a año. No podíamos coger el teléfono para que no nos metieran presión de tener que ir a firmar con ellos. Fue un poco incómodo para mí siendo tan pequeño. Estaba en el club de mi vida y tenía miedo de no estar dando el paso correcto. Tenía muchas dudas, pero allí estaban el vicepresidente David Dein y Arsène Wenger, quien estaba en París de vacaciones, pero viajó exclusivamente a Inglaterra para hablar conmigo. Eso fue lo que más me impactó de todo. Que estuviera Dein también me chocó, pero al fin y al cabo él es de Londres. En definitiva, las dos personas más importantes que tenía el club se habían reunido para conocer a un chaval que recién había cumplido los 16 años. Nos sentamos en el despacho de Arsène y comenzó a hablar con mis padres. Mi inglés era regular. A mi padre también se le daba bastante mal y a mi madre, un poco mejor. Les comenzó a hacer algunas preguntas:

"¿Cuándo comenzó Cesc a jugar al fútbol?", "¿Cuáles creen que son sus mejores cualidades?", "¿Y sus defectos?". Realmente se interesaba mucho por esas cosas.

Firmé mi contrato con el Arsenal F.C. antes de jugar con España el Mundial Sub-17 en Finlandia. No hizo falta negociar. Hicieron una buena propuesta económica, importante en ese momento, pero más que nada insistieron en que me veían preparado para jugar en el primer equipo. Arsène probablemente te dirá que nunca se llegó a pensar que fuera tan pronto ni que me iba a desarrollar tan rápido. Yo solamente quería comenzar a entrenar y jugar, sobre todo después de conocer la ciudad deportiva. Aunque lo que realmente me impactó fue Highbury. Todavía es el estadio en el que más echo de menos jugar. Cuando lo tiraron al suelo y jugamos nuestro último partido, tuve ganas de llorar. Estaba hecho a medida de nuestro fútbol. Era espectacular jugar ahí, nos daba la vida. Los vestuarios, el famoso *Marble Halls,* las gradas. No me perdí ningún partido de la temporada de Los Invencibles. Ese año jugué solamente tres partidos de la Copa de la Liga y fui convocado una vez en la UEFA Champions League, pero el 90 % de los partidos estuve en la grada. La afición era fantástica, estaba a pocos metros de los jugadores y se escuchaba todo el doble de lo que a lo mejor se escucharía en otro estadio. Tenía una acústica impactante. Me generaba muchísima ilusión y ganas de estar en el césped.

Siempre he sido muy competitivo. No me guiaba por lo que podía ser ni me detenía a mirar nada, iba para adelante. Metía hostias cada vez que hiciera falta. Me tiraba siempre al suelo, era muy agresivo. No miraba a quién tenía enfrente ni contra quién estaba jugando. Les respetaba muchísimo a mis rivales, pero dentro del campo de juego, no sé por qué, pero siempre desde muy pequeño fui competitivo e intentaba hacer lo mejor. Y entrenar con el primer equipo, rodeado de tantas estrellas siendo tan joven, para mí fue un aprendizaje brutal. No hablaba inglés pero recuerdo que Francis me había dicho que si quería el balón tenía que decir *yes* y desde mis primeros entrenamientos, que fueron durante un parón internacional en septiembre de 2003, empecé a chillar como un loco pidiendo la bola. Fue en fase de selección, pero ahí estaban Dennis Bergkamp y Kolo Touré, entre otros. Para ellos a lo mejor era un entreno súper normal, porque la Fecha FIFA, si se quiere, es una semana de descanso para los que no viajan. Pero el niño de 16 años tenía mucha motivación. Fui detrás de una pelota dividida que se iba por la línea de banda y le metí una hostia fuerte a Kanu, que me pegó una mirada como de "¿Quién demonio eres y qué estás haciendo aquí?". Aprendí muchísimas cosas. También está el factor suerte, y las oportunidades te las tienes que ganar, pero con Arsène era como estar en una universidad diariamente. Sus ejercicios, su forma de jugar y de entender el fútbol me ayudaron a jugar rápido, buscar el último pase, jugar entre líneas y tener mucha movilidad. Los entrenamientos eran técnica pura y rapidez mental. Su estilo de juego se basaba en eso y buscaba perfiles de jugadores muy específicos. A mí me encantaba su manera de ver el fútbol, sumado a mi competitividad y que siempre quería más. Al principio, cuando jugaba con el equipo reserva y él venía a ver mis partidos, le pedía ir a entrenar con el primer equipo al día siguiente. Tenía una actitud positiva y ganadora que me ayudó mucho para crecer en un contexto muy novedoso. Jugaba con el segundo equipo, pero estaba con Los Invencibles a diario. No recibí la medalla de campeón invicto ni la quiero. Me quedo con todo lo que viví en primera persona en la temporada más importante del Arsenal F.C. en toda su historia: tensiones, felicidad, peleas, charlas del *míster*. No estuve en el campo de juego, pero supe rápidamente lo que era ser profesional en la élite y lo que necesitaba para estar al máximo nivel cada tres días. No sé si tendría que haber tenido ese nivel de aprendizaje con 16 años, a una edad en la que algunos chicos todavía juegan por diversión en la calle, pero siento que me saqué la lotería porque descubrí cuál era el nivel que tenía que alcanzar si quería lograr mi sueño.

He visto a ese equipo ganar mucho, pero también hubo derrotas. Recuerdo que les vi perder ante el Inter de Milán al inicio de la UEFA Champions League 2003/04, donde la eliminación ante el Chelsea F.C. en los cuartos de final dolió mucho, porque era el año perfecto para, al menos, jugar la final con ese equipazo. Pero la derrota más dura fue contra el Manchester United, cuando se nos terminó la racha de Los Invencibles. Ahí ya estaba completamente dentro del primer equipo, acumulaba ocho o nueve actuaciones dentro de los 49 partidos que duró el invicto; incluso mi gol con la rodilla ante Blackburn Rovers sirvió para romper el récord de imbatibilidad que hasta ese momento pertenecía al Nottingham Forest de Brian Clough. Y, pese a que no jugué en Old Trafford, recuerdo que fue un partido de mucha tensión. Era un partido importante, había nerviosismo. Hubo una pelea el día anterior entre Patrick Vieira y Ljungberg en el entrenamiento, porque Patrick hizo un *tackle* muy agresivo a Freddie, pero solía hacerlo para despertar al grupo, para que se metieran dentro del partido. A mí me tocó estar en el banquillo. Estuve calentado durante un rato, pero no salí al campo de juego. No hizo falta porque fue un buen partido del equipo, competimos bien, por eso molestó mucho la manera en que perdimos. Hubo un penalti que no era y eso nos marcó un poquito. Y ellos, sin hacer nada del otro mundo, eran peligrosos al contraataque. Estábamos muy fastidiosos. Fui de los primeros en meterme al vestuario porque no había jugado. Entré junto a

Robert Pirès y cogí un trozo de pizza para comer. Pero empezamos a escuchar ruidos en el túnel de vestuario, que era muy pequeño. Salimos y veo correr a varios jugadores, todos esos grandotes pegándose y empujándose. Yo era el más pequeño, pero quería meterme porque cuando era joven estaba en todas. Los veteranos de los otros equipos me odiaban porque no tenía miedo de nadie. Aunque ese día lo único que pude hacer fue lanzar un trozo de pizza que le pegó a Alex Ferguson, quien pilló un cabreo importante.

Mi primer año fue un "estoy aquí", el segundo fue más un "llegué para quedarme" y en el tercero el *míster* comenzó a darme poco a poco las llaves del equipo. Estábamos de pretemporada en Austria cuando tuve una reunión con Arsène Wenger en la que me dijo que estaba muy contento conmigo y me preguntó qué pensaría si vendiera a Vieira. Ni me lo imaginaba. Era el ídolo, el capitán, el alma de nuestro equipo. No sabía qué decirle, pero me confirmó que se iba a ir a la Juventus F.C. y que yo iba a coger su relevo. Arsène sabía que me gustaba el número 4 y me ofreció quedarme con ese dorsal. Solamente tenía 18 años, pero era una presión que me gustaba. No me pesaban en absoluto esos estímulos; al contrario, eran una motivación para ser más líder. A partir de ahí, me puse manos a la obra. Empecé jugando de doble pivote con Gilberto Silva en el mediocampo, luego, poco a poco, fuimos cambiando a un 4-3-3 con Ljungberg y yo en los interiores, sobre todo en la UEFA Champions League. Empieza a haber, paulatinamente, un cambio de generación y, por qué no decirlo, también en el estilo. En ese curso vivimos momentos muy especiales, como la despedida de Highbury, que es cada vez más especial con el paso de los años. Tuve la suerte de jugar ante el Wigan, con el estadio teñido de rojo y blanco, el día que Thierry Henry marcó un *hat-trick*. También fue la despedida de Bergkamp y nos clasificamos a la Champions League cuando el Tottenham perdió. Sé que a Old Trafford se le conoce como el Teatro de los Sueños, pero —para mí— Highbury es el lugar donde los sueños se hacen realidad. También enfrentamos en París al Barça de Ronaldinho, Eto'o, Deco, Puyol, Giuly y Messi, que era joven y no jugó, pero estaba allí. No creo que fuéramos favoritos, pero habíamos hecho las cosas muy bien hasta ese entonces. No recibimos goles en una fase eliminatoria en la que vencimos a la Juventus, al Real Madrid y al Villarreal. Fue muy especial ese recorrido, jugamos muy bien. Fue una lástima porque recuerdo que esa final la podríamos haber ganado más que perdido. Mientras estuvimos 11 contra 11, yo dentro del campo sentía que podíamos ganar. Después, cuando nos expulsaron a Lehmann pero metimos el gol, pensé que sería difícil pero que lo íbamos a lograr. Y, al final, cuando ves la cantidad de oportunidades que tuvimos, incluso esa

de Henry en la segunda parte en la que se va mano a mano contra Valdés, que era de esas que no fallaba nunca, no hay muchas cosas para decir; competimos muy bien. Estuvimos muy cerca de ganar la Champions League ante un gran equipo como el F.C. Barcelona. Fue una decepción importante, pero en esa época el mundo entero nos respetaba muchísimo. Salíamos siempre a ganar, teníamos mucha calidad y éramos la bestia para cualquiera. Nadie quería jugar contra nosotros en ese momento y yo estaba muy feliz. No me veía en otro sitio.

Dentro del vestuario ya había cogido un peso muy importante y me convertí en el capitán durante la temporada 2007/08, en un curso en el que estábamos muy bien en la liga y creo que era un año para ganarla hasta que se giró la tortilla con la lesión de Eduardo. Perdimos el partido ante Birmingham, William Gallas se frustró y Arsène decidió que era mejor hacerlo a un lado. Habló conmigo y me dijo que llevaba mucho tiempo pensando en que tenía que ser el máximo líder del equipo, me veía preparado para ser capitán, pese a que solamente tenía 21 años y había otros referentes como Gilberto o Lehmann. En el vestuario lo tomaron muy bien, me respetaron muchísimo. Todavía estoy muy agradecido con mis compañeros por cómo se comportaron conmigo en esa época en la que me tocaba hacer reuniones para valorar ciertos momentos. Era algo que siempre me había gustado, me resultaba natural, salía del corazón. Siempre intenté hacer lo mejor para el equipo y para el club. Disfrutaba mucho con el estilo de juego que teníamos. Sí que es verdad que al final no ganamos trofeos, pero llegamos a semifinales, finales y competimos contra los mejores equipos del mundo. Particularmente, me sentía muy fuerte, con mucha ilusión y ganas. Me sentía capaz de comerme el mundo después de ganar una Eurocopa y el Mundial con España; además de que ya había disputado la final de la UEFA Champions League. Siempre estaba a un nivel muy alto, pero llegó un momento en que quería ganar títulos y ese punto entre ganar y jugar bien no me satisfacía tanto. Veía a otros jugadores, a mis amigos y otra gente que lo hacía y pensaba en que era feliz donde estaba. La gente me quería un montón, pero decidí irme. Incluso en esos años compartimos mucho tiempo con las jugadoras del equipo femenino, que lo ganaban todo. Venían a ayudar a Vic Akers a la utilería para ganar dinero extra. No entendía cómo esas chicas no podían vivir del fútbol si lo ganaban todo; eran superestrellas, auténticas *cracks*. Ahora que soy un poco mayor pienso... ¿Qué hubiera sido mejor? ¿Quedarme toda la vida en el Arsenal F.C. sin especialmente ganar nada, pero siendo adorado por la afición y habiendo sido un gran capitán? ¿O retirarme habiendo ganado todo en el mundo del fútbol y jugando toda clase de finales? Es muy difícil saberlo, pero las decisiones hay que tomarlas. Cuando tienes 22 o 23 años sientes prisa para lograr cosas. Es cuando estás físicamente más fuerte o mentalmente más fresco. Es el momento en que hay que aprovecharlo. Lo único que deseaba era ganar.

Fue un cambio difícil. Cuando llegué a Barcelona cambiaron un poquito la forma de jugar y pasaron a un 3-4-3. Si Pep me hacía jugar de interior, me costaba lidiar con la posición fijada. Disfrutaba más cuando jugaba de doble falso 9 con Leo, porque intercambiamos las posiciones y ahí ambos teníamos vía libre; podíamos hacer lo que queríamos. Yo estaba acostumbrado al estilo de Arsène, que te dejaba elegir dónde estar y a quién pasar el balón; confiaba más en la inspiración. Y, aunque estaba lejos de Londres, no dejaba de mirar al equipo. Es una costumbre que no perdí. Aun hoy no me pierdo ningún partido. Cuando tomé distancia, me convertí en un hincha más.

Sé que al irme del club fui duro y, obviamente, le fallé a Arsène, por qué no decirlo. Yo no le reprocho nada de mi regreso a Londres. Él seguro sintió que me había dado las mejores oportunidades de mi vida y, probablemente, no acabó nunca de entender por qué me quise ir, por lo que estaba un poco decepcionado conmigo. Entiendo su sentimiento y lo comparto. Cuando fiché por el Chelsea F.C., ya tenía en el equipo a Özil o, simplemente, no sucedió por su dignidad. Y no sé por qué, si era la motivación de jugar contra tu exequipo (algo que también me pasaba contra el Barça), pero siempre jugaba bien en los Chelsea-Arsenal. Creo que me dieron tres *Man of the Match*, hice algún gol y también di asistencias. Me crucé con Arsène en estos partidos y también lo vi bastantes veces más. He coincidido con él en Mundiales, Eurocopas u otros eventos en los que él comentaba para la TV. Estuve invitado a un evento suyo en Londres a fines del 2021. Reímos, nos abrazamos, pero nunca hablamos de manera sentimental sobre todo lo que sucedió. Es algo que me encantaría hacer antes de morir para explicarnos todo, ver en qué tenía razón cada uno y también en qué nos equivocamos. Tenemos que intercambiar opiniones y ya llegará el momento. No me preocupa.

He pensado alguna vez que tengo un lazo que me une con el Arsenal F.C. y con Arsène Wenger; incluso fiché por el A.S. Mónaco con Thierry Henry como entrenador. Me llamó en un momento de desesperación. Pasó muy rápido. No tenía intención de marcharme del Chelsea F.C., pero Henry me dio mucho durante mi carrera y me ayudó cuando era joven, así que decidí ayudarlo en un momento muy delicado. Hay cosas que son inexplicables, que pasan porque tienen que pasar, por obra del destino, conexiones con el pasado o lo que sea. Creo mucho en eso, es una manera bonita de ver la vida, y ojalá sigan sucediendo cosas que me aten al Arsenal

F.C. y a su gente. Quiero ser entrenador en el futuro y el Arsenal F.C. siempre va a estar en mi corazón. No me quiero adelantar ni nada, pero si alguna vez se diera la oportunidad sería maravilloso, porque ser del Arsenal F.C. es un sentimiento de buen fútbol, de valores, fidelidad y clase. Es una filosofía de vida. Me resulta inevitable pensar en hombres como Herbert Chapman, Arsène Wenger, Thierry Henry, Patrick Vieira o David Dein, que han dado mucho al mundo del fútbol y siempre han intentado hacer las cosas de la forma correcta. Aunque en los últimos años las cosas no han ido tan bien, se han ganado títulos y siempre es mejor atravesar los momentos de reconstrucción ganando. Puede que sean procesos largos, intensos, con muchas decepciones y por eso tendrá que haber mucha paciencia, pero va a valer la pena. Ya estaremos bien y disfrutando. El Arsenal F.C. siempre será uno de esos clubes que caen bien en todas partes y, durante mis años allí, comprobé que en cualquier lugar del planeta hay uno de esos fanáticos que tienen un sentimiento de fidelidad fascinante. Es algo que ha hecho que me enamorara todavía más del club y que viviera mis años allí con mucha intensidad. Esos son los momentos que se quedarán para siempre en mi memoria. Una vez que eres *gunner*, siempre serás *gunner*.

CAPÍTULO I

'VICTORIA CONCORDIA CRESCIT'

Pocos vínculos son más genuinos que el que puede tener un hincha de fútbol con su equipo. Ese lazo pasional e inquebrantable que florece de forma hereditaria o electiva puede sufrir transformaciones a través del tiempo, pero es prácticamente imposible que tenga fecha de caducidad. Es una demostración de cariño fácilmente sostenible, en gran parte desinteresada, que puede potenciarse en épocas triunfales y aplanarse si abundan las derrotas, pero jamás desaparecer. Existe a veces una imagen utópica del hincha, que lo dibuja pleno de un sentimentalismo puro y legítimo, como parte de una fiesta popular en los estadios. La realidad es que el verdadero hincha no necesita cultivar ese amor por su club. No es necesario lucir la camiseta todos los días o ver cada partido en la cancha. Una persona religiosa sigue siéndolo aunque la iglesia esté cerrada. Ni un carnet de socio, ni un tatuaje alusivo harán mágicamente a un hincha más fanático. Quienes son parte de ese núcleo duro que milita su fanatismo de manera activa no son superiores a aquellos que eligen un apoyo más pasivo. Cada persona ejerce su pasión bajo sus propios términos, de la manera que mejor lo represente y sin necesidad de cumplir condiciones. Una mirada menos romántica en torno a la constitución del hincha nos permite reconocer que su valor es estrictamente pasional y que ese vínculo siempre estará firme, probablemente, mientras lazos de otra índole se terminen. Es mucho más factible vivir una ruptura amorosa, incluso experimentar el agrietamiento de una amistad o de un parentesco

familiar, antes que se extinga por completo ese orgullo que provoca sentirse parte de un equipo.

Es habitual que la familia juegue un papel fundamental en la cultura futbolística de una persona, que puede nutrirse de las experiencias compartidas a través de distintas generaciones y contagiarse de esa pasión que con el correr de los años termina desarrollándose de forma particular. Aunque también hay quienes son fuertemente influenciados por sucesos históricos o momentos ilustres en el deporte al momento de proclamarse fanáticos de un determinado cuadro. Es lo que mayormente ocurre cuando alguien decide apoyar a una institución con la que no posee relación de índole nacional o sanguínea: su afecto brota de forma mucho más espontánea.

Tuve contacto telefónico hace algunos años con un cubano llamado Jesús Írsula que, por más exótico que parezca, creó una peña de hinchas del RB Leipzig en La Habana. No se trataba de un adolescente motivado por el impacto de una entidad fundada en 2009 que logró ser subcampeona en su campaña de estreno en la Bundesliga, apenas siete años después de su fundación. Hablo de un hombre sexagenario que había vivido en esa ciudad sajona como estudiante de intercambio en la década de los ochenta, cuando Red Bull recién salía al mercado y no era la gigantesca compañía que ahora está ligada al deporte. La nostalgia por su ciudad adoptiva y la irrupción de una institución moderna —que con el impulso de la firma de bebidas energizantes logró en pocos años instalarse en la élite del fútbol europeo— fueron suficientes para generar un vínculo que le permitió mantener vivos sus mejores recuerdos. Jesús Írsula no pudo evitar sentirse representado por un club joven y ambicioso, rasgos que él mismo tenía cuando pasó aquellos años en la República Democrática Alemana (RDA), sin importar que cuando él vivió en territorio germano este equipo no estaba ni cerca de crearse. "Nuestra identidad está en Leipzig. No somos ni del Bayern ni del Dortmund: somos del Leipzig porque allí pasamos una importante fase de nuestra vida. Cuando estás en un país que no es el tuyo, surge una afiliación cultural con esa tierra y el RB Leipzig nos representa", argumentó en aquella entrevista que le hice para el sitio oficial de la Bundesliga en Español a principios del 2018.

La pasión de los hinchas no tiene fronteras porque el fútbol, desde una óptica sociocultural, es un deporte extremadamente popular que genera procesos de construcción de identidad y mecanismos de reconocimiento en sus seguidores. Una persona puede depositar todo su fanatismo en una institución simplemente por el hecho de sentirse identificada con sus rasgos más distintivos. Es uno de los casos más genuinos dentro de ese "nosotros" que

surge en los individuos que se sienten amalgamados con un club. Hay una frase del exfutbolista Dennis Bergkamp que explica a la perfección este concepto: "Cuando comienzas a apoyar a un club de fútbol, no lo apoyas por los trofeos, ni por un jugador, ni por la historia. Lo apoyas porque te encuentras a ti mismo en algún lugar allí; encuentras un lugar al que perteneces".

Bergkamp puso en palabras un tipo de vínculo que encaja en muchos aficionados, pero emitió aquella reflexión cuando militaba en el fútbol inglés y describió esencialmente a los hinchas del equipo al que representaba, el Arsenal Football Club, la entidad que nació el 1 de diciembre de 1886 por iniciativa de un grupo de trabajadores de la fábrica de armamentos de Royal Arsenal en Woolwich, distrito de Londres, para romper con la monotonía de la vida laboral. Una institución que con el tiempo se transformó en uno de los clubes más laureados de Inglaterra y en uno de los más prestigiosos del mundo, con millones de seguidores en todo el planeta. A lo largo de su existencia, el Arsenal F.C. ha conseguido crear un sentido de pertenencia que se ha expandido por todo el Reino Unido y luego a escala global, sostenido por personas que eligen brindar apoyo a un equipo que, más allá de ser uno de los grandes dominadores de la historia del fútbol inglés y de que edificó una magnífica reputación a nivel internacional, tiene un sello institucional que no está exclusivamente ligado a sus trofeos.

Cada entidad posee su propia estampa, un conglomerado de intangibles que construyen su estilo y suelen estar representados por un lema. Uno sabe que el *Mia san Mia* (expresión de la región de Baviera que significa 'Nosotros somos nosotros') del FC Bayern München, por ejemplo, describe su mentalidad ganadora: todas las temporadas tienen algo para celebrar, es una institución hambrienta de victorias, de carácter avasallante, que inculca puertas adentro el profesionalismo extremo y la competitividad. El *You 'll never walk alone* (Nunca caminarás solo, en inglés) del Liverpool F.C. es el reflejo de su fiel afición, reconocida en todo el mundo por su eufórico y constante apoyo. O el *Més que un club* (Más que un club) del F.C. Barcelona que explica esa búsqueda de trascender como institución deportiva y posicionarse como un emblema de Cataluña a nivel mundial, algo que logró en parte por ser una de las grandes escuelas de ese estilo de juego influenciado por Johan Cruyff. Y si bien el Arsenal F.C. también supo ser catalogado como un equipo que intenta cocinar una filosofía para los paladares más refinados, su identidad no está estrictamente ligada a esto. Su celebridad recae en que es una estructura que tiene cohesión en todas sus esferas, desde la deportiva hasta la económica. Y no es que sea un faro brillante que todos los demás clubes toman como guía, pero gran parte de su historia estuvo alineada con ciertos ideales

que terminaron dándole una personalidad muy fuerte y reconocible dentro del mundo del fútbol.

Como muchos de los clubes ingleses, el Arsenal F.C. nació en medio del auge de la cultura futbolística británica de finales del siglo XIX. Este deporte ya era furor en dicho territorio, se practicaba de forma profesional y ese mismo año las cuatro asociaciones de fútbol del Reino Unido formaron la International Football Association Board (IFAB), el organismo que se encargó de definir las reglas a nivel mundial y que todavía, junto a la FIFA, está a cargo de sus modificaciones. Ya en esa época, la Asociación del Fútbol de Inglaterra (F.A., por sus siglas en inglés) tenía casi 200 equipos afiliados. En ese marco, un grupo de trabajadores encabezados por David Danskin y Jack Humble decidieron formar su propio equipo. Primero lo llamaron Dial Square F.C., en referencia a un reloj de sol que adornaba la parte superior de la entrada de la fábrica. Después pasó a llamarse Royal Arsenal F.C. y, más tarde, Woolwich Arsenal F.C., hasta que en 1915 adoptó la nomenclatura actual. Emergió en condiciones similares a una infinidad de clubes de la época y tantos otros que aún persisten; también fue rebautizado como le ha pasado a muchas entidades. Pero siempre fue diferente. Desde su primer partido contra Eastern Wanderers el 11 de diciembre de 1886 (ganado 6-0) hasta ahora, se caracterizó por su trabajo integral. Para entender este concepto alcanza con hacer foco en un lema latino que hizo su aparición en el seno del club como un simple enunciado a inicios del siglo XX, en un momento donde el equipo salía de una de sus peores crisis deportivas, pero luego tomó cada vez mayor protagonismo y finalmente se instaló como frase representativa de los ideales de la institución: *Victoria Concordia Crescit*. Si bien pueden existir pequeñas variaciones de la traducción, todas son aproximadamente iguales y coinciden en que significa 'La victoria crece a través de la armonía'.

Este eslogan escrito en esa antigua lengua que tuvo su esplendor en Europa durante la Edad Media y la Edad Moderna llegó para dar sentido a la atmósfera de unión que había en un Woolwich Arsenal F.C. que comenzó la temporada 1913/14 en la Segunda División del fútbol inglés y recién instalado en Highbury, el que sería su hogar por más de 90 años hasta la mudanza al Emirates Stadium. Es una frase que surgió como paliativo en medio de una pésima racha deportiva, pero logró trascender en el tiempo y se convirtió en la leyenda de una institución que cambió su percepción del éxito. No es que se le restó importancia a los logros ni a la obtención de trofeos, sino no hubiera logrado sobrevivir en el mundo del fútbol ni convertirse en uno de los clubes más prestigiosos del planeta; pero aquel descenso de categoría y cambio de locación sirvió para comprender que las posibilidades de triunfar están ligadas al tra-

bajo en conjunto y la consonancia entre los distintos actores que componen la realidad institucional.

Hay que remontarse al 20 de septiembre de 1913 para dar con el punto de partida de esta filosofía. Después de ganar sus tres primeros partidos del campeonato de Segunda División, el Woolwich Arsenal F.C. se ubicó en la parte superior de la tabla de posiciones y empezó a atraer público de todo Londres. Un periodista llamado George Allison, quien luego se convirtió en entrenador y más adelante en miembro de la Junta Directiva del club, por entonces editaba los programas de los días de partido y había ampliado los folletos informativos de ocho a 16 páginas. Aquella jornada ante Hull City, en una sección que incluía detalles sobre la reunión semanal de las autoridades del club, se mencionó por primera vez el *Victoria Concordia Crescit* como justificación al auspicioso inicio de campaña. «Esto es absolutamente a lo que atribuimos nuestros éxitos esta campaña. 'Concordia'. Nuestros jugadores, nuestro *manager*, nosotros mismos —y sí, ustedes— tenemos una sola cosa en vista: el bienestar y el éxito de nuestro Club [...] Por supuesto no podemos, y no debemos, esperar siempre ganar. Pero el espíritu actual, estamos convencidos, nos llevará satisfactoriamente a través de muchas luchas por obtener puntos en la liga", reza un fragmento del texto que emitió aquella directiva encabezada por William Hall y Henry Norris, un famoso empresario de la época que estaba muy ligado al fútbol. Hall impulsó a Norris, que había sido presidente del Fulham F.C. —e intentó fusionarlo con el Arsenal— y estuvo directamente implicado en la fundación del Chelsea F.C., a transformarse en 1910 en el accionista mayoritario de un Woolwich Arsenal F.C. económicamente en ruinas. Dos años después, cuando el club quedó completamente en sus manos, motivaron la mudanza a Highbury para afincarse en una zona de fácil acceso para los fanáticos londinenses, le quitaron el sufijo Woolwich a la nomenclatura y desde allí construyeron las bases sólidas para el desarrollo de una institución financieramente autosuficiente y deportivamente superior por la contratación del revolucionario entrenador Herbert Chapman, quien dio inicio a la primera era dorada en la que el Arsenal F.C. alzó 12 trofeos en ocho temporadas. Aquellas décadas fueron vitales para establecer el rumbo. Fue un período en el que emergió la misión, la visión y los valores que después se extendieron en el tiempo.

El concepto de *Victoria Concordia Crescit* que asomó a principios de siglo XX, cobró mucha mayor relevancia con el paso del tiempo, principalmente después de la interrupción que el fútbol sufrió durante la Segunda Guerra Mundial. En la temporada 1946/47, la primera con un calendario completo en siete años, el Arsenal F.C. llegó a coquetear con el descenso y finalmente terminó en el 13º

puesto. Al curso siguiente, en uno de los programas de partido, la frase volvió a aparecer por iniciativa del nuevo encargado de turno. El Arsenal F.C. finalmente se consagró campeón de la Primera División por quinta vez, al terminar siete puntos por delante del Manchester United y Harry *Marksman* (El Francotirador) Homer no solamente recuperó aquel enunciado en latín para el último programa de partido de ese torneo, sino que lo acercó a la Junta Directiva y, a partir de ese momento, terminaron convirtiéndolo en el lema oficial del club. Bob Wall —quien llegó al club como empleado administrativo, fue asistente de Chapman y luego llegó a ser parte de la directiva— elaboró junto a Jack Crayston, un exjugador que trabajó como segundo entrenador de Tom Whittaker, un nuevo escudo del club con el lema *Victoria Concordia Crescit* al pie. Este flamante emblema, que apareció en la portada del manual oficial publicado para la temporada 1949/50, representó a la institución durante más de medio siglo y fue recién modificado nuevamente en 2002. Desde esa consagración posguerra en adelante, pese a que la insignia con el lema oficial no apareció en la camiseta hasta la década de los noventa —anteriormente solo llevaba un cañón, otro de los símbolos distintivos del club desde sus inicios—, esa leyenda se encargó de recordar la importancia del espíritu colectivo para aspirar a la gloria. El club se mantuvo fiel a su máximo mandamiento.

A finales de la década de los sesenta, el Arsenal F.C. empezó a experimentar un crecimiento institucional. El inicio de los años setenta trajo el primer doblete —Liga y FA Cup en una misma temporada— y un trofeo a nivel europeo, mientras que en los años ochenta emergieron los primeros grandes ídolos y personalidades destacadas, como Liam Brady, Tony Adams, David Rocastle, Paul Merson, Alan Smith, Pat Jennings y George Graham, un exjugador del club que luego ganó seis títulos en nueve años como entrenador. Todo ocurrió mientras la clase obrera se alejó de los núcleos de los clubes de fútbol y los despachos se llenaron de trajes de etiqueta y billeteras abultadas. Los estadios se modernizaron y el hincha que pagaba religiosamente su entrada cada fin de semana perdió terreno ante el avance de los turistas. Pero en el Arsenal F.C. se ha respirado aires de armonía por mucho tiempo, sobre todo durante los 22 años en los que Arsène Wenger estuvo al mando.

Durante el ocaso del ciclo de Graham se puso en jaque ese famoso equilibrio que distinguía a los *Gunners*. Al principio los hinchas estaban encantados con ver a su equipo triunfar, pero paulatinamente el equipo quedó estigmatizado como aburrido. En todas las canchas se entonaba un *hit* titulado *One-nil to the Arsenal* (1-0 para el Arsenal). Y además del desencanto futbolístico, hubo otros

dos factores que sentenciaron el adiós del estratega escocés. Una investigación de la Football Association (FA) descubrió que Graham se quedaba con dinero de transferencias y, como si fuera poco, su vestuario era un caos. Había peleas de egos y jugadores muy habituados a beber alcohol y fumar cigarrillos, entre otras pésimas costumbres del antiguo fútbol británico. Una atmósfera totalmente opuesta a la que generó su sucesor. Por eso fue demasiado fácil enamorarse del Arsenal de Wenger, quien revolucionó por completo la institución desempolvando ese gran axioma adoptado por el club: edificó un equipo que captaba la atención por sus logros, pero sumaba devotos con su estilo. "Poco a poco comprendí en qué consistía la identidad del Arsenal y de sus seguidores: era un club muy respetuoso con la tradición en que lo importante era comportarse con clase. No obstante, no se cerraban a las innovaciones. El club estaba anclado a la vida social del barrio, con una base muy popular y activa. Sus seguidores abrazaban sus valores. El apego visceral por el club, por el equipo, empezaba en la infancia. No he visto algo tan intenso en ningún otro sitio", escribió Arsène Wenger en su autobiografía que se titula *Arsène Wenger, My Life and Lessons in Red and White.*

Las suyas fueron las décadas más fructíferas de la historia del Arsenal F.C. Se logró un segundo doblete de Liga y Copa en la temporada 1997/98, e inmediatamente un tercero en la campaña 2001/02. Nació un equipo literalmente imbatible: los *Gunners* se consagraron campeones de la Premier League 2003/04 sin perder ni un solo partido, un logro que le valió al equipo integrado por Thierry Henry, Dennis Bergkamp, Robert Pirès, Freddie Ljungberg, Patrick Vieira y Sol Campbell, entre otros, el apodo de Los Invencibles. Esta hazaña se produjo en una racha de 49 partidos de liga invictos, jugados entre mayo de 2003 y octubre de 2004. Fue un Arsenal F.C. que se posicionó entre los mejores equipos sobre la faz de la Tierra. Incluso fue subcampeón de la Copa UEFA de la temporada 1999/00 y de la UEFA Champions League 2005/06, lo que lógicamente le dio un enorme prestigio a nivel mundial. Fueron hitos que sucedieron a la vez que el fútbol experimentaba su globalización definitiva. El club alcanzó otra dimensión. En cada rincón del planeta fueron testigos de los trofeos cosechados por el Arsenal de Wenger y, en consecuencia, también de esas características metodológicas de trabajo que reivindicaron y potenciaron a gran escala el legado del *Victoria Concordia Crescit*. Su labor no solamente sirvió para colocar al club nuevamente en lo más alto de la élite, también aquel Arsenal F.C. contribuyó en algunas transformaciones que son reconocibles en el fútbol moderno. Wenger cuidó cada detalle, dentro y fuera del campo. El estratega francés se convirtió paulatinamente en la figura más importante dentro

de toda la estructura. De las innovaciones en los entrenamientos y partidos que edificaron su modelo de juego estético y ganador, pasó a encabezar también un modelo de gestión deportiva destacado por el desarrollo del talento joven y autosuficiencia económica. No fue solamente un mánager que cosechó 17 trofeos en poco más de dos décadas (1996-2018), algo que desde ya resulta impactante, sino que además lo consiguió en un ciclo equilibrado por su compromiso y pasión por el juego. Su perfil de tinte académico y su visión cosmopolita eran muy antagónicos con la propuesta de su antecesor George Graham y del fútbol inglés en general, pero terminaron dejando una profunda huella.

Cuando Wenger desembarcó en la Premier League, no había muchos antecedentes de entrenadores no británicos en el fútbol inglés. Jozef Venglos, seleccionador de Checoslovaquia en dos ciclos, que en su última etapa había alcanzado los cuartos de final del Mundial de Italia 90, rompió el hielo en un Aston Villa que pateó el tablero de la tradicionalidad y lo contrató tras aquella Copa del Mundo, pero lo despidieron tras su primera temporada porque estuvieron cerca de descender. Tampoco habían sido grandes experiencias las de Osvaldo Ardiles en el Tottenham Hotspur y Ruud Gullit en el Chelsea. La apuesta por Wenger era arriesgada, pero revolucionó completamente la liga siendo un fiel creyente de la importancia de cuestiones tildadas en su momento de secundarias, como la alimentación saludable para sacar el mejor rendimiento de sus jugadores y los entrenamientos integrales con balón, incluso en ejercicios físicos. Tomó un equipo reconocido por su agresividad defensiva y lo convirtió en un elenco ofensivamente vertiginoso, para luego dar otra vuelta de tuerca y transformarlo poco a poco en un cuadro distinguido por el gusto por el toque. Logró desintoxicar absolutamente al fútbol inglés e inspirar a toda una generación de jugadores y entrenadores.

Tuvo gran éxito también en los despachos. Hizo una tarea sobresaliente con el traslado de Highbury al Emirates Stadium; principalmente, disminuyendo el impacto financiero con su liderazgo futbolístico. Wenger fue un chaleco antibalas para una directiva del Arsenal F.C. que adoptó una postura muy austera para la construcción del nuevo hogar. Mientras la Premier League se colmaba de inversores extranjeros, los clubes se transformaban en empresas y la competencia empezaba a ser cada vez más desigual por las inyecciones de dinero de los nuevos dueños, Arsène sostenía a su equipo joven e inexperto en el *Top 4* de la liga inglesa y competía al nivel de los mejores del continente, con un estilo de juego fascinante que se sostenía sin grandes estrellas. Fue aquella capacidad de preservar la identidad, el espíritu deportivo y rendir al más alto nivel —sin sumergirse en la vorágine comercial del resto de los clubes— la que asombró a muchos fanáticos y dio paso a una nueva generación de aficionados *gunners*. No hablamos de un club de escasos recursos económicos, sino de un estilo muy particular de gestión que sentó las bases para el futuro.

El gran legado de Arsène Wenger, más allá de su inmenso aporte en las vitrinas de trofeos, es haber recuperado los lineamientos intrínsecos del Arsenal F.C. y desarrollarlos en un fútbol cada vez más industrializado, demostrándole a los hinchas cuál es el modelo de gestión más ligado a la esencia del club. Pese a sus turbulentos últimos días y el hostil trato que recibió por parte de ciertos grupos de hinchas, varios directivos y algún sector de la prensa, nadie puede poner en tela de juicio su dedicación absoluta en cada temporada y su contribución para el progreso de la institución, sin romper con el tradicionalismo. El proceso de reestructuración que inició con su salida se ha encarado con una premisa que encaja con las raíces: hay que ganar, pero no a cualquier costo. La exigencia será máxima y la vara estará siempre lo más alto posible, aunque no hay que quitar el foco de la ideología y los caminos para conseguir la gloria. El lema del club menciona la palabra *Victoria* y eso lo transforma en un eje central dentro de los objetivos, sobre todo también porque durante toda su historia el Arsenal F.C. se ha posicionado como un equipo de aspiraciones grandes. Otros clubes suelen señalar uno o dos períodos definitorios de su pasado. Y si bien la década del treinta fue gloriosa con Herbert Chapman y el ciclo de Wenger aportó mucho a las vitrinas, los *Gunners* también ganaron títulos de liga en las décadas de 1940, 1950, 1970, 1980, 1990 y 2000. Existe una obligación de vencer y trascender a partir de las coronaciones. Pero al sumar *Concordia Crescit* para completar la leyenda, cambia completamente la percepción del éxito. No sirve el triunfo por sí solo: debe ser parte de un proceso armónico. Es una concepción muy ambiciosa, pero es el sello distintivo de una institución nostálgica que en más de una ocasión tuvo que cargar sobre sus espaldas con el peso de sus años dorados. Solo un verdadero fanático del Arsenal F.C. tiene la capacidad de comprender que las gestas del pasado no son una pesadumbre, sino el espejo en el cual hay que mirarse para construir de cara al futuro.

Bajo las órdenes de los entrenadores que llegaron después de Arsène Wenger, incluso con un Mikel Arteta que contó con una mayor cuota de legitimidad que el resto por haber llevado dignamente el brazalete de capitán del equipo durante su etapa de jugador y ser parte del grupo que rompió con una preocupante sequía de trofeos durante el ciclo del DT francés, sus seguidores tuvieron que convivir en ciertos momentos con la sensación de que todo tiempo pasado fue mejor. Aunque también hay consciencia de que una reconstrucción bajo esos términos históricos que han generado un reconocimiento universal requiere un trabajo más profundo y prolongado. Hubiera sido sencillo si el magnate estadounidense Stan Kroenke —que compró sus primeras acciones del club en 2007, llegó a la Junta Directiva al año siguiente y se convirtió en dueño a partir de 2011— tomaba una postura similar a la que tienen los jeques árabes que desembarcaron en el fútbol europeo y, tras la salida de Wenger, ponía su fortuna al servicio del club para incorporar a varios de los mejores jugadores del planeta. Pero hubiera ido completamente a contramano de los valores de un club que siempre tuvo vida propia, pero que con la gestión de Arsène Wenger logró superarse a sí mismo, sin ceder ante la guerra del dinero en los mercados de transferencias y también implantando un fútbol de control a partir de la tenencia del balón, en un país donde siempre se rindió culto al esfuerzo físico, al juego vertical y a los balones detenidos. La obra *wengerista* supuso un punto de inflexión histórico en el fútbol mundial. Su labor en el Arsenal F.C. —como también la de Herbert Chapman— quedará en la eternidad. Consiguió transformar al club en un fenómeno mundial, sin la necesidad de ser campeón de Europa. Millones de personas en el mundo se enamoraron de la identidad de su equipo, de esa capacidad de cazar talentos de corta edad y llevarlos a la gloria, del orden institucional y de la capacidad de gestión deportiva y financiera sin necesidad de enormes fortunas.

Eso es el Arsenal F.C., eso somos sus hinchas. Ser del Arsenal F.C. se trata de comprender que el valor real del fútbol no está en ganar, porque eso cualquiera puede hacerlo. Lo verdaderamente importante es que el triunfo sea una consecuencia en el afán de trascender por un modo determinado de hacer las cosas. Podrán venir otros entrenadores que superen el palmarés de Wenger o Chapman, pero deberán saber que al desembarcar en el norte de Londres están asumiendo que el "qué" y el "cómo se gana" tienen la misma importancia que el "cuánto". Hay un lema que respetar: *Victoria Concordia Crescit*. Hay toda una camada de fanáticos que no aceptará lo contrario, porque esa es su concepción del fútbol, la que descubrieron al ahondar en la historia de una institución que no perderá la grandeza, pese a las turbulencias o la sensación de estancamiento. No hay una cátedra que le explique a los aficionados cómo se superan los momentos difíciles o de qué manera hay que atravesar las épocas en las que un club de talla mundial no tiene un rol destacado y no encuentra los caminos para sumergirse en una dinámica positiva de resultados. Pero el Arsenal F.C. es un club que avanza a su propio ritmo, pese al atropello de la vorágine resultadista en la que hace tiempo está sumergido el fútbol mundial. Es una institución en la que se valoran los procesos de construcción, porque representan una pata fundamental para conseguir objetivos. Esa es particularmente la conexión especial y genuina que existe entre este equipo y sus fieles seguidores. Un lazo inquebrantable a partir de una única certeza: siempre habrá una próxima temporada, otro trofeo al cual aspirar, un partido por ganar y un motivo para celebrar. Un futuro que los conecte con el presente y dé sentido a su glorioso pasado.

CAPÍTULO II

FORWARD

Al Arsenal Football Club siempre el futuro le llegó antes que a ningún otro club. Desde sus inicios, se presentó como una entidad revolucionaria y ha allanado varios caminos del fútbol. Logró inspirar a distintas instituciones y también al deporte mismo. No es para nada exagerado afirmar que esta disciplina, en toda su dimensión —desde lo reglamentario, lo táctico y hasta lo gerencial— no sería como la conocemos por estos días sin los aportes que los *Gunners* hicieron desde su posición, que lógicamente fue cada vez más poderosa e influyente con el correr de los años. Su nacimiento como Dial Square F.C., que duraría unas pocas semanas hasta establecerse como Royal Arsenal Association Football Club, fue en un contexto similar al que se originaron muchos de los equipos de fútbol en Inglaterra, pero eso no implicó que, posteriormente, la entidad siguiera la corriente de un deporte que estaba en gestación. El fútbol llevaba reglamentado solamente un puñado de décadas, estaba en plena etapa de desarrollo. Las primeras 14 reglas se establecieron a finales de 1863 y la primera edición de la FA Cup concluyó a mediados de 1872, solamente 14 años antes de la creación del equipo de los trabajadores de la fábrica de armamentos de Woolwich. Que su germinación haya sido en el mismo territorio en el que el balompié dejó de ser un juego para convertirse en un deporte, no era una garantía de que fuera a florecer como una institución que acabaría convirtiéndose en una referencia, pero así fue: el Arsenal F.C. creó su propio sello e hizo contribuciones trascendentales, siempre mirando hacia adelante.

PRIMER CLUB PROFESIONAL DEL SUR DE INGLATERRA

Esta postura proactiva comenzó a manifestarse a finales del siglo XIX y principios del XX, cuando el Royal Arsenal F.C. no tardó en posicionarse como un club pionero en diferentes aspectos dentro del desarrollo del fútbol de la época. Sus jugadores, aficionados y dirigentes —motivados por sus ideales— marcaron el pulso dentro de la Football League, como se denominó a la Primera División de Inglaterra cuando fue creada en 1888 y se convirtió en la primera liga de fútbol en el mundo. En su etapa más primitiva, el club tuvo que conformarse con jugar partidos amistosos en distintos campos de fútbol de Plumstead, en Woolwich, el distrito al sureste de Londres en el que se encontraba el complejo de las fábricas de municiones donde nació el equipo. También hubo participación en algunos compromisos de la FA Cup (su debut en este certamen fue en 1889) y algunos torneos organizados entre equipos londinenses. Precisamente, fue en la temporada 1889/90 cuando el Royal Arsenal F.C. empezó a competir con mayor frecuencia. Ejerció su localía en una cancha llamada Manor Field, donde consolidó la gran reputación a nivel regional que había empezado a construir durante sus campañas iniciales. Su popularidad fue en aumento rápidamente: las 600 personas promedio que asistían a los primeros partidos se transformaron en aforos de entre 8000 y 10 000 personas cuando el equipo cerró su cuarta temporada. Era momento de ampliar horizontes, de alcanzar una nueva dimensión. Naturalmente, el equipo de los trabajadores de la fábrica era imantado hacia el profesionalismo, algo que se concretó cuando el Royal Arsenal F.C. se mudó a un terreno de juego conocido como Invicta Ground. A nivel logístico no representó un gran desafío, porque era otra de las canchas de la zona de Plumstead, pero sí fue un movimiento sustancial para consolidarse como una referencia para el resto.

Fue en este nuevo recinto donde empezó a cocinarse aquel Arsenal F.C. que se convirtió, posteriormente, en el primer equipo de Londres en competir en la Football League. Es decir, en el primer equipo profesional en el sur de Inglaterra, lo que fue significativamente importante para el fútbol en todo el Reino Unido. Su éxito regional retumbaba en todo el país y ya había perdido a varios futbolistas ante los clubes profesionales del norte. Se iban seducidos por propuestas de trabajo dentro de un deporte donde los jugadores empezaban a ser rentados, lo que llevó al comité que administraba el club a evaluar seriamente el paso al profesionalismo. Casi sin proponérselo, estimulado por su fantástico rendimiento en el campo de juego, el equipo empezó a retirarse de competiciones *amateurs* como la London Senior Cup o la Kent Senior Cup, para apuntar sus cañones hacia la competencia de élite. Después de enfrentarse en amistosos contra los poderosos conjuntos del norte, que resultaron muy provechosos a nivel económico y deportivo, el Royal Arsenal F.C. le propuso al resto de los clubes del sur conformar un campeonato llamado Southern League. Aquella iniciativa surgida en febrero de 1892 duró solamente un par de semanas, porque el resto de los equipos de la región se percataron de que no tenían los recursos financieros para afrontar el torneo. Tuvieron que pasar dos años para que ese plan —gestado en el seno de los *Gunners*— se concretara y fue realmente beneficioso para varias instituciones, pero a esa altura el Arsenal F.C. ya competía a otro nivel. De hecho, años más tarde, el Chelsea logró ser admitido por la liga por el simple hecho de que las autoridades consideraban que era positivo tener más de un club de Londres dentro de su organización. "Chelsea había abierto Stamford Bridge en 1905 y, al haber sido rechazado por la Southern League en la que jugaba Fulham, instantáneamente obtuvo un lugar en la Football League, a pesar de que no tenían equipo, no tenían apoyo de seguidores y, evidentemente, no habían jugado ningún partido. De hecho, era el equipo franquicia original, creado para aumentar el número de equipos profesionales en Londres, algo que era de interés de la Football League", cuenta el libro *Woolwich Arsenal: 1893-1915: The Club That Changed Football*, escrito por Tony Attwood, Andy Kelly y Mark Andrews.

Después de mostrarles el camino a sus pares, ya en su séptima temporada desde la creación, el Royal Arsenal F.C. sufrió una metamorfosis. Tuvo que atravesar algunos momentos de zozobra, pero sirvieron para evolucionar. La turbulencia comenzó con una lucha de clases puertas adentro, algo bastante común por aquellos años. Hubo una grieta a partir de que algunos directores pretendían expulsar a los trabajadores que habían fundado el club para darle a la institución un mayor *estatus* social. Aquellos *gentlemans* se aliaron incluso con George Weaver, dueño del Invicta Ground, quien quiso duplicar el precio de alquiler del estadio justo cuando los aforos habían disminuido y los ingresos empezaban a experimentar un déficit. Fueron meses de una puja que terminó con los caballeros creando un segundo equipo al que llamaron Royal Ordnance Factories F.C. (ROFFC) —que se extinguió a la brevedad— y con los trabajadores formando una sociedad de responsabilidad limitada para sostener su club: el 5 de mayo de 1893 se creó la Woolwich Arsenal Football and Athletic Company Limited.

En este punto, hubo un gran acierto para el club al adoptar el nombre de este distrito lindero al río Támesis, porque terminó dándole un reconocimiento que no tenían otros equipos de la época. "Arsenal siempre tuvo el nombre. Uno podría comparar y contrastar el poder de las palabras 'Woolwich Arsenal' con el nombre de los equipos que compitieron en la primera temporada de la Football League de todos los tiempos: 'Preston North End', 'Aston Villa', 'Everton', 'Notts County', etc. El promedio de las personas por fuera de la localidad de cada uno de estos clubes probablemente no tenía una idea clara de dónde estaban ubicados o cómo se originaron. Aunque muchos podrían no conocer la ubicación exacta de Woolwich, la mayoría de las personas sabría por sus libros de historia que estaba asociado con Londres de una manera que otros nombres no lo estaban. Así como un aficionado al fútbol fuera de Birmingham podría no saber dónde queda Small Heath, un fanático que no fuera de Londres no sabría de dónde eran Tottenham, Chelsea o Claptone. Las fábricas de armamentos estuvieron en Woolwich desde el siglo XVII y su existencia e importancia en la historia militar británica era enseñada en cada escuela", se argumenta en el libro escrito por Attwood, Kelly y Andrews.

Entonces, fue a partir de la temporada 1893/94, en su segundo año bajo esa nomenclatura, que el Woolwich Arsenal F.C se estrenó en la Segunda División y empezó a marcar el pulso para otros equipos de su órbita. Años más tarde, fueron aceptados Chelsea y Clapton Orient (temporada 1905/06). Más adelante, le tocó al Fulham (1907/08) y, posteriormente, al Tottenham Hotspur (1908/09). Su participación en una liga nacional en la que era el único elenco del sur del país implicaba tener que trasladarse para competir, lo que terminó desarrollando el concepto de viajar a larga distancia para jugar partidos. El público que seguía al elenco (que por aquellos años residía en Plumstead) adoptó la costumbre de viajar para apoyar al equipo, algo que resultaba absolutamente llamativo en esos tiempos. Esos traslados multitudinarios abrieron los ojos de muchos otros clubes y el apoyo lejano a gran escala terminó transformándose en una de las tradiciones más importantes que todavía están vigentes en el fútbol mundial. De hecho, esa no fue la única concepción vanguardista sobre el fanatismo en el fútbol que tuvo el club. Dos décadas después, cuando Henry Norris —el empresario que rescató al Woolwich Arsenal F.C. de la bancarrota en 1910— decidió mudar al club al norte de Londres, dio mucha importancia al traslado de los hinchas, al elegir a Highbury como nuevo hogar. Norris entendió que el promedio de asistencia a los partidos podría ser mayor si el estadio tenía conexiones de transporte favorables desde otras partes de la ciudad de Londres. "Norris, sin duda, por observación más que por estudio, se había convertido en una especie de sociólogo, reconociendo que cada club de fútbol tenía su propio núcleo duro de seguidores que asistirían pase lo que pase, junto con un segundo grupo que lo acompañaría, si las condiciones fueran las adecuadas. Y las 'condiciones adecuadas' significaban un club que le iba bien dentro del campo de juego, además de tener áreas cubiertas para proteger a los fanáticos de la intemperie y, sobre todo, un fácil acceso", explicaron Attwood, Kelly y Andrews en su libro. Aquel desembarco en Islington es otro punto de inflexión en la historia del club, pero también un paso muy significativo para que otras instituciones pusieran mucho más en foco sus parcialidades. En efecto, no cualquier equipo logra influir tan rápido y con semejante profundidad en la evolución de un deporte. Es probable que ser una institución ubicada en la ciudad de mayor importancia del país que creó y reglamentó el fútbol haya sido un factor determinante para este fenómeno, pero, lógicamente, hay mérito en un Arsenal F.C. que se encargó de ocupar ese rol sobre cualquier otro cuadro londinense. Aquellos años no fueron muy fructíferos en cuanto a trofeos; de hecho, el club tardó 11 temporadas en subir al escalón más alto del fútbol inglés, pero sí dejaron una huella trascendental para la época.

¿QUIÉN ES HERBERT CHAPMAN?

Más allá de estos antecedentes primitivos que colocan a los *Gunners* como pioneros e innovadores, si el Arsenal F.C se jacta actualmente de haberse dado a conocer al mundo más por sus aportes al fútbol que por sus conquistas, es en gran parte por el trabajo de una persona que llegó para ocupar el rol de entrenador, pero encabezó una gran revolución. Y puede que esta referencia también encaje en la reconocida figura de Arsène Wenger, pero en realidad calza mejor en unos de sus antecesores en el cargo: Herbert Chapman.

Ser innovador es un rasgo esencial en la humanidad. Desde el descubrimiento del fuego o la invención de la rueda, la evolución ha sido constante y ha permitido al mundo progresar a gran escala en todos los ámbitos posibles. Particularmente, dentro del fútbol, también hubo personalidades reformadoras. Pelé, Diego Maradona y Lionel Messi, por ejemplo, transformaron el juego dentro del campo con su talento; así como Johan Cruyff —que también fue un futbolista trascendental para la historia— o Pep Guardiola fueron entrenadores que influyeron notablemente en sus épocas. Pero el

fútbol sería una disciplina completamente diferente a la que conocemos en la actualidad sin las ideas de Chapman, quien fuera el entrenador del Arsenal F.C. durante nueve años (1925-1934), antes de morir a causa de una neumonía fulminante. No fue un simple director técnico: contribuyó para reinventar el deporte por completo. Sin su trabajo, no habría actualmente un semicírculo en la puerta del área y los balones no serían de color blanco, por lo que seguirían camuflándose en el barro de esos terrenos de juego que en aquella época no tenían tanto césped como ahora. El autor intelectual de estos cambios es el principal artífice de la primera era dorada de los *Gunners*. Ganó dos ligas inglesas y una FA Cup, títulos que obtuvo, además, con un esquema táctico revolucionario: 3-2-2-3. Aquel famoso sistema conocido como 'WM' —la primera letra encima de la segunda dibuja un esquema con tres defensas, un cuadrado en el mediocampo y tres delanteros— rompió con la tradicional 'pirámide invertida' (2-3-5) que utilizaba la mayoría de los equipos. Chapman llegó para reemplazar a Leslie Knighton en el banquillo y su impacto fue inmediato, ya que tomó las riendas de un conjunto que había terminado antepenúltimo en la temporada 1924/25 y lo sacó subcampeón en su campaña de estreno, antes de alzar los mencionados trofeos. Pero su trabajo fue mucho más allá de las consagraciones en el césped, con ese juego basado en las combinaciones a través del pase, que tenía una clara influencia de la vieja escuela escocesa. Esa mentalidad curiosa que empezó a mostrar desde muy joven —y que se consolidó en su ciclo en el Huddersfield Town— encontró en el norte de Londres una gran plataforma, con ventajas metropolitanas y monetarias, para impulsar innumerables cambios en los cimientos del fútbol mundial.

"Todavía se dice a menudo que el Arsenal 'tiene una forma de hacer las cosas'. Esto también se remonta a la época en que Chapman supervisaba todas las facetas del club. El estilo del Arsenal era el suyo: cortés, digno, civilizado, extrovertido (y, bajo la superficie, rigurosamente competitivo). Los visitantes eran recibidos calurosamente y los empleados, especialmente los jugadores y quienes los dirigían, recibieron el respeto del hombre que todos conocían como The Boss (El Jefe)", explica Patrick Barclay en su libro *The Life and Times of Herbert Chapman: The Story of One of Football's Most Influential Figures*. La leyenda de Herbert Chapman comienza en Kiveton Park, una ciudad a 255 kilómetros de Londres, situada en el condado de Yorkshire del Sur. Creció en una familia religiosa y fue al colegio hasta los 13 años, luego comenzó a trabajar como aprendiz en una mina de carbón, donde realizó trabajos administrativos y controlaba el peso de las cargas. Aquella pasión por el fútbol que se despertó en su infancia prosperó en simultáneo con el surgimiento de una gran cantidad de clubes en todos los rinco-

nes del país y con la consolidación del profesionalismo. En 1889, cuando Herbert cumplió 11 años, Preston North End se convirtió en el primer equipo en ganar el doblete de la Liga y la FA Cup en un mismo curso. Era la temporada inaugural de la Football League y Preston terminó como campeón invicto. Ni siquiera encajaron goles en los cinco partidos de la Copa. Por aquellos tiempos no había directores técnicos; esa responsabilidad era de los presidentes, en este caso de William Sudell, quien años antes había reclutado jugadores escoceses y era férreo defensor de rentar el deporte. Tenía una visión y un estilo de gestión diferente al resto, su trabajo podría considerarse como la precuela de lo que más adelante haría un Chapman que de niño practicaba un fútbol donde los travesaños eran opcionales, los campos de juego estaban delimitados por banderas, los árbitros vestían con abrigos de calle y sombreros, el portero podía usar sus manos en cualquier parte de su propio campo siempre que no corriera con el balón, y el fuera de juego era sancionado con tres rivales entre el atacante y la línea de meta, en lugar de dos.

Chapman empezó a desarrollarse como futbolista mayormente como *amateur*. No era tan bueno como su hermano menor Harry (campeón de liga dos veces y de FA Cup con The Wednesday), ni tenía interés en dedicarse a tiempo completo a ser jugador. Lo mezcló con sus estudios y con otros empleos que lo ayudaban a subsistir. "La educación primero; tenía 22 años y, en términos de carrera, la ingeniería minera parecía mucho más prometedora que el fútbol. Y se ocuparía del largo plazo, que ni el más distinguido de los futbolistas profesionales podía asegurar en aquellos días. Chapman había hecho todo lo posible por continuar sus estudios, a menudo leyendo libros de texto y escribiendo notas a la luz de una lámpara de aceite en su alojamiento en Ashton-under-Lyne o Sheppey o donde sea que pudiera estar, pero había llegado el momento de ponerse serio sobre las calificaciones que necesitaría cuando esas piernas se rindieran y las botas amarillas se colgaran por última vez", relata Patrick Barclay en su libro. No obstante, posicionándose generalmente en el interior derecho de una línea de ataque de cinco hombres, pasó por una decena de equipos y hasta llegó a vestir la camiseta del Tottenham (1905-1907), justo antes de hacer su retiro en el Northampton Town de la Southern League, la entidad en la que Herbert Chapman pasó de ser un modesto futbolista a un mánager con un gigantesco potencial.

Tuvo hasta tres ciclos en este club de la región de East Midlands, que cuando lo recibió por primera vez fue a cuatro años de su creación. En su primera etapa, con 24 años, fue el máximo goleador con 14 anotaciones en 22 partidos de liga y dejó tan buenas impresiones en un duelo de FA Cup ante Sheffield United que lo contrataron

para jugar en este equipo que militaba en la más alta división del fútbol inglés a principios del siglo XX. Fue la cúspide de su carrera dentro de los terrenos de juego y aquel hechizo duró solamente una campaña, principalmente, porque la prioridad para Chapman todavía eran sus estudios de minería en Kiveton Park. Después de graduarse como Subgerente de Minas en 1903, siguió adelante y, tras un paso por Notts County, regresó a Northampton y captó la atención de los Spurs, donde pasó dos campañas antes de volver al equipo en el que despertó su carácter de entrenador. Siguió el consejo de su compañero Walter Bull —a quien le habían ofrecido dirigir al Northampton, pero derivó la propuesta a Chapman— y tomó una de las mejores decisiones de su vida: tomarse un año sabático en la minería para probarse como mánager en el fútbol.

Se hacía cargo de un equipo de la parte más baja de la tabla de posiciones de la Southern League que era incapaz de pagar por jugadores, por lo que tuvo que ingeniárselas con las incorporaciones —al punto que ocupó el rol de jugador/entrenador— reclutando viejos compañeros y futbolistas con ganas de cambiar de aires. Hizo un trabajo muy fino para despojar al presidente Pat Darnell de la responsabilidad de armar su equipo y, en su segunda temporada a cargo, se consagró campeón (1908/09). "Estos no fueron los fichajes de Darnell. Estos fueron los fichajes de Chapman. Chapman estaba empezando como tenía intención de continuar. Incluso a los 30 años había desarrollado una visión inquebrantable de que el mánager debía estar exclusivamente a cargo del equipo. Mucho antes del nacimiento de Alex Ferguson, Chapman había decidido vivir según el principio que se convirtió en el mantra de Ferguson. Pero no esperaba que ningún presidente, por muy bien que conociera a Darnell, sufriera una usurpación descarada de su poder. Darnell, el forense local y una figura carismática de la ciudad, estaba acostumbrado a tomar decisiones. Entonces, Chapman trabajó sutilmente. Dejó que Darnell apreciara la mejora tanto en el equipo como en la taquilla, antes de pedir que se aflojaran seriamente las cuerdas del bolso. También relevó a su jefe de la tarea de supervisar la selección del equipo", apunta Barclay en su obra. Se hizo DT a tiempo completo después de alzar el título y permaneció en la Southern League hasta 1912. Al tiempo que desarrollaba sus particulares métodos de gestión, elevó el *estatus* de un Northampton que acabó 4º, 2º y 3º con él a cargo. Intentó que el equipo fuera incluido en la Segunda División de la Football League, pero no tuvo éxito, y su anhelo de dar un salto de calidad se concretó cuando le ofrecieron dirigir a un golpeado y urgido Leeds City. Herbert Chapman aspiraba ascender a Primera División, aunque antes debía tratar de estabilizar a este elenco en Segunda y evitar que se hundiera como le había pasado unos meses antes al Titanic.

Faltaban casi dos décadas para que Chapman iniciara su revolución en un Arsenal F.C. que todavía no se había mudado al norte de Londres, pero su trabajo como mánager crecía a pasos agigantados. Lo del Leeds City fue una experiencia que quedó inconclusa por diferentes factores. En su desembarco como DT en la Segunda División del fútbol inglés, agarró a un equipo que había finalizado 19º y lo llevó al 6º lugar. Al curso siguiente, acabó en la 4º posición, a solamente dos puntos de un Arsenal F.C. que ya estaba instalado en Highbury. Su labor marchaba bien hasta que explotó la Primera Guerra Mundial (PGM) y el fútbol inglés se apagó por un lustro. En el verano europeo de 1915, un Chapman de 37 años y algunos de sus jugadores del Leeds City se unieron a una especie de ejército civil y, al año siguiente, el entrenador dejó su cargo para convertirse en gerente de una fábrica de municiones construida en Barnbow durante el conflicto bélico. El equipo participó en competiciones regionales, pese a que muchos de sus futbolistas estaban peleando en la guerra o habían decidido retirarse ante la caída en los salarios, con el ayudante de campo George Cripps y el presidente Joe Connor haciéndose cargo de todo. Al término de la PGM, en 1919, con Chapman otra vez al mando, un futbolista llamado Charlie Copeland denunció al Leeds City ante la FA por realizar pagos ilegales a jugadores invitados durante el período bélico. El club fue expulsado de la Football League en plena campaña, al negarse a mostrar sus registros financieros, y su lugar en la Segunda División lo ocupó Port Vale, mientras que Connor y otros directivos de la entidad fueron suspendidos de por vida. Fue un severo castigo que también le cayó a Herbert Chapman, aunque él logró una satisfactoria apelación por su trabajo en Barnbow. No todo salió mal en Elland Road, donde se formó una nueva institución: Leeds United.

En la Navidad de 1919, nació su cuarto hijo y, al estar desempleado, decidió mudarse a la ciudad de Selby para ocupar un puesto como superintendente en una fábrica de petróleo y coque, pero aquel empleo solamente le duró un año. A mitad de la temporada 1920/21, volvió al fútbol para hacerse cargo de un Huddersfield Town que había logrado el ascenso a la Primera División y tenía estadio para 50 000 personas, pero con fortuna reunía el 10 % de ese aforo, ya que seguía a la sombra del equipo de rugby. El estreno del Huddersfield Town en la máxima categoría fue bastante auspicioso bajo el ala de Ambrose Langley, con cinco victorias en las primeras seis jornadas, pero luego cosecharon solamente un triunfo en 12 partidos y quedaron cerca de la zona de descenso. Tras confirmar que la FA había revocado su sanción por el escándalo en Leeds, el

club contrató a Chapman como asistente técnico de Langley. Aunque su gran relación con la directiva —participaba de las reuniones e influía más en los fichajes— generó la incomodidad y la posterior salida del DT, registraron siete triunfos en los últimos 10 partidos de una temporada donde la liga la ganó el Burnley y la FA Cup la alzó el Tottenham.

Fue de cara a la temporada 1921/22 cuando Herbert Chapman dio el salto de calidad a un Huddersfield Town que finalizó el curso como campeón de la FA Cup (su primer título a 14 años de su fundación), potenciado por la estructura que edificó el revolucionario entrenador. Hizo un puñado de contrataciones importantes, como la de Clem Stephenson del Aston Villa, pero principalmente su éxito recayó en la consonancia entre el primer equipo y el flamante sistema juvenil. "Como si supiera que los grandes desembolsos para gente como Stephenson no podían ser rutinarios, también abordó los medios de producir jugadores desde adentro y desarrollarlos, formar un equipo juvenil y de reserva, y nombrar a un exjugador para entrenar a cada uno de ellos, siguiendo el estilo y la táctica del primer equipo, animándolos a mantenerse sólidos y golpear rápido en el descanso, utilizando las bandas", explica el citado libro de Patrick Barclay. A esa primera coronación copera le siguió el auspicioso 3º puesto de la Primera División 1922/23, con el impactante registro de solamente 32 goles encajados en 42 partidos, con 23 vallas invictas, de las cuales 10 fueron en condición de visitante. Esa solidez defensiva fue la plataforma para ganarse la confianza plena de la directiva en la elección del equipo y cumplir su objetivo de ser campeón de la Football League. Fueron dos títulos consecutivos. El primero, en una batalla cabeza a cabeza con Cardiff City en la recta final del torneo, con un cuadro galés que tenía un punto de ventaja, pero empató en la última jornada y cedió el trofeo al Huddersfield Town de Chapman por diferencia de gol. En el segundo, solamente encajó 28 goles durante la temporada de la liga y nunca concedió más de dos tantos en ningún partido del torneo, lo que les permitió terminar dos puntos por delante del West Bromwich Albion. Fueron dos campeonatos en los que el Arsenal F.C. escapó al descenso, lo que llevó a Henry Norris a buscar reemplazo para Leslie Knighton. Y allí estaba Herbert Chapman, el único entrenador con la sapiencia para convertir al club londinense en una referencia de carácter mundial.

EL GRAN INNOVADOR

Eran tiempos donde Londres era una de las ciudades más pobladas del mundo y el Arsenal Football Club, que ya llevaba más de una década instalado en Islington, era un enorme atractivo para un Herbert Chapman al que le fascinaban las grandes multitudes. El 11 de mayo de 1925, Henry Norris publicó un aviso en el diario Athletic News para encontrar candidatos al puesto que Leslie Knighton había dejado vacante:

"Arsenal Football Club está abierto a recibir aplicaciones para la posición de mánager del primer equipo. Tiene que ser experimentado y poseer la más alta calificación para el puesto, tanto en capacidad como en carácter personal. Los caballeros cuya única capacidad para construir un buen equipo dependen del pago de tarifas de transferencia pesadas y exorbitantes [sic] no necesitan aplicar ."

Ese anuncio nada tuvo que ver con el desembarco de Chapman en Highbury, que se gestó de forma mucho más discreta. James Catton —uno de los periodistas deportivos más famosos de la época— habló con Ivan Sharpe —exfutbolista devenido en reportero— para que hiciera de intermediario entre el entrenador y *sir* Samuel Hill-Wood, un empresario británico ligado al fútbol que encabezaba la junta directiva del club londinense. El nombre llegó hasta Norris, quien no dudó en convertir a Herbert Chapman en el entrenador mejor pagado de Inglaterra, duplicando su salario del Huddersfield y pagándole £ 2000. Era un enorme desafío hacerse cargo de un club de grandes aspiraciones, pero con las vitrinas vacías; una institución que llevaba años de progreso estructural, pero veía a sus vecinos obtener mejores resultados. En las seis campañas que Knighton dirigió al Arsenal F.C., su mayor hito fue el 9º puesto de la temporada 1920/21, mismo curso en el que el Tottenham ganó su segunda FA Cup. Chelsea había llegado a la final de la Copa en 1915 y West Ham había participado en la primera definición llevada a cabo en Wembley (1923). Pero en aquella campaña de estreno, Chapman comenzó a desarrollar su famoso sistema conocido como 'WM' (3-2-2-3) y llevó a los *Gunners* al subcampeonato en la Primera División; es decir, la mejor actuación en sus 40 años de historia. Terminó justamente detrás de un Huddersfield Town que conservaba el aura ganadora que él mismo había implantado, pero era un comienzo más que auspicioso.

Tras esa exitosa campaña de adaptación, Herbert Chapman y el Arsenal F.C. confluyeron para llevar adelante distintas ideas vanguardistas que han transformado el juego. Fueron la amalgama perfecta: un entrenador de doctrinas futuristas con una institución

que arrastraba un espíritu innovador desde sus raíces y que, a partir de su mudanza, tenía grandes recursos de carácter estructural y geográfico. Por ejemplo, el 22 de enero de 1927, se llevó a cabo en Highbury el primer comentario de radio en vivo de un partido de fútbol en Inglaterra. Fue un partido ante Sheffield United que fue escuchado por los oyentes del Servicio Mundial de la BBC, que se había formado el año anterior y transmitió aquel empate 1-1. Ya se había experimentado con transmisiones externas en un partido de rugby en Twickenham, donde el locutor Toddy Wakelam había ensayado comentándole el partido a una persona ciega en la cabina. Pero en Highbury fue la primera transmisión hacia el público con dos comentaristas, como se utiliza actualmente, solo que uno narraba las acciones del partido y otro gritaba esporádicamente un número que refería a un área específica del campo de juego. Se publicó en el *Radio Times* un folleto donde salía la programación, una imagen con la cancha dividida en ocho rectángulos numerados. "A partir de ese momento, el deporte se abrió tanto a ciegos como a personas videntes en Gran Bretaña, como lo había hecho en Estados Unidos. El fútbol iba a seguir creciendo en popularidad con la proliferación de los medios de comunicación. Era otro desarrollo que Chapman había previsto, aunque de forma vaga", analiza Patrick Barclay en el libro *The Life and Times of Herbert Chapman: The Story of One of Football's Most Influential Figures.* Fue un sistema que duró poco más de una década, casi hasta que comenzó a emerger la televisión. De hecho, la primera vez que se televisó un partido de fútbol en Inglaterra fue entre el Arsenal F.C. y su equipo reserva, un suceso que ocurrió tres años después del fallecimiento de Chapman, pero involucró a gente que era de su entorno.

Fue el primer paso hacia cambios mucho más profundos que llegaron una vez que Herbert Chapman torció el poderoso brazo de Henry Norris y logró cambiar a su preparador físico. Ese puesto lo ocupaba George Hardy, quien llegó al club cuando inició la gestión de Norris, y Hall, alguien que no era del agrado de Chapman, consideraba que sus métodos eran anticuados; él quería alguien que realmente mejorara el estado físico de los futbolistas, en lugar de solamente decirles cuánto tiempo debían trotar alrededor de la cancha. Hardy se sostenía porque llevaba 17 años como empleado fiel a los dueños del club y los jugadores se entretenían con él, pero Chapman quería que su lugar fuera ocupado por Tom Whittaker, un exjugador del club que estaba estudiando fisioterapia. Este cambio se hizo posible tras un partido de FA Cup ante Port Vale en Highbury, en el que George Hardy salió del banquillo para dar unas indicaciones. Chapman, furioso por la atribución que se había tomado, lo mandó inmediatamente al vestuario y luego se plantó ante la directiva. Whittaker pasó a trabajar con el primer

equipo y Hardy bajó al conjunto reserva por un tiempo, hasta que se marchó del club. Un camino que también siguió Henry Norris, quien en 1927 dejó su puesto de presidente en medio de algunos escándalos financieros que le valieron una suspensión de por vida por la FA.

Con Samuel Hill-Wood como máxima autoridad, Herbert Chapman consiguió confianza plena para hacer y deshacer a su antojo. Los resultados en la liga no eran los esperados —terminó 11º, 10º y 9º después de aquel subcampeonato en su estreno— y su fortaleza estaba en la FA Cup, aunque sin consagraciones. Tuvo oportunidades de regresar al Huddersfield Town, pero decidió seguir adelante con su proyecto en Londres. Ningún equipo de la capital todavía había logrado ser campeón de Inglaterra, siendo Tottenham (1921/22) y el Arsenal F.C. de Chapman (1925/26) quienes más cerca habían estado de conseguirlo. Y si bien acabó en la 14º posición en la liga, la más baja con Chapman a cargo, venció en Wembley al Huddersfield Town y se consagró campeón de la FA Cup 1929/30. Era el primer título de la historia del club y todo un mensaje para el fútbol británico: el equipo que dominó la década del veinte fue derrotado por el que dominaría la década siguiente, ambos marcados por la visión de Herbert Chapman. Esa hegemonía de los *Gunners* inició con la consagración en la First Division 1930/31 con un récord de 66 puntos, siete más que su perseguidor Aston Villa, un registro que fue igualado tres décadas más tarde por el Tottenham, que ganó el doblete bajo el ala de Bill Nicholson.

A la campaña siguiente, el Arsenal F.C. de Herbert Chapman se quedó en la puerta de la consagración en ambas competencias: finalizó dos puntos detrás del Everton en la liga y cayó en la final copera ante Newcastle, pero el entrenador ya contaba con un plantel saludable y competitivo. Con el asesoramiento de Whittaker, ponía mucho énfasis en la preparación física y la recuperación de lesiones para mejorar el rendimiento de sus pupilos, algo que prácticamente nadie hacía en esos años. Su equipo marcaba el pulso en cada cancha del fútbol inglés, pero el club también empezó a desarrollarse en otras áreas. Al tiempo que el mundo intentaba reponerse del brutal impacto económico de la Gran Depresión, Highbury emergió como un símbolo de prosperidad y se transformó en uno de los estadios más bellos del mundo, con mínimas modificaciones que le permitieron tener gradas amplias y cómodas para fanáticos e invitados. Inspirado por uno de sus encuentros con su colega Hugo Meisl en Austria, y pese a que sabía que la FA no iba autorizarlo a jugar de noche, Chapman no dudó en instalar reflectores para iluminar la cancha y eso, al menos, le permitió ampliar el rango de horario de sus entrenamientos, porque el primer par-

tido iluminado en Highbury se jugó 17 años después de su fallecimiento. Desarrolló también un sistema de megafonía para que los aficionados supiesen las novedades de los equipos en los partidos e hizo colocar un reloj que proporcionara al público una cuenta regresiva de 45 minutos. La Federación creyó que esto podía atentar contra la autoridad de los árbitros, por lo que pronto se colocó un reloj convencional que acabó convirtiéndose en el famoso *Clock End*, uno de los grandes símbolos del club.

De otro de los encuentros entre Chapman y Meisl, creador del Wunderteam de Austria que llegó a la semifinales del Mundial 1934 y otro de los primeros entrenadores en apostar por el juego combinativo, surgió también la idea de numerar las camisetas de los jugadores. Fue en la final de la FA Cup 1932/33 cuando por primera vez en Inglaterra los jugadores tuvieron dorsales identificativos: Everton usó la franja numérica del 1 al 11 y el Manchester City del 12 al 22. "La Football Association —y también la Liga— estaba cediendo en esto. Se beneficiaron del sistema que se había utilizado en Highbury varios meses antes durante el partido del Arsenal contra el F.C. de Viena de Meisl, cuando los jugadores de Chapman vestían del 1 al 11 y los austríacos del 12 (*wing* izquierdo) al 22 (portero)", relata Barclay en su libro. Fue el puntapié inicial de una tradición que el Comité de Gestión de la liga inglesa estableció como obligatorio en sus cuatro divisiones a partir de 1939.

El Arsenal F.C. venció por 4-2 a aquella selección austríaca que cambió su nombre para evitar problemas reglamentarios con la FA y Chapman demostró que podía dominar en Europa. Chapman y Meisl eran referentes de la época junto con Vittorio Pozzo, el seleccionador bicampeón del mundo con Italia (1934 y 1938), y juntos soñaban con crear una competición europea de clubes, pero en aquella época las autoridades británicas solamente permitían a sus equipos salir de la isla para jugar —y normalmente ganar— amistosos internacionales. De hecho, Hugo Meisl fue el creador de la Copa Mitropa, un certamen que reunía a los mejores clubes de potencias europeas como Italia, Austria, Checoslovaquia y Hungría. Era la Champions League de esos tiempos, ya que la UEFA se creó en 1954. A Herbert Chapman seguramente le hubiese gustado participar de ese torneo, así como presenciar aquel primer partido con las camisetas numeradas, una innovación que ideó para que sus jugadores tuvieran una referencia que los ayudara a sostener el orden táctico. Pero estuvo lejos de llegar a Wembley, porque su equipo sufrió una sorpresiva eliminación en la tercera ronda de la FA Cup, de visitante ante el Walsall, equipo de tercera división ante el cual Chapman hizo debutar a varios jóvenes. No obstante, el Arsenal F.C. se consagró campeón de la First Division 1932/32.

Chapman cosechó su segundo título liguero en tres años en lo que fue su última campaña completa como mánager del club.

A finales de 1933, después de pasar el Año Nuevo con su familia en Hendon, Herbert Chapman viajó casi 400 kilómetros para ver jugadores en Bury. Luego aprovechó para ir a analizar al Sheffield Wednesday, el siguiente rival de un Arsenal F.C. que había perdido solamente tres partidos en esa primera parte de la First Division 1933/34 y peleaba por defender el título. De regreso a Londres, hizo una consulta con Guy Pepper, médico del club, quien notó su cuadro febril y le recomendó que guardara reposo. Pero antes de descansar en su cama, Chapman prefirió ver al equipo reserva en Guildford. Su salud se agravó y una neumonía provocó su fallecimiento a los 55 años de edad, en la madrugada del viernes 6 de enero de 1934. Aquel día, los *Gunners* vistieron un brazalete negro e igualaron 1-1 ante Sheffield Wednesday en Highbury. Hubo un multitudinario funeral para el difunto mánager y un busto suyo fue presentado en el majestuoso vestíbulo de la tribuna East Stand en octubre de 1936. El Arsenal F.C. le regaló una réplica al Huddersfield Town en 2008 y tres años después colocó una estatua suya a las afueras del Emirates Stadium, como parte de las celebraciones por el 125º aniversario de la institución.

Con el fallecimiento de Chapman, Joe Shaw ascendió del equipo reserva al primer equipo de forma interina y condujo al Arsenal F.C. a lograr su segundo trofeo de liga consecutivo. El legado de Chapman cayó en la campaña siguiente en manos de George Allison, quien había llegado al club muchos años atrás para trabajar como editor de los programas de los días del partido del Woolwich Arsenal F.C. y después ocupó algunos cargos en la directiva. También era el comentarista deportivo estrella de la BBC en esas primeras transmisiones que impulsó la institución. Allison dio más lugar a Tom Whittaker y entre ambos mantuvieron intactos los lineamientos de gestión de Chapman, lo que les permitió ganar un tercer título de liga en fila en la temporada 1934/35, además de la FA Cup 1935/36 y otra vez la liga en 1938, a casi un año del inicio de la Segunda Guerra Mundial. Ese fue el cierre de un glorioso período en el que se ganaron cinco títulos de liga con sus respectivas Supercopas en ocho temporadas, además de dos trofeos de FA Cup.

Por el calibre de su gestión y en la cantidad de áreas de influencia de su trabajo, Herbert Chapman conserva un lugar privilegiado en la historia del Arsenal F.C. y el club tiene un papel destacado en el desarrollo del fútbol mundial. Además, su gen se prolongó internamente a lo largo de los años, ya que parte del personal que trabajaba para Chapman todavía estaba en Highbury, cuando Bertie Mee llegó al equipo en 1960 para trabajar como fisioterapeuta. Seis años después, tal como se había hecho exitosamente un tiem-

po atrás con Tom Whittaker, fue nombrado mánager. Whittaker tomó el cargo que Allison dejó vacante en el verano europeo de 1947 y ganó la liga en su primera temporada. Dos años después fue campeón de la FA Cup y volvió a alzar el título liguero en la temporada 1952/53. Aquellos fueron espasmos del éxito de Chapman, pues los días de dominio absoluto quedaron atrás. Pasaron 17 años hasta que el Arsenal F.C. de Bertie Mee ganó su primer trofeo, la Copa de Ferias de Europa, competición precursora de la Copa UEFA y la Europa League; una gesta continental que dio pie al doblete de la temporada 1970/71. En ese equipo, que le quitó al Tottenham el orgullo de ser el único club inglés capaz de lograrlo en el siglo XX, estaba George Graham, quien después de retirarse hizo un destacado trabajo como DT al ascender al Millwall a Segunda División y fue el elegido de la junta directiva del Arsenal F.C. para tomar el cargo de entrenador en 1986. Graham se aferró a la grandeza histórica de la institución que floreció con Chapman para calar hondo en los jugadores jóvenes y construir un grupo reconocido por su lealtad al club, quienes orgullosamente ganaron dos títulos de liga, además de una Copa de la Liga y la Recopa de Europa. Fue un palmarés impactante que probablemente hubiera ocupado un lugar más privilegiado en la historia *gunner*, si no hubiera sido eclipsado de manera inmediata por la revolución de Arsène Wenger, quien cosechó 16 títulos en 22 años. No obstante, sorprendentemente, hay un hombre que ha pasado más tiempo unido al Arsenal F.C. e incluso ganó más torneos como mánager en el club: su utilero.

ARSENAL LADIES F.C.

Cuando se menciona el nombre de Vic Akers a cualquier fanático *gunner*, es probable que su mente lo vincule con su trabajo como la persona que durante décadas se ocupó de asegurarse de que los futbolistas y el cuerpo técnico tuvieran su indumentaria lista para los entrenamientos y los días de partido. Era quien tenía que garantizar que cada uno tuviera todo lo que necesitaba para hacer su trabajo: desde la ropa hasta el vendaje de todos los colores y tamaños posibles. Todos conocen a ese personaje que, además de organizar las camisetas, pantalones cortos, medias y calzado de los jugadores, se transformó en un confidente de las grandes figuras que representaron al equipo londinense durante las etapas de Graham y Wenger. Lo que pocos saben es que su labor en el fútbol femenino fue trascendental: convirtió al Arsenal F.C. en uno de los

equipos de mujeres más poderosos del mundo y dio un giro muy destacable a esa veta vanguardista de la entidad, al posicionarla como una referencia para otras instituciones de Inglaterra.

Victor David Akers nació en Islington en agosto de 1946, cuando el Arsenal F.C. llevaba más de tres décadas instalado en esa zona. Tenía solamente seis años de edad cuando el equipo ganó la liga por segunda vez con Tom Whittaker y su trayectoria de futbolista ameteur iba en ascenso, cuando el conjunto de Bertie Mee logró el doblete. Aquel verano de 1971, con 24 años, fichó por el Cambridge United de la cuarta división, a cambio de 5000 libras esterlinas. Su carrera como lateral izquierdo en varios elencos del ascenso inglés no fue demasiado destacada, pero su vida dio un giro rotundo en el momento en que se convirtió en uno de los empleados de las oficinas de Highbury. Fue contratado para integrar un área social llamada Arsenal in the Community, que se creó en 1985 con el fin de utilizar el poder de la marca del equipo para intentar aplacar las miserias sociales en Londres y generar un impacto positivo en la vida de miles de jóvenes, a través de programas deportivos, sociales y educativos. Desde su humilde posición dentro de este incipiente esquema comunitario, Akers dio a conocer sus diversas ambiciones y se convirtió voluntariamente en uno de los integrantes más influyentes del sector. Su aporte tomó aún más relevancia cuando en 1987 fundó el Arsenal Ladies, el equipo femenino que cambió al fútbol para siempre.

Eran días de resurgimiento para las futbolistas de Inglaterra, quienes literalmente habían permanecido a la sombra por medio siglo. Durante más de 50 años, las mujeres fueron expulsadas por la FA de los campos de fútbol de todo el país. Su llegada a este deporte había sido motivada por la Primera Guerra Mundial, que generó la suspensión de la Football League y obligó a muchos hombres a brindar apoyo a Gran Bretaña en el conflicto bélico. Eso empujó a las mujeres hacia las fábricas de municiones del país y, en consecuencia, a ocupar también los campos de fútbol para escapar momentáneamente de los horrores de la guerra y mantenerse en forma. Al principio, los equipos femeninos se enfrentaron entre sí para recaudar dinero y destinarlo a organizaciones benéficas, lo que dio pie a la realización de un torneo. De los cientos de equipos que se formaron en esa época, el más destacado fue el Dick, Kerr's Ladies de Preston, que en 1920 jugó contra el St Helen's Ladies ante más de 50 000 espectadores en Goodison Park, en un duelo correspondiente a una liga femenina no oficial que empezaba a desarrollarse. En aquel año también hubo un equipo francés que viajó al Reino Unido para enfrentarse a las Dick, Kerr's Ladies, en lo que se reconoce como el primer puñado de partidos internacionales de mujeres. Pero al término de la guerra, cuando los hombres

regresaron al fútbol, la FA hizo un boicot a esta potencial consolidación, al prohibir el uso de sus campos de fútbol para equipos femeninos, alegando que la naturaleza del juego era bastante inadecuada para las mujeres y no debía ser fomentada. Solamente unos pocos elencos femeninos lograron sostenerse, tras el decreto de un ostracismo que duró hasta 1971. Ese cerrojo comenzó a romperse con la creciente popularidad del fútbol entre las niñas y las mujeres inglesas que vieron a su país ganar la Copa Mundial de la FIFA de 1966. Finalmente, la prohibición se levantó dos años después de la creación de la Asociación de Fútbol Femenino (WFA) y durante la disputa de la primera edición de la FA Cup femenina.

A finales de la década del ochenta, cuando Vic Akers propuso en Highbury crear un equipo de fútbol de mujeres, lo pensó como un proyecto comunitario similar al que tenían en el Millwall F.C., cuyo elenco femenino se llama Millwall Lionesses. Todo comenzó con el reclutamiento de futbolistas, como una de sus compañeras de trabajo, que jugaba en un conjunto llamado Aylesbury Ladies. El Arsenal F.C. de a poco tomó el control de este equipo de futuro incierto y Akers asumió voluntariamente el rol de mánager, sin renunciar a sus responsabilidades anteriores. A su vez, desde que George Graham asumió como mánager del equipo masculino, le propusieron a Vic Akers ser parte de su *staff* desempeñándose como utilero, un puesto que aceptó, pero con la condición de que le permitieran continuar trabajando en el crecimiento del fútbol femenino del club. Una vez concretado el nacimiento del Arsenal Ladies Football Club, el conjunto de Akers disputó solamente un par de partidos de copa durante sus primeros cuatro años de existencia. Sus integrantes cobraban un modesto viático. También, siempre que fuera posible y estuviera a su alcance, Akers encontró empleo a sus jugadoras dentro del club —en la administración, en la taquilla o en la lavandería de la utilería, por ejemplo— o también fuera de él. Fue solamente el inicio. El Arsenal F.C. no tardó en ocupar ese rol pionero que alguna vez tuvo Dick, Kerr's Ladies, aunque lo hizo con un enfoque absolutamente profesional.

Con el apoyo de las figuras más importantes de la directiva, Vic Akers hizo crecer al Arsenal Ladies F.C. y empezó a desafiar a elencos ya largamente establecidos como Doncaster Rovers Belles y Millwall Lionesses, además de convertirse en uno de los clubes del mundo que más contribuyó en el desarrollo del fútbol femenino. "El apoyo de David Dein nos permitió competir. Nos permitió crear un equipo fuerte y, aunque no teníamos mucho dinero, trajimos a muchas chicas locales del área de Islington, algunas que eventualmente terminaron jugando para la selección de Inglaterra. En 1993, ganamos nuestra primera FA Cup contra las Belles en Oxford. Eran un equipo de la Premier League y lo habían sido durante mucho tiempo. Para nosotros, alinearnos junto a ellos fue un gran impulso y ganar 3-0 fue algo inaudito. Siento que ayudamos enormemente al juego [...] fuimos abanderados del fútbol femenino en el Reino Unido", comentó Vic Akers en una entrevista ofrecida al podcast *The Offside Rule* en octubre de 2016. Aquella primera consagración fue el trampolín hacia una era de dominio absoluto que incluyó casi dos décadas de trofeos, el desarrollo de superestrellas de nivel internacional y la motivación a otras instituciones importantes de todo el país a invertir dinero en sus equipos femeninos para destronar a los *Gunners*.

En la década de los noventa acumularon hasta 13 trofeos, con una celebración muy especial en 1998: ambos equipos, el femenino y el masculino, celebraron sus dobletes juntos en autobuses descapotables que transitaron las calles de Islington para saludar a los fanáticos. Ese mismo año, se inauguró el Arsenal Girls' Centre of Excellence, uno de los 20 primeros centros de entrenamiento para jugadoras que la FA motivó a construir en todo el país, aunque este en particular estaba auspiciado por Nike y tenía una sólida estructura detrás. Fue lo que sentó las bases para una etapa aún más dominante: en el período 2000-2010, el Arsenal Ladies F.C. ganó nueve de los diez títulos de la Premier League femenina disputados —solamente cedió uno al Fulham en 2003—, además de cinco trofeos de FA Cup y cinco Copas de la Liga. Vic Akers logró trasladar el dominio doméstico al plano continental, ya que en la temporada 2006/07 su equipo ganó todos los campeonatos locales y se consagró campeón de la UEFA Women's Cup, el trofeo europeo más importante de aquellos años. Fue el primer equipo británico de mujeres en conquistar el continente. Alex Scott, autora del único gol de aquellas finales ante el Umeå IK de Suecia, había estado en el club desde los nueve años y había sido detectada nada menos que por el propio Akers en un torneo en Tower Hamlet. En ese período, las chicas del Arsenal F.C. tuvieron una racha invicta de 108 partidos de liga en tres temporadas, incluida una seguidilla de 51 victorias consecutivas.

Debido al deterioro de la salud de su madre, Vic Akers renunció a su puesto como mánager del equipo femenino en 2009. Se marchó tras llenar con 32 grandes trofeos las vitrinas del club y en un contexto completamente distinto al de su llegada, con muchos equipos femeninos completamente profesionales, respaldados por recursos e infraestructura de élite. Su revolución en el fútbol femenino fue reconocida con un O.B.E. por sus servicios al deporte en 2010. El club decidió nombrarlo también presidente honorario del ahora llamado Arsenal Women F.C., ya que en la institución decidieron quitarle el término *Ladies*. "Siempre que sea posible, nos

referiremos a nuestro equipo femenino simplemente como 'Arsenal', al igual que lo hacemos con nuestro equipo masculino. Esta es una clara señal de unión y unidad y está más en consonancia con el pensamiento moderno sobre la igualdad. A efectos formales, seremos rebautizados como Arsenal Women Football Club. El nombre Arsenal Femenino se utilizará con moderación, principalmente, para evitar cualquier confusión con el equipo masculino. Este es un paso importante y progresivo a medida que nos embarcamos en el próximo capítulo de nuestra historia en el fútbol femenino", comunicaron oficialmente desde la entidad en julio de 2017. Las labores de Vic Akers como utilero del Arsenal F.C. terminaron en mayo de 2018, cuando le cedió el puesto a su hijo. Se despidió de la institución aplaudido por todo el Emirates Stadium en el último partido en condición de local de ese curso; el mismo día en que también se celebró el adiós de Arsène Wenger.

LA VISIÓN COSMOPOLITA DE ARSÈNE WENGER

Cuando Wenger dijo adiós al Arsenal F.C., lo hizo de la misma forma en que su legendaria etapa había empezado: con una victoria. Su período arrancó en Ewood Park con un 2-0 ante Blackburn Rovers el sábado 12 de octubre de 1996 y acabó el domingo 13 de mayo del 2018 con un 1-0 en casa del Huddersfield Town. Pasaron 1235 partidos entre uno y otro. Para tomar dimensión, los ciclos de Bertie Mee (540 partidos) y George Graham (460) juntos, los dos más extensos antes de su llegada, no son suficientes para alcanzar esa cifra. Wenger estuvo un total de 7883 días en el cargo. Su homenaje se llevó a cabo una semana antes de su última función, en el último partido que los *Gunners* disputaron en el Emirates Stadium de esa temporada 2017/18, una fecha en la que la goleada por 5-0 ante Burnley quedó completamente eclipsada por una conmemoración que se realizó bajo el lema *Merci Arsène* (Gracias, Arsène). Con presencia de 59 540 espectadores en el fastuoso estadio que fue construido en su gestión, Wenger se marchó de una institución muy distinta a la que había llegado 22 años atrás.

En su esencia, el Arsenal F.C. siempre fue uno de los clubes más tradicionales de Inglaterra. Pero eso cambió cuando un joven y ambicioso empresario londinense llamado David Dein llegó a la vicepresidencia de la entidad en 1983. Su perspectiva sacudió la estructura que tenía como máxima autoridad a Peter Hill-Wood, quien había sucedido a su padre un año antes. Tres generaciones

de la familia Hill-Wood habían ocupado el cargo de presidente. Dein fue quien eligió a Arsène Wenger como mánager, en una época donde solamente tres entrenadores no británicos ni irlandeses habían pasado por el fútbol inglés. Jozef Venglos (Aston Villa), Ossie Ardiles (Tottenham Hotspur) y Ruud Gullit (Chelsea) no pudieron establecerse del todo en un ecosistema que sufrió una profunda metamorfosis, cuando la visión cosmopolita y globalizada de Wenger dio sus frutos en un Arsenal F.C. que nuevamente inspiró a su entorno. En la tierra donde se creó el fútbol consideraban que contratar un mánager que no fuera de la isla británica era un riesgo, una suposición que se esfumó cuando ese estratega francés que llegó de Japón se convirtió en el primer DT extranjero en ganar la Premier League en su primera temporada completa (1997/98). Algunas personalidades como José Mourinho, Carlo Ancelotti, Roberto Mancini, Manuel Pellegrini, Claudio Ranieri, Pep Guardiola y Jürgen Klopp deberían agradecer que se rompió con tal prejuicio. También la innumerable cantidad de jugadores que entraron en el radar de los clubes ingleses que vieron al Arsenal F.C. modificar los parámetros de reclutamiento y ampliar globalmente sus horizontes. El *scouting* fue uno de los pilares de la gestión de Arsène Wenger. Una de sus primeras decisiones al llegar a Highbury fue que Steve Rowley, que trabajaba como ojeador a tiempo parcial durante el ciclo de George Graham, se convirtiera en jefe de *scouting* y tuviera un departamento a su cargo. En su primera temporada atrajo principalmente jugadores de Francia, su país de origen, donde había dirigido al AS Nancy y siete temporadas al AS Mónaco. A los pilares ingleses que heredó de Graham le agregó paulatinamente el talento de Thierry Henry, Patrick Vieira, Robert Pirès, Nicolas Anelka, que fue comprado por £ 500 000 y vendido por £ 22 millones solo después de dos temporadas. Wenger no gastó todo ese dinero en jugadores nuevos: prefirió construir el campo de entrenamiento de London Colney y tener un búnker futurista para su trabajo diario. Amplió también su espectro de cazatalentos a Sudamérica, África, Asia y al resto del mundo, y el club tuvo, durante la etapa de Wenger, una envidiable red de 15 ojeadores en Reino Unido, además de empleados en Francia, Suecia, España, Italia, Brasil, Holanda, República Checa y Alemania, e incluso en Brasil y Argentina. Uno de los momentos más representativos dentro de este trabajo de reclutamiento ocurrió el 14 de febrero de 2005, en una victoria del Arsenal F.C. por 5-1 ante el Crystal Palace. De aquella jornada en Highbury, la prensa destacó que la alineación local no incluía a ningún jugador inglés. Ese día no jugaron Ashley Cole y Sol Campbell, habituales titulares. En el once inicial estuvieron Jens Lehmann (Alemania), Lauren (Camerún), Kolo Touré (Costa de Marfil), Dennis Bergkamp (Holanda), José Antonio Reyes (Espa-

ña), Edu Gaspar (Brasil); más Thierry Henry, Patrick Vieira, Pascal Cygan, Gaël Clichy y Robert Pirès (Francia). Luego ingresaron Cesc Fàbregas (España), Robin van Persie (Holanda) y Mathieu Flamini (Francia). El banco de suplentes lo completaron Philippe Senderos (Suiza) y Manuel Almunia (España). No había ni un solo jugador británico, lo que provocó polémica en los medios de comunicación. Pero Arsène Wenger explica en su autobiografía titulada *Arsène Wenger, My Life and Lessons in Red and White* que eso no cambió en absoluto su forma de pensar: "Ni siquiera me di cuenta cuando los elegí. La reacción de los periodistas y la polémica que se suscitó me sorprendieron, claro. Yo era el tema de conversación, cosa comprensible. En esa época, no había suficientes jugadores ingleses de calidad. El nivel de la Premier League era muy bueno, pero carecíamos de jóvenes talentos. Los jugadores extranjeros podían influir positivamente y facilitar el progreso de sus compañeros. Las críticas fueron injustas. [...] Por mi parte, además, estaba seguro de que tal apertura contribuía al éxito del Arsenal; era necesaria una mezcla entre la cultura local y las culturas extranjeras. Se podía traer a los mejores jugadores sin mirar su pasaporte, y eso haría aumentar el nivel del fútbol inglés. Pero en 2005, aquello levantó mucha polvareda y un mar de críticas. No obstante, para mí, lo único importante era la calidad de los futbolistas. Siempre defenderé esta idea, contra viento y marea".

Wenger fue también una personalidad innovadora y disruptiva en la preparación física de los futbolistas para la competencia, con conceptos que se pusieron de moda en Inglaterra a partir de su llegada. Puso fin a la cultura del alcohol en el Arsenal F.C. e introdujo controles dietéticos y un estricto régimen de ejercicios en un grupo de jugadores que no cuidaba en absoluto su salud. "Cuando les hacíamos radiografías de las rodillas o de los tobillos, los médicos nos decían que algunos de los futbolistas tenían que haberse retirado hacía tiempo. Pero ellos querían seguir y su tesón los empujaba a progresar y seguir compitiendo. Luchaban por lo que creían y contra sus carencias. Les gustaba más competir que entrenar. Intenté hacer que las sesiones de entrenamiento fueran más atractivas. Les insistía en que, si creían en la idea, podrían prolongar su carrera. Para conseguirlo, tenía que lograr que renunciaran a sus malos hábitos. Y los tiempos estaban de mi parte. En el club había una gran cultura del alcohol, pero en la Inglaterra de las décadas de 1990 y 2000 era algo que se quería cambiar. Se había puesto en marcha un movimiento de higienización de la sociedad, y todo el mundo en el club entendía lo necesario que era hacer cambios importantes", explica en su autobiografía. Después de mejorar las instalaciones en London Colney, también empezó a incursionar en el análisis de datos para monitorear y mejorar el rendimiento de

sus pupilos. En diciembre de 2012, con dinero de las ventas de Robin van Persie (Manchester United) y Alex Song (FC Barcelona), el Arsenal F.C. compró la empresa *Start DNA* (ahora conocida como *Arsenal Data Analytics*), una compañía que se había fundado en 2009 y que prestaba sus servicios de estadísticas avanzadas y su inagotable base de datos de jugadores de todas partes del mundo a diferentes entidades deportivas. No fue el único movimiento de este estilo durante la gestión de Wenger, ya que en septiembre de 2017 se lanzó el Arsenal Innovation Lab, lo que la propia institución define en su sitio web como "el último paso en nuestro deseo de estar a la vanguardia del juego dentro y fuera de la cancha". Es un apartado dentro de la estructura de la entidad en el que se trabaja con organizaciones emergentes para identificar proyectos innovadores que permitan mejorar la experiencia de los fanáticos y hacer avanzar comercialmente al club.

Esa mente brillante le permitió a Arsène Wenger estar siempre un paso adelante en la toma decisiones y su gestión no perdió notoriedad cuando escasearon los éxitos deportivos. En la segunda década de su mandato, el club se mudó al Emirates Stadium, un ostentoso estadio con capacidad para 60 000 personas que, en parte, obligó a la institución a abrazar el gigantismo corporativo de la península árabe. Aunque fue un gesto ínfimo si se lo compara con otros sucesos de una época donde los inversores extranjeros empezaron a desembarcar en la Premier League para tomar control total de sus clubes más emblemáticos. El magnate ruso Roman Abramovich tomó las riendas del Chelsea en 2003 y, a partir de allí, la plutocracia internacional comenzó a apoderarse del fútbol inglés. Incluso el Championship, como se denomina a la Segunda División, se convirtió lentamente en una especie de sala de espera para llegar a la máxima categoría, con magnates ambiciosos de poder que se esfuerzan económicamente al límite sin medir consecuencias. Son empresarios de Estados Unidos, Rusia, China, Tailandia, Malasia, Italia, Grecia, Egipto, Irán y Arabia Saudita, entre otras naciones, que han invertido su dinero en el país creador del fútbol, donde la diversidad cultural ha invadido todas las esferas.

Es inevitable sentir que la visión cosmopolita de Arsène Wenger se salió de control. Él consiguió surfear la ola con éxito hasta que sus innovaciones se hicieron rutinarias. Lo que alguna vez fueron ventajas competitivas —como el conocimiento de otras ligas y mercados, la red mundial de ojeadores y el uso de la ciencia adaptada al deporte— se transformaron en factores cotidianos, incluso en las ligas inferiores y en países de menos recursos. Pero la sabiduría de Wenger, esa que allanó caminos e inspiró una transformación en muchas esferas del fútbol, fue palpable incluso en

sucesos que se desarrollaron en el futuro. Fue el propio DT francés quien predijo la Superliga Europea una década antes de que se intentara materializar. Hizo aquella premonición en la temporada 2009/10, cuando el Arsenal F.C. quedó emparejado con el Celtic de Glasgow en su grupo de la UEFA Champions League y le preguntaron, en una entrevista con el diario *The Guardian*, si pensaba que alguna vez este gigante escocés iba a unirse a la liga inglesa. "Veo más una liga europea desarrollándose con el tiempo, en lugar de un equipo saliendo del país", dijo Wenger, cuando se le preguntó si podía imaginar que el Celtic o el Rangers se unieran a la Premier League. "Las ligas nacionales sobrevivirán, pero quizás en 10 años tendremos una liga europea. No estoy 100 % seguro de tener razón, pero siento que dentro de nuestro juego hay algunas voces detrás de escena que se acercan para hacer algo al respecto, especialmente si las reglas se vuelven demasiado restrictivas para estos clubes. La forma en que avanzamos financieramente indica que incluso el dinero que vendrá de la Champions League no será suficiente para algunos clubes, porque gastan demasiado dinero. Los ingresos son básicamente de la UEFA y ellos distribuyen el dinero a los clubes", analizó el estratega francés una década antes de que el Arsenal F.C., ya sin él dentro de la estructura, hiciera una participación activa como uno de los 12 clubes que quisieron llevar adelante un proyecto que se frustró ante las protestas de los fanáticos ingleses. Varios de los hinchas *gunner*s que se manifestaron a las afueras del Emirates Stadium el 23 de abril de 2021 para expresar su disconformidad con este torneo continental, probablemente, también formaron parte de la campaña 'Wenger Out', que dividió a los seguidores, pero derivó inevitablemente en el fin del ciclo más extraordinario de la historia del Arsenal F.C. Una etapa que quedará en los anales de la historia del fútbol mundial por su éxito prolongado, pero más aún por ese estilo de juego atractivo y un modelo de gestión que rompió con lo establecido en Inglaterra.

CAPÍTULO III

PLAYING FOOTBALL THE ARSENAL WAY

Un equipo se construye de la misma forma en que se edifica una casa: no se puede empezar por el tejado. Hay que cumplir antes con todos los procesos para lograr una estructura sólida. Se debe empezar con la elaboración de un proyecto y una planificación predeterminada antes de la preparación del terreno y la cimentación. Es por eso que la filosofía de un club influye de forma directa en el modelo de juego de su equipo y sus resultados deportivos. Esos ideales e intangibles que distinguen a una institución son vitales para construir su identidad futbolística, que tiene que funcionar como guía al momento de elegir al entrenador y los jugadores que serán los encargados de expresarla en el césped. En ese sentido, tal como hemos apreciado en capítulos anteriores, el Arsenal Football Club se reconoce y actúa como un club de espíritu pionero e innovador. No es casualidad que esos rasgos esenciales se conecten directamente con los ciclos que mayor éxito han tenido a lo largo de su historia. Esas dos épocas doradas que tienen como principales artífices a Herbert Chapman y Arsène Wenger han sido posibles, entre otros factores, por sus revoluciones tácticas y sus métodos de preparación innovadores. Ambos consiguieron construir equipos competitivos y alzar trofeos con ideas que rompieron el molde: Chapman elaboró un sistema disruptivo para su época, mientras que Wenger logró desarrollar un estilo contracultural para el fútbol inglés que fue catalogado como 'Wengerball' y sentó las bases para futuros equipos.

SISTEMA 'WM': LA REVOLUCIÓN DEL ARSENAL DE CHAPMAN

En el plano táctico-estratégico, lo habitual en los días más primitivos de este deporte era que todos los jugadores ocuparan espacios libres dentro del terreno de juego, menos el encargado de cumplir la función de portero, una posición que fue universalmente aceptada en 1870. En el pasado, cualquier equipo que practicaba esta disciplina se preocupaba más por conseguir una victoria que por evitar una derrota. Las acciones individuales tenían mucha influencia en el desarrollo de los partidos y se jugaba a puro *dribbling*. El objetivo era marcar más goles que el rival, sin importar cuántos fueran a encajarse. Era un juego mayormente violento, con una cuota de destreza para usar los pies, una especie de versión moderna del rugby en la que estaba prohibido usar las manos. Así fue hasta finales del siglo XIX, cuando empezó a asomar el juego combinativo y el fútbol empezó a entenderse más como una relación espacio-tiempo. Los protagonistas no tardaron en darse cuenta de que, a partir de una organización dentro del campo de juego, iban a lograr mejores resultados si recibían el balón en libertad y con mayores intervalos para decidir y ejecutar. No había tanta conciencia en la confección de sistemas y planes estratégicos, pero paulatinamente los equipos adoptaron pautas que les dieron orden.

En el primer amistoso internacional de la historia, que enfrentó a Inglaterra y Escocia el 30 de noviembre de 1872, en Hamilton Crescent (Patrick), el elenco local alineó un 2-2-6 y los visitantes se posicionaron 1-2-7. Aunque la primera formación que tuvo repercusión global y se instaló a largo plazo fue el 2-3-5, esa estructura piramidal se transformaría en la más utilizada en las décadas siguientes, principalmente por la mayoría de los equipos de la emergente Football League. "Durante las tres décadas y media que siguieron, no cambió mucho. En Gran Bretaña, al menos, el 2-3-5 siguió siendo el sistema predeterminado, aunque eso no quiere decir que no hubiera variaciones. Si bien sería engañoso sugerir que hubo una gran cantidad de discusiones abstractas o sofisticadas sobre tácticas, en los años previos a la Primera Guerra Mundial hubo un creciente interés en cómo se debería jugar; el fútbol ciertamente no se trataba de que todos los equipos aparecieran y jugaran exactamente de la misma manera semana tras semana [...] Pero rápido o lento, con pases cortos, triangulaciones o de un lado a otro o incluso con un regate a la antigua, la pirámide seguiría siendo el valor predeterminado global hasta que cambió en la ley del fuera de juego en 1925 y llevó al desarrollo, en Inglaterra, de la 'WM'", explica Jonathan Wilson en su libro *La Pirámide Invertida: Historia de la táctica en el fútbol*. Esa transformación en las tácticas del fútbol inglés, que había cambiado del 1-2-7 al 2-3-5 al incorporar un mediocampista mixto como director de orquesta, fue solamente el comienzo. Al mismo tiempo que el fútbol continuaba con su desarrollo, Herbert Chapman se transformó en uno de los grandes maestros de las pizarras.

Cuando la FA redactó las primeras leyes en 1863, quedó estipulado que un jugador estaba fuera de juego si estaba delante de la pelota, comparable con el criterio elegido por el rugby. Aunque, tres años más tarde, la norma fue modificada y a partir de ahí un futbolista debía tener tres rivales (o más) por delante para estar en posición legal. En el 2-3-5, uno de los defensores era el encargado de jugar más adelantado y regular la línea del *offside*. Uno de los jugadores que alcanzó la fama como especialista en esta función fue Billy McCracken, quien se convirtió en un experto en hacer que los delanteros contrarios cayeran en la trampa, con el simple mecanismo de dar unos pasos hacia adelante. Fue una estrategia novedosa que le permitió al Newcastle United ganar tres ligas entre 1905 y 1909, además de una FA Cup (1910). Este automatismo se expandió como un virus en el resto de los equipos, por lo que la liga se volvió extremadamente aburrida y monótona. Hasta Herbert Chapman tenía a su propio especialista en el Huddersfield Town: se llamaba Clem Stephenson y lo había fichado desde el Aston Villa para cumplir ese rol. En enero de 1925, meses antes del desembarco de Chapman en Highbury, la FA decidió tomar cartas en el asunto para debilitar la regla clásica e intentar que el juego fuese más atractivo. Lo hizo a partir de una serie de experimentos en las canchas de varios clubes que habían sido eliminados de la FA Cup. El Arsenal F.C. fue uno de ellos y jugó un amistoso contra el Chelsea, en el que probaron variantes para modificar la normativa del fuera de juego. A partir de este encuentro y otros partidos experimentales, la ley se modificó de cara a la temporada 1925/26: nació la "regla de los dos oponentes", que se sostuvo sin grandes retoques hasta la Copa Mundial de la FIFA de 1990. Tuvo impacto inmediato. Los 4700 goles que se marcaron durante la temporada 1924/25 se elevaron a 6373 anotaciones a la campaña siguiente, cuando se estrenó la nueva normativa.

El cambio reglamentario que mató el concepto de "defensa diagonal" coincidió con la llegada de Herbert Chapman al norte de Londres, donde se estrenó con una derrota por 1-0 en el derby ante Tottenham, el 29 de agosto de 1925. Fue la única caída del equipo en los primeros ocho partidos (cuatro triunfos y tres empates). Luego vino la abultada derrota de visitante por 7-0 ante

Newcastle, el 3 de octubre. Ese partido significó un punto de inflexión para el desarrollo de la táctica conocida como 'WM' que creó Chapman, un sistema equilibrado que llegó para reemplazar al 2-3-5 piramidal. Un jugador oriundo de Plumstead llamado Charlie Buchan —que inició su carrera en 1909 como jugador del equipo reserva del Woolwich Arsenal F.C. y brilló como profesional en el Sunderland (209 goles en 380 partidos)— fue recontratado por los *Gunners* cuando tenía casi 34 años por iniciativa del nuevo mánager, quien se tomó el trabajo de visitarlo en su tienda de ropa deportiva para convencerlo de unirse a su equipo. Buchan, quien estaba de regreso en el equipo en el que jugó en su adolescencia, le insistió a Herbert Chapman en que debía cambiar sus tácticas, sobre todo después de esa catastrófica caída en el noveno partido del torneo en St. James Park. Una simple sugerencia que dio pie a una gigantesca evolución en los sistemas de juego. Patrick Barclay explica cómo se desarrolló esta variante táctica en su libro *The Life and Times of Herbert Chapman: The Story of One of Football's Most Influential Figures*: "Semana tras semana, Buchan había estado sugiriendo a Chapman que colocara un defensor central entre los laterales como una forma de proteger al Arsenal. Su pensamiento era que el 'tercer zaguero' podría organizar la trampa del fuera de juego desde una posición ligeramente por detrás de los laterales. Los laterales, mientras tanto, se ampliarían para asumir la responsabilidad de los extremos rivales, que hasta ahora habían sido controlados por los mediocampistas de las bandas. Entre, o justo delante de los mediocampistas externos, se colocaría uno de los delanteros interiores, retrasado para hacerse cargo de las antiguas tareas de creación de juego del mediocentro. Esto habría sido una especie de 3-4-3. Chapman prefirió el 3-2-2-3 y la variación que surgió gradualmente fue la de extenderse no solo por Inglaterra, sino también por Europa y más allá. Los días del 2-3-5 estaban contados".

Concretamente, lo que Herbert Chapman hizo fue mover al alto y elegante Jack Butler al centro de la defensa y le dio el puesto vacante en el mediocampo a Andy Nail para distribuir el balón. Buchan se había ofrecido a cumplir esa función, pero Chapman prefirió no retrasarlo tanto para aprovechar su capacidad goleadora, por lo que decidió colocarlo como interior ofensivo y puso de centrodelantero a Jimmy Brain. La particularidad de este esquema era que los mediocampistas no jugaban en línea, sino que dos se ubicaban más retrasados y los otros más adelantados, formando un cuadrilátero al que los italianos denominaron posteriormente "cuadrado mágico". Esta nueva configuración era muy equilibrada y permitía optimizar las distancias entre los futbolistas, además de atacar y defender en bloque. Las relaciones simétricas potenciaban al colectivo. Era, además, una disposición que maridaba perfectamente con el estilo escocés que practicaba aquel Arsenal F.C. de Chapman, que ofensivamente prefería ejecutar ese modelo más combinativo que el del juego vertical de la escuela inglesa. Esto invita a pensar que era un equipo dominante, que imponía condiciones de principio a fin con posesiones prolongadas y sin atravesar ningún momento de turbulencia, pero en realidad se sentía más cómodo al ceder un poco de terreno y lastimar con transiciones rápidas. De forma deliberada, los *Gunners* invitaban a sus rivales a atacar durante la mayor cantidad de tiempo en sus partidos, como parte de un plan para encontrarlos desprotegidos atrás. Eran los maestros del contraataque. No era una filosofía austera ni mucho menos; era más bien un sistema muy pendiente del equilibrio en todas las líneas, algo que hasta ese momento se había ignorado por completo.

Esta metamorfosis táctica le permitió al Arsenal F.C. finalizar la temporada 1925/26 en el segundo lugar de la liga inglesa, después de una campaña en la que había sido antepenúltimo, aunque la consolidación de este esquema llegó con algunos fichajes claves: el veloz extremo derecho Jack Hulme, el lateral diestro Tom Parker y el delantero Jack Lambert. A ellos se sumaría el goleador Cliff Bastin y el escocés Alex James, atacante que fue reconvertido en un interior-armador y en uno de los mejores jugadores creativos de la época. Herbert Chapman elegía no encasillar a sus jugadores, prefería darles funciones según sus características. Elegía sus fichajes desde una óptica colectiva, como si fueran piezas para armar un rompecabezas. En tiempos donde todos los directores técnicos preferían reclutar jugadores por su calidad individual y, con viento a favor, generar pequeñas sociedades, Chapman se dedicó a llevar adelante un plan largoplacista y edificó pieza por pieza un conjunto integralmente superior a todos. Y así pateó el tablero de fútbol inglés, con conceptos modernos —como el repliegue, los contraataques y el juego de posición a partir de superioridades numéricas— ejecutados en un contexto rudimentario. Fueron las bases de un Arsenal F.C. que dominó el fútbol en Inglaterra durante una década.

Tan fructífero fue aquel ciclo que en Highbury decidieron exprimirlo al máximo, hasta la última gota. Después del repentino fallecimiento de Herbert Chapman, fue Joe Shaw quien dejó el equipo reserva para hacerse cargo del puesto de forma interina durante algunos meses y luego George Allison inició su exitoso período de 13 años (solamente interrumpido por la Segunda Guerra Mundial) como mánager en el club. Allison, que llevaba décadas vinculado con el Arsenal F.C. y era parte de la junta directiva, dio continuidad a los lineamientos que Chapman había establecido y sacó rédito

de una plantilla que había sido manufacturada para prolongarse en el tiempo. Se apoyaría en Shaw y también en Tom Whittaker, el exfutbolista al que Chapman convirtió en el fisoterapeuta de sus pupilos, para tomar las decisiones que trajeron más trofeos a las vitrinas. Whittaker se transformó incluso en el siguiente mánager cuando Allison decidió alejarse del fútbol en 1947, y lo fue hasta que murió de un ataque cardíaco en 1956. En esos 22 años posteriores al deceso de Herbert Chapman, el Arsenal F.C. se valió de la extensión de su labor para cosechar hasta 10 títulos: fue cuatro veces campeón de la Primera División (1934/35, 1937/38, 1947/48, 1952/53), dos veces de la FA Cup (1935/36 y 1949/50) y ganó todas las Charity Shield correspondientes con sus éxitos de liga (1934, 1938, 1948 y 1953). El último título liguero de la etapa de Tom Whittaker se logró en una de las definiciones más ajustadas de la historia del fútbol inglés. El Arsenal F.C. y Preston North End terminaron el torneo con registros idénticos —21 victorias, 12 empates y nueve derrotas— y los *Gunners* consiguieron el trofeo por una diferencia del 0,099 % en el promedio de goles. Una ajustada consagración que dio paso a una sequía de 17 años sin conocer la gloria.

GRANDES JUGADORES, POBRES ESTRATEGAS

Cuando Whittaker sufrió ese infarto en octubre de 1956, la responsabilidad del mánager recayó sobre su asistente. Jack Crayston —futbolista muy famoso por su profesionalidad extrema (no fumaba ni bebía alcohol)—, quien jugó 187 partidos en siete años en el Arsenal F.C. y fue campeón de liga y copa bajo el ala de George Allison, asumió las riendas de un equipo al que conocía de primera mano, pero que entró en una extensa crisis deportiva. La resaca después de la etapa de prestigio y grandes éxitos que inició en la década del treinta fue inevitable. Crayston nunca estuvo cómodo teniendo que gestionar el vestuario o poniéndose firme al momento de criticar a sus pupilos. El duodécimo puesto en la liga y la humillante eliminación en la FA Cup a manos del modesto Northampton Town, en la temporada 1957/58, le costaron el puesto y su adiós al Arsenal F.C., después de 24 años de servicio en el club. Para reemplazarlo contrataron como mánager a otro de los exjugadores del ciclo de Allison: George Swindin, que había sido un laureado arquero de los *Gunners* en la posguerra y regresaba a la institución después de ganar tres ligas regionales en fila con el

Peterborough United. Su estreno fue auspicioso. En la Primera División 1958/59, su equipo terminó en el podio. Desgraciadamente, sería la última temporada en la que el Arsenal F.C. terminara entre los cuatro primeros de la liga hasta que Bertie Mee lo logró casi una década después. Empezó el período más oscuro para un Arsenal F.C. que ya tenía el prestigio ganado, pero al entrar en caída libre quedó empañado. Swindin atravesó su primer curso con una plantilla prácticamente idéntica a la que tenía Crayston y acabó tercero, pero luego quiso ponerle su sello a un equipo que terminó notablemente afectado por las diferencias de opinión con su asistente Ron Greenwood —quien años más tarde se convirtió en DT de la selección inglesa, donde estuvo hasta el Mundial de España 1982— y también por la falta de acierto con los fichajes. El plantel se llenó de jugadores experimentados y bien pagos, pero sumergidos en la mediocridad futbolística. El desconcierto se profundizó aún más con la elección de Billy Wright, el primer director técnico sin vínculos con la entidad en casi 40 años, uno de los peores entrenadores de la historia moderna del club. Su carrera futbolística había sido excepcional. Debutó como profesional con 15 años en el Wolverhampton Wanderers y, pese a que rápidamente llegó la interrupción por la Segunda Guerra Mundial, jugó luego casi 500 partidos y ganó seis títulos con los Wolves.

Este ídolo en Molineux, quien fue capitán de Inglaterra y se convirtió en el primer futbolista en la historia en jugar 100 partidos con su selección, era un confeso hincha del Arsenal F.C. y llegó a Highbury con un perfil muy alto. "Billy Wright era algo así como un hombre que se había hecho a sí mismo, una celebridad de los medios antes de los días de Beckham; con una esposa estrella del pop e intereses externos, fue en muchos sentidos un intento de la directiva de abrir de par en par las ventanas y puertas y dejar que el nuevo aire que circulaba en el exterior en los años sesenta ingrese en el más privado e insular de los clubes de fútbol. El éxito del Arsenal, incluso toda la mística y el romance del club, se basó en parte en la concesión ordenada de poder a quienes ya eran 'uno de nosotros', como un legado real del deber. Wright representó una ruptura violenta de esa tradición cuando el club luchó con el peso de su propia historia en el verano de 1962", explica David Fensome en su libro *Good Old Arsenal!: The Making of Modern Arsenal - Volume 1 - 1966-1973*. Wright alcanzó en su primer torneo un séptimo puesto que sirvió para mejorar los rendimientos más recientes y clasificar por primera vez a una competición europea, pero luego todo empeoró: su equipo finalizó 8°, 13° y 14° en las ligas posteriores. Los *Gunners* prácticamente estaban acéfalos y esa anarquía repercutió notablemente en los rendimientos dentro del campo de juego. No había estructura, plan o sistema; solamente

espontaneidad. Las sesiones de entrenamiento eran desorganizadas y aleatorias, y los jugadores debían improvisar en cada partido disputado en Highbury o fuera de casa.

Fueron años oscuros, donde la filosofía futbolística era incierta y se falló al intentar aprovechar el potencial de grandes jugadores como George Eastham, quien llegó a Highbury en 1960 como una figura proveniente del Newcastle United y fue incluso capitán del club, pero se quedó sin minutos con Inglaterra en la Copa Mundial de la FIFA 1966, donde la selección anfitriona se coronó campeona del mundo sin ayuda del único jugador del Arsenal F.C. de su nómina. Poco más de tres décadas atrás, en el partido conocido como The Battle of Highbury (Batalla de Highbury), Inglaterra había contado con hasta siete jugadores *gunner*s en el once inicial que venció por 3-2 a una Italia recién consagrada campeona del mundo en su país. Las cosas habían cambiado demasiado para un club que había caído en desgracia y se había convertido en un equipo de mitad de tabla después de varios desaciertos al elegir a sus mánager. Billy Wright fue despedido meses antes de que Inglaterra conquistara su Mundial y se convirtió en comentarista de televisión. Desde la cúpula retomaron aquel axioma de confiar en hombres de la casa al darle las riendas del primer equipo a Bertie Mee.

BERTIE MEE: DE FISIO AL PRIMER DOBLETE

Esa pesadilla que vivió el Arsenal F.C. entre septiembre de 1959 hasta mayo de 1966, donde el mejor puesto que logró en la liga fue un tercer lugar y lo más lejos que llegó en la FA Cup fue a la quinta ronda, finalizó de la forma menos pensada. Jack Crayston, George Swindin y Billy Wright habían sido futbolistas destacados, incluso los dos primeros con largas trayectorias y éxitos en el Arsenal F.C. y, el último, uno de los jugadores internacionales más famosos de la época. Pero ninguno logró capitalizar sus envidiables trayectorias dentro del campo en el plano táctico-estratégico. Por el contrario, Bertie Mee había tenido una modesta trayectoria como futbolista y era poco conocido fuera de Highbury. Comenzó a trabajar en el Arsenal F.C. como fisioterapeuta del club cuando se jubiló Billy Milne, un exjugador de los *Gunners* que se convirtió luego en ladero de Tom Whittaker cuando Chapman estaba al mando. La experiencia de Mee como mánager era nula, pero era muy respetado en el vestuario y el presidente Denis Hill-Wood eligió replicar aquel modelo de promoción que se instaló tras la muerte de Herbert Chapman de poner al fisio a cargo del primer equipo. Incluso él dudaba más de sí mismo que la propia directiva, al punto que pidió incluir en su contrato una cláusula que le permitiría regresar a su puesto de trabajo original si al cabo de un año las cosas no marchaban como todos pretendían.

Eran tiempos donde empezaba a emerger el Leeds United de Don Revie, uno de los equipos más emblemáticos en la historia de una liga inglesa que en la década del sesenta y los setenta era espesa y agresiva. Aquel equipo conocido como *Dirty Leeds* ascendió a la Primera División en la temporada 1963/64, fue finalista de la FA Cup al año siguiente y durante dos campañas consecutivas finalizó subcampeón, por detrás del Manchester United de Matt Busby y del Liverpool de Bill Shankly, respectivamente. Hubo una mutación en el fútbol que dejó atrás la caballerosidad y la mentalidad ofensiva. Se creó una atmósfera más exitista. El miedo a perder empezó a ganar terreno y las derrotas a tener más peso en los entrenadores y jugadores. Los campos de juego del fútbol inglés eran irregulares y las áreas arenosas, nada comparable con el césped verde y uniforme como un paño de billar que se vería luego en la Premier League. Se jugaba a un ritmo mucho más lento y el juego directo era la principal arma para crear chances de gol.

En este contexto, Bertie Mee no contaba con mucha sapiencia a nivel táctico para construir un equipo competitivo, pero eligió rodearse de hombres más experimentados en cuestiones futbolísticas para liderar un grupo de jugadores relativamente jóvenes. "El nuevo jefe sería el primero en reconocer que necesitaba ayuda con el entrenamiento a medida que el juego moderno estaba tomando forma, y los antiguos 'entrenadores' ahora necesitaban desarrollar mayores habilidades tácticas y motivacionales en su armamento. El nombramiento del progresista Dave Sexton fue bueno, y no era de extrañar que pronto asumiera el 'gran trabajo' en Chelsea y Manchester United. El destino también entregó a Mee una segunda mano derecha, que llegaría luego a la cima del árbol de entrenadores. Don Howe era un exlateral derecho de Inglaterra reclutado por Billy Wright, pero había sido víctima de una fractura en la pierna de la que no se recuperaría lo suficiente como para volver al juego. Fue un líder y un pensador que aprendió muy rápido del Sexton más experimentado y cuando este último asumió el cargo en Chelsea, poco más de un año después, Don se convirtió en el entrenador en jefe del Arsenal", apunta David Faber en el libro *So Paddy got up - an Arsenal anthology*. Con Sexton primero y Howe después en el rol de ayudantes —y al sumar talento a su vestuario, como el escocés George Graham, quien años más tarde sería un exitoso DT del club—, Bertie Mee logró jugar en Wembley dos finales consecutivas de Copa de la Liga en sus primeras tres campañas.

El Leeds de Don Revie le ganó la primera (1967/68) y el modesto Swindon Town la segunda (1968/69), en una batalla en el barro de 120 minutos. Al curso posterior, el Arsenal F.C. se embarcó en la disputa de un certamen continental llamado Inter-Cities Fairs Cup, al que clasificó tras finalizar en el 4° lugar la campaña anterior y se transformó en el primer trofeo internacional de la historia del club. Ese extraordinario camino al título de los *Gunners* comenzó con una victoria global por 3-1 ante el Glentoran de Irlanda del Norte, y siguió luego con triunfos ante Sporting de Lisboa (3-0), Rouen (1-0), Dinamo Bacau (9-1) y Ajax (3-1), previos a la serie final con el Anderlecht de Bélgica. Para poner en perspectiva ese triunfo en semifinales, se trataba del Ajax de Johan Cruyff que ganó ese año el doblete de Liga y Copa en Holanda, y se transformaron en los dueños de Europa durante las siguientes tres temporadas. El triunfo por 3-0 en Highbury, frente a ese mítico elenco holandés en el partido de ida, fue probablemente una actuación que convenció al joven conjunto de Bertie Mee de que tenía potencial para aspirar a más. Después alzaron el trofeo al remontar un 3-1 encajado en territorio belga y les sirvió como plataforma para una temporada memorable.

Tras iniciar la nueva década con la conquista europea, floreció la mejor versión del Arsenal F.C. de Bertie Mee, quien ya tenía control y legitimidad total de un vestuario que admiraba su liderazgo y disciplina, cualidades probablemente edificadas en su origen humilde y durante su trayectoria militar en el Cuerpo Médico del Ejército Real (RAMC). Sus pupilos ejecutaban cada vez mejor las tácticas introducidas por Dave Sexton y Don Howe, cada uno con su propio sello. Sexton era un apasionado del juego y fue uno de los primeros en utilizar secuencias de video para descubrir patrones e implementarlos en sus equipos. David Fensome, autor de *Good Old Arsenal!: The Making of Modern Arsenal*, cuenta en su libro que Frank McLintock solía recordar que sentaba al equipo a ver horas de filmación de los últimos partidos de la Copa Mundial de la FIFA 1966. “Un juego en particular, recuerda McLintock, que cobró gran importancia en la imaginación de Sexton, fue la derrota de Hungría por 3-1 sobre Brasil en Goodison Park. Una estrategia que Sexton identificó como potencialmente útil para el Arsenal F.C. fueron los persistentes intentos de Hungría de explotar la debilidad brasileña con balones lanzados al poste cercano desde las esquinas o tiros libres (y así se puso en marcha el desarrollo de una táctica que años más tarde se convirtió en la especialidad de Steve Bould). Sexton también había asistido a seminarios de entrenamiento en Italia, donde aprendió los rudimentos de la sofisticación defensiva italiana. Entre otras cosas, introdujo al Arsenal en la noción de 10 hombres presionando y anulando a los jugadores y el espacio a su alrededor. También consiguió que el Arsenal F.C. siguiera un método rígido de marcaje hombre a hombre, que los primeros días de Howe pasó a un sistema de marcado zonal", profundiza Fensome. La transición al marcaje por zonas permitió al equipo de Bertie Mee manejar bien el fuera de juego, comprimirse en el campo y mantener bien alta su línea defensiva de cuatro jugadores. Esos movimientos fueron la piedra angular de la filosofía de juego de un Arsenal F.C. que paulatinamente entró en una dinámica positiva de resultados; se hizo mentalmente fuerte y resiliente, y en la temporada 1970/71 hizo historia.

El trabajo de Mee, primero con Sexton y luego con Howe, le permitió al Arsenal F.C. conquistar el doblete del fútbol inglés, algo que hasta ese momento solamente había conseguido el Tottenham de Bill Nicholson en el siglo XX. Los *Gunners* se transformaron en un hueso duro de roer dentro y fuera de su casa. En Highbury, sometían a sus rivales con la energía de John Radford, Ray Kennedy y Gordie Armstrong, además de aprovechar la espontaneidad que aportaba Charlie George; mientras que fuera de casa se mostraban muy resistentes y vendían cara la derrota. Esa fue la receta del éxito de un conjunto que perdió ante Chelsea en Stamford Bridge en la Fecha 5, pero luego registró solamente una caída en los siguientes 18 partidos y terminó de encaminar la consagración con las nueve victorias consecutivas que cosechó entre el 2 de marzo y el 20 de abril de 1971, una seguidilla triunfal en la que solamente encajó un gol. Perder ante el Leeds de Don Revie, a tres jornadas del cierre del campeonato, le puso emoción al certamen, pero el trofeo quedó asegurado en la jornada final con un gol de Kennedy en White Hart Lane. Al conseguir 23 puntos de los últimos 26 en juego, el Arsenal F.C. dio la vuelta olímpica en terreno enemigo. Fue la primera vez, pero no la única. Aunque aquella fue especial, tuvo ese golpe poético de haber igualado el hito que los Spurs habían conseguido una década atrás justo en su propia casa. Cinco días después, vestidos con camiseta amarilla y pantalones azules, los soldados de Bertie Mee alzaron la FA Cup en Wembley, al conseguir una victoria por 2-1 ante Liverpool F.C. en tiempo extra, tras comenzar perdiendo. Remontaron tanto la semifinal como la final. Fue un cierre de campaña que reflejó los aspectos más reconocibles del equipo: resiliente y batallador, pero también hábil y creativo.

'BORING ARSENAL': EL ARTE DE DEFENDER

Tal como cuando Dave Sexton emigró a Stamford Bridge en 1967, Don Howe decidió irse de Highbury para ser el mánager del West Bromwich Albion, justo después de conquistar el doblete como ayudante de Bertie Mee, quien quiso cambiar la percepción de que el fútbol de su equipo era aburrido e intentó dar una vuelta de tuerca al estilo de juego. El Arsenal F.C., que logró alcanzar una nueva final de FA Cup en 1972, perdió frente al *Dirty Leeds*, y finalizó en el segundo puesto de la liga (por detrás del Liverpool F.C.); a la temporada siguiente, se despojó del juego directo y empezó a ser más sofisticado con la incorporación de Alan Ball en el mediocampo. Aquel grupo de jugadores no se hallaba cómodo con la nueva filosofía; era definitivamente más eficiente y poderoso cuando jugaba balones largos, por lo que comenzó a desmantelarse. Para el final de la temporada 1974/75, cuando Bob Wilson se retiró del fútbol, el Arsenal F.C. había vuelto a ser un equipo de mitad de tabla y ya quedaban pocos exponentes de la fabulosa campaña del inicio de década. Frank McLintock fue vendido a Queens Park Rangers en 1973 y Ray Kennedy se convirtió en el último fichaje de Bill Shankly en el Liverpool, un año más tarde. Bob McNab pasó a jugar en el Wolverhampton Wanderers y los hinchas sufrieron la partida de Charlie George al Derby County. La llegada de Ball no solamente cambió la filosofía, también significó que el Arsenal F.C. y George Graham siguieran cada uno por su camino. Graham fichó por el Manchester United en diciembre de 1972, tras jugar 308 partidos y anotar 77 goles con los *Gunners*. Aunque no fue un "adiós", fue un "hasta luego".

Bertie Mee se marchó del norte de Londres en julio de 1976 y fue reemplazado por Terry Neill, un exjugador que había llegado a la academia del club desde el Bangor City por 2.500 libras y que formó parte del ciclo de Mee, pero se marchó al Hull City justo antes de la temporada del doblete. Neill, que vistió el brazalete de capitán del Arsenal F.C. con solamente 20 años, se había convertido en uno de los jugadores-técnicos más jóvenes de todos los tiempos, cuando asumió el mando en los *Tigers* con solamente 28 años y ocupó el mismo rol en la selección de Irlanda del Norte antes de retirarse. Se transformó sorpresivamente en el sucesor de Bill Nicholson en el Tottenham y, al cabo de dos temporadas mediocres, Denis Hill-Wood lo convirtió en su nuevo DT con solamente 34 años. Estuvo ocho temporadas en el cargo con un viejo conocido como mano derecha: Don Howe, exayudante de Bertie Mee, quien en simultáneo ocupaba el mismo puesto en la selección de Inglaterra.

Su atractivo equipo se instaló en el Top 5 de la liga inglesa entre 1977 y 1982, aunque realmente el Arsenal F.C. estaba lejos de ganar otra vez el trofeo. Con un Liverpool F.C. dominante y el Nottingham Forest de Brian Clough y el Aston Villa como contendientes, el elenco de Terry Neill debió conformarse con tener éxito en las copas: jugó tres finales consecutivas de la FA Cup (1978, 1979 y 1980), imponiéndose al Manchester United en Wembley en la segunda, además de alcanzar una nueva definición europea en la que perdió por penales frente al Valencia C.F. en la UEFA Cup Winners' Cup 1980. En Highbury disfrutaban de talentos de la casa como Pat Rice, David O'Leary, Liam Brady, Peter Simpson, George Armstrong y Frank Stapleton. Los irlandeses eran el alma del equipo y, cuando se marcharon, dejaron un gran vacío. Brady se fue a la Juventus, Stapleton emigró a Old Trafford. Además, Malcolm Macdonald, el fichaje estrella de su ciclo, debió retirarse por una lesión en la rodilla. Tras la renuncia de Terry Neill, quien jamás volvió a dirigir ningún otro cuadro profesional, Don Howe se convirtió en el DT interino y luego tomó el cargo de forma permanente. Su Arsenal F.C. llegó a ser líder del campeonato en octubre de 1984 y no bajó del séptimo lugar; además, hizo debutar a jóvenes como Tony Adams, David Rocastle y Martin Keown, pero decidió renunciar en el ocaso de la temporada 1985/86, porque había rumores de que querían reemplazarlo. Steve Burtenshaw, quien era parte de su grupo de trabajo, tuvo un breve interinato de unos meses. Tras el cierre del torneo, en mayo de 1986, George Graham regresó a Highbury.

El cierre de su carrera futbolística, después de aquel doblete bajo las órdenes de Bertie Mee, no fue para nada agradable. Graham fue parte del descenso del Manchester United en 1974, solamente seis temporadas después de que habían sido campeones de Europa. Luego jugó para el Portsmouth y Crystal Palace, antes de colgar las botas en el California Surf de Estados Unidos, uno de los equipos de un torneo que mutó en una liga *indoor* de 6 vs. 6, donde compartió vestuario con el brasileño Carlos Alberto, campeón del mundo en 1970. A ese final de trayectoria como jugador le siguió un auspicioso comienzo de su carrera como entrenador en el Millwall, que por aquellos años estaba en la Tercera División: lo salvó del descenso y lo hizo subir de categoría en la temporada 1984/85. Incluso su trabajo sentó las bases para que este club londinense volviera a la élite del fútbol inglés tres campañas más tarde.

Una vez de regreso en Highbury, el impacto de George Graham fue inmediato. El Arsenal F.C. no había tenido grandes equipos en la década de los ochenta, pero el mánager escocés se encargó de construir uno desde ese primer día en que puso otra vez un pie en el norte de Londres. Graham se ganó la legitimidad del vestuario a puro liderazgo, con un minucioso trabajo para convencer a sus

pupilos de que eran parte de una unidad inquebrantable que debía sacrificarse al máximo a nivel defensivo. De hecho, su filosofía futbolística y el estilo de juego de su equipo se destacaba por la solidez de la línea de atrás de cuatro hombres: nació el famoso *Back Four* integrado por Tony Adams, quien ya había debutado profesionalmente pero Graham lo convirtió en el líder de la defensa con 20 años; Steve Bould, contratado en junio de 1988 para suplir al histórico David O'Leary; y con Nigel Winterburn y Lee Dixon en los laterales, dos de los primeros cinco fichajes que hizo el DT escocés. Hizo una renovación importante. No tuvo reparos en dejar ir a jugadores de e*status* internacional como Charlie Nicholas, Graham Rix y Kenny Sansom, para darle la responsabilidad a jóvenes hambrientos como el propio Adams, Rocky Rocastle, Michael Thomas y Paul Merson, a quienes incorporó junto con "gangas" del mercado con todo por demostrar como Alan Smith o Perry Groves.

"Nació una nueva resiliencia; se fomentó una mentalidad de 'nunca darse por vencido'. Todo comenzó con el legendario *Back Four*, formado por una implacable perforación en el campo de entrenamiento. George solía superar deliberadamente en número a su defensa, jugando 4 v 6 para presionarlos y probarlos hasta que pudieran recitar el mantra 'valla invicta' mientras dormían", explica Amy Lawrence su texto del libro *So Paddy got up - an Arsenal anthology*. Los entrenamientos eran exhaustivamente repetitivos, pero lograron generar una sinergia especial entre los miembros de esa línea defensiva que alcanzó un nivel de coordinación superior. Hubo un rumor de que Graham utilizaba una cuerda para amarrar a sus jugadores para que aprendieran a moverse juntos, algo que verdaderamente no sucedió. Pero sí debían actuar como si estuvieran conectados por una soga para bascular de manera sincronizada, sin dejar pasillos libres, y adelantarse en simultáneo para acompañar la presión alta. Practicaban ese movimiento, sin usar la pelota, por media hora o 45 minutos, como si fuera una coreografía. O a veces ponía a un equipo juvenil entero a atacar a su defensa. "George decía en la mañana: 'Ok, muchachos, hoy vamos a trabajar con los cuatro de atrás', y todos decían: 'Oh, no, otra vez no'. Difícilmente lo lograríamos. Un tiro al arco era un logro. Estábamos tratando de quebrar el *Back Four* mientras el entrenador los organizaba y mantenían una línea tan buena y estaban tan en sintonía entre sí que tenías que hacer un desmarque perfecto y la pelota tenía que entrar justa para rodearlos por detrás. Individualmente, no era el mejor lateral derecho de Europa o el mejor lateral izquierdo de Europa... pero como unidad fueron, por mucho, la mejor defensa que he visto", cuenta Alan Smith en el libro *89: Arse-*

nal's Greatest Moment Told In Our Own Words de Amy Lawrence. Aquel trabajo minucioso surtió efecto muy rápidamente.

Con ese modelo de juego bien definido, ubicándose en el campo con un 4-4-2 o 4-5-1, el Arsenal F.C. de Graham logró cosechar éxitos que estuvieron marcados también por momentos altamente emotivos. En su primera temporada, ganó la Copa de la Liga, imponiéndose al Liverpool en Wembley después de eliminar en las semifinales al Tottenham Hotspur. El triunfo por 2-1 ante los Spurs en el *replay*, disputado en White Hart Lane, significó la cuarta victoria en ese estadio en un lapso de 10 meses. Después de una campaña en la que no pudo retener ese trofeo porque perdió ante Luton Town, vino la obtención de la First Division 1988/89, el primer campeonato de liga en 18 años, con un cierre de película. Al Liverpool le alcanzaba con un empate en su casa ante un Arsenal que era escolta, pero necesitaba ganar por al menos dos goles en Anfield para ser campeón. Y lo hizo gracias a la anotación de Michael Thomas en el minuto 91. Dos años después, los *Gunners* se consagraron campeones de liga otra vez con solamente una derrota en todo el torneo, pese a un quita de puntos por una pelea en Old Trafford y sin tener a su capitán Tony Adams, porque había sido encarcelado por conducir alcoholizado. En la temporada 1992/93, el Arsenal F.C. fue campeón de las dos copas nacionales y al curso siguiente obtuvo la UEFA Cup Winners' Cup, al vencer al vigente campeón Parma en Copenhague. Fueron seis trofeos en ocho años, tres de ellos ganados con goles agónicos.

Ese emblemático equipo, que tantas satisfacciones dio a sus fanáticos, quedó encasillado como aburrido. En 1993, después de una racha de 12 partidos en los que ni el equipo de George Graham ni sus oponentes marcaron más de un gol, desde las gradas rivales empezaron a entonar un cántico que decía *Boring, boring, Arsenal* y también otro que rezaba *One-nil to the Arsenal* (1-0 para el Arsenal). Era peyorativo, aunque puertas adentro de ese vestuario era tomado como un elogio. Defender era su arte. Con su meticulosa labor, tomando nota de los detalles y corrigiéndolos día a día, Graham logró que sus futbolistas entendieran cómo y dónde recuperar la pelota, y que fuera algo placentero en lugar de ser una tarea exhaustiva. Disfrutaban de no encajar goles. Luchaban por no hacerlo para no sentir culpa. Odiaban perder y querían reducir ese margen al máximo. "A veces no se pueden detener los goles, porque es una jugada brillante o un error, pero en general el equipo sabía lo que hacía cuando no teníamos el balón. Hay mucho juego cuando no tienes la pelota, así que seamos buenos en eso. Podemos ser expansivos cuando la tenemos, pero cuando no la tenemos, tenemos que restringir el espacio y recuperar rápido. Entonces, ¿la presión alta de la que todo el mundo habla en el fútbol

moderno, tratando de recuperar el balón en los primeros segundos? Lo hicimos en 1989", argumenta Lee Dixon en la mencionada obra escrita por Amy Lawrence.

Desde varios aspectos, George Graham era el entrenador perfecto para el Arsenal F.C., donde había forjado su propia historia como jugador del elenco que ganó el doblete en 1971. Tenía lazos emocionales muy fuertes con el club y estaba orgulloso de defender las tradiciones establecidas por Herbert Chapman, Bertie Mee y otras grandes personalidades de la entidad. Era un mánager muy dedicado, inteligente y carismático, que había construido un grupo capaz de producir momentos extraordinarios. Su modelo de juego se volvía cada vez más férreo y deslucido con el tiempo, pero la elegante chaqueta con el cañón en el pecho le sentaba magníficamente bien. No obstante, su ciclo tuvo un final muy poco feliz. En febrero de 1995, fue despedido en medio de acusaciones de haber recibido un pago ilegal de 425 000 libras por parte del agente noruego Rune Hauge por los fichajes de John Jensen y Pål Lydersen. Irónicamente, aquella capacidad de cerrar acuerdos de transferencia por jugadores con poca prensa finalmente resultó ser su perdición. Y pese a que devolvió el dinero, el daño estaba hecho. Sus éxitos quedaron levemente empañados, pero el tiempo se encargó de poner en un lugar destacado a un Graham que hizo del Arsenal F.C. el equipo campeón con la menor cantidad derrotas que se haya visto en la élite del fútbol inglés durante el siglo XX. Si su equipo no hubiera perdido ante Chelsea en Stamford Bridge en febrero de 1991, habría sido campeón invicto. Un logro que de todas formas el club puede presumir: Arsène Wenger lo consiguió 13 años más tarde.

'ARSÈNE WHO?'

Cuando explotó el escándalo de George Graham, fue su asistente Stewart Houston quien se hizo cargo interinamente del primer equipo y quien lo condujo hasta la final de la UEFA Cup Winners' Cup que el Arsenal F.C. perdió ante Zaragoza en el Parque de los Príncipes (2-1). Houston, que conoció a Graham en el vestuario de Old Trafford cuando ambos jugaron para el Manchester United en Segunda División, también fue el DT interino cuando fue despedido Bruce Rioch, el primer entrenador *outsider* en mucho tiempo que desembarcó en Highbury y cuyo único legado perdurable en el club fue el fichaje de Dennis Bergkamp. Tuvieron que pasar más de 30 años de aquel insulso ciclo que encabezó Billy Wright, para que la directiva eligiera a un hombre no ligado a la entidad y Rioch se presentaba como una opción atractiva, tras ascender al Bolton Wanderers a la élite del fútbol inglés en la temporada 1992/93 y llevarlo a jugar la final de la Copa de la Liga 1994/95. Aunque esta elección de mánager al menos tenía vínculos con la Premier League, ya que incluso tenía una larga trayectoria de futbolista en otros equipos ingleses, lo que vino después superó cualquier tipo de contratación de candidato poco conocido que se haya visto jamás. Arsène Wenger, un mánager oriundo de Francia, dejó su trabajo en Japón para hacerse cargo de uno de los clubes más tradicionales de Inglaterra.

Todo comenzó en la fría noche del 2 de enero de 1989, cuando el Arsenal F.C. de Graham recibió al Tottenham por la decimonovena jornada de aquel campeonato. En uno de los palcos de Highbury, Wenger vio a su futuro equipo imponerse por 2-0 con goles de Paul Merson y Michael Thomas, aunque faltaban siete años para verlo convertirse en el mánager de los *Gunners*. Nadie podría imaginar que ese derbi del norte de Londres sería determinante para la historia de la institución, menos porque en esa época Wenger trabajaba en el AS Mónaco y aprovechó un receso de la liga francesa para viajar a Turquía a ver de cerca al Galatasaray, el rival con el que había quedado emparejado en los cuartos de final de la Copa de Europa. Su avión de regreso al Principado hizo una escala en Londres y, al enterarse de esto, el famoso agente de jugadores Dennis Roach (quien representaba a Glenn Hoddle) le extendió una invitación para ver este atractivo partido de fútbol. "Arsène estaba de paso en Londres y se detuvo a ver el partido en el viejo estadio de Highbury. Teníamos una sala para directivos, en la que en días de partido predominaban los dirigentes y sus invitados privilegiados, y en la puerta de al lado estaba el salón de cócteles, donde recibíamos entrenadores, ojeadores y gente del fútbol en general, ya que, en esos días, las mujeres tenían el acceso limitado a la sala para directivos —eso cambió pronto—, mi esposa y uno de sus amigos permanecían en el salón de cócteles. Ella consiguió decirme que el director técnico del AS Mónaco estaba ahí. En el entretiempo, me presenté a este hombre elegante, que vestía un abrigo largo y lo que parecían unos malos lentes de National Health. Realmente, él no parecía un típico entrenador de fútbol. Le pregunté por cuánto tiempo iba a permanecer en Londres y dijo: 'Solo una noche'. Luego le pregunté qué haría esa noche. Él dijo: 'Nada'. Uno de mis refranes favoritos es el lema de la tortuga: 'Nunca llegarás a ninguna parte a menos que saques tu cuello afuera'. Luego pregunté si le gustaría unirse a mi esposa y a mí para cenar en la casa de un amigo. La respuesta cambió nuestras vidas y creo que la vida de

cada aficionado del Arsenal. 'Sí, me gustaría', respondió", cuenta David Dein, exvicepresidente del club, en el libro *Arsène Wenger: The Inside Story of Arsenal Under Wenger* del periodista y escritor inglés John Cross. Según el relato de Dein, fue un encuentro en el que supo que había conocido a uno de los futuros mánagers de la entidad: "Durante la velada tuve esta visión escrita en el cielo: '¡Arsène para el Arsenal!'. Era el destino, estaba predestinado, iba a pasar. Por su puesto, en ese momento, George Graham era nuestro entrenador y ganaríamos la liga con aquel inolvidable partido en Anfield. Pero Arsène y yo nos hicimos grandes amigos y cada tanto iba a Mónaco a ver sus partidos. Pude ver cómo interactuaba con sus jugadores, con la prensa, los aficionados y sus directivos. Él no se dio cuenta de que fue una audición para el Arsenal".

Arsène Wenger no solamente era un *outsider* del fútbol inglés. Tal como describe David Dein, parecía también un intruso dentro de un deporte en el que había pocos exponentes con su nivel intelectual y su aire distinguido. Aunque fuera un apasionado empedernido de esta disciplina, tanto como para aprovechar unas pocas horas en Londres para ver un derbi solamente por placer, no se comportaba ni lucía como un integrante más de este ecosistema. Durante gran parte de su vida, se esforzó por ser lo más ético, noble y esencial posible en un deporte cada vez más adulterado por el derroche de dinero, la corrupción y la frivolidad. Quizá porque jamás olvidó dónde comenzó todo aquel 22 de octubre de 1949. Sus orígenes fueron en un entorno humilde y familiar, entre la iglesia y los campos de agricultores en Duttlenheim, un pueblo de la región de Alsacia, en la frontera de Francia con Alemania y Suiza. Sus primeros años transcurrieron del colegio a casa y viceversa, bajo la tutela de su hermano mayor Guy, ambos criados en los principios de la fe católica, en una familia que subsistía con la gestión de un bar en el pueblo y una tienda de repuestos para coches en Estrasburgo. Ambos se vincularon con el fútbol desde muy pequeños y lo transformaron en otra religión. "Prácticamente es mi primera memoria: tengo cinco o seis años, estoy viendo a nuestro equipo jugar. A la distancia, mirándolos con fe y pasión, sosteniendo mi libro de oraciones, pidiendo a Dios por la victoria. ¿Es posible que ya supiera, pese a mi edad, que no éramos buenos en lo absoluto y que necesitábamos un milagro, alguna ayuda de Dios, el apoyo de mi fe, para hacernos ganar? ¿Es posible que supiera, pese a mi edad, que el fútbol se convertiría en mi única religión, mi única esperanza: un partido ganado, una victoria, un juego hermoso y honrado? ¿Tenía ya, quizá, ese deseo feroz de ganar? Años después, cambié el libro de oraciones por los buenos futbolistas y la buena preparación: razón en lugar de fe", cuenta él mismo en su autobiografía titulada *Arsène Wenger, My Life and Lessons in Red and White.*

Arsène empezó jugando como defensa o líbero en distintos clubes menores franceses, mientras que al mismo tiempo completó la carrera de Ciencias Económicas en la Universidad de Estrasburgo. En 1978, cuatro años después de graduarse, firmó un contrato profesional con el Racing Club de Estrasburgo y, aunque estuvo en la plantilla que ganó la liga francesa a la temporada siguiente, no tuvo prácticamente apariciones en el equipo. Su carrera de futbolista no le llega a los talones a su trayectoria como entrenador, en parte porque empezó a incursionar en esta faceta mientras todavía era jugador. "En Estrasburgo fui al mismo tiempo jugador, responsable de la cantera y líder del equipo juvenil. Empecé a compartir mi vida de jugador y la de joven entrenador gracias a Max Hild. Charlábamos largo y tendido. Íbamos juntos a ver todos los partidos, sobre todo los de Alemania. No nos perdíamos nada, desde el calentamiento hasta el final del encuentro. A veces volvíamos de esos viajes a las cuatro o a las cinco de la madrugada, pero resultaba de lo más formativo. Creo que él fue el primero en sentir que acabaría siendo entrenador. Me ofreció un puesto de técnico en la cantera", rememora el propio Wenger en su autobiografía. En 1981, con 29 años, obtuvo el diploma de mánager y empezó a desarrollarse en ese rubro con una gran fascinación por el dinamismo y la potencia de los equipos alemanes de esa época. La Bundesliga ya ofrecía en aquellos tiempos muchas transiciones rápidas, combinaciones vertiginosas e intercambio de posiciones en ofensiva, lineamientos que funcionaron como una semilla para la germinación de su propia concepción del juego. Además, aprovechó para usar su nuevo puesto en este club como un laboratorio, por ejemplo, dándole lugar a psicólogos para que charlaran semanalmente con sus jóvenes pupilos. Desde siempre, Wenger respetó a los futbolistas y se dedicó a hacer todo lo que estuviera a su alcance para potenciarlos a partir del disfrute.

Así comenzó un camino que siguió aceptando la invitación de Jean-Marc Guillou para convertirse en director técnico del elenco juvenil y en su ayudante en el primer equipo del AS Cannes, que por entonces militaba en la Segunda División. Fue un cambio que le permitió enfrentar el desarraigo de su tierra natal y paladear otra filosofía futbolística: cambió el juego largo y al espacio de Alsacia por un fútbol más técnico y de pases corto que se practicaba al sur de Francia, donde también había más agresividad a nivel defensivo. En esta etapa, también aprendió a trabajar a destajo —en ocasiones tenía que dirigir hasta cuatro entrenamientos en un mismo día— y bajo presión, a planificar la preparación y estar en roce constante con profesionales. Fue una experiencia enriquecedora que dio paso a un par de ofertas para dirigir en la Primera División, y así Arsène Wenger firmó para ser el DT del AS Nancy Lorraine,

cuando tenía solamente 33 años. Su estreno como entrenador principal en la élite supuso un gran desafío, ya que asumió las riendas de un equipo sólido, pero con una estructura austera. Ahí trabajó en conjunto con Aldo Platini, padre de Michel, quien era el director deportivo de esta entidad de escasos recursos económicos, en el que las figuras estaban de paso porque rápidamente eran captadas por los poderosos. En ese contexto, Wenger intentaba tomar la mayor cantidad de decisiones posibles, por más mínimas que fueran, y demostraba que tenía una capacidad innata para dirigir. Quien mejor lo recuerda es el uruguayo Rubén Umpiérrez, capitán de ese AS Nancy y uno de los referentes dentro del grupo que había quedado a las órdenes de un joven que no tardó en sorprender con su metodología de trabajo y su estilo de gestión. "Yo lo había enfrentado antes, lo conocía como jugador, pero no sabía la capacidad que tenía como entrenador. En esa época yo tendría unos 24 o 25 años y recuerdo que él llegó muy humilde, pero se mostró muy capaz ya desde el principio, nos dimos cuenta de que nos iba a llevar a buen puerto. No repetía un entrenamiento, todos eran diferentes: trabajábamos con pelota, la velocidad y el remate al arco, decía que era lo fundamental y tenía razón. Lo más llamativo era la planificación que tenía antes de los partidos, era un adelantado. Nos hablaba del equipo contrario y de lo que nosotros teníamos que hacer. Casi siempre pasaba lo que él decía, tenía mucha capacidad para eso y para preparar jugadas en balones detenidos. Yo en Francia tuve muchos técnicos, pero ninguno así. Los otros te daban herramientas para jugar mano a mano con otros jugadores, pero en lo colectivo, Arsène era superior", rememoró Pico Umpiérrez, quien con Wenger explotó tanto su potencial que ganó el premio *Etoile d'Or* al jugador más regular de la temporada en 1984/85 y luego fue vendido al poderoso Racing Club de France, que por aquellos años era gerenciado por la empresa Mantra y fichó otras estrellas como Enzo Francescoli o Pierre Littbarski. Según lo recordado por Umpiérrez, ya desde esa época proponía un juego combinativo y sabía cómo comunicarlo: "A mí me aportó muchísimo en un año y medio que estuvimos juntos. Yo era un jugador bastante confirmado, pero era joven y extranjero. Wenger se encargó de hablar muchísimo conmigo, hasta el día de hoy estaré agradecido. Después fui a Racing Matra y ahí tuve de entrenador a Artur Jorge, que venía de ganar la Copa de Europa con el Porto de Portugal y era muy inteligente. Pero era diferente, era más agresivo. Arsène ya hablándote con tranquilidad te daba la confianza necesaria, él no daba indicaciones en los partidos ni te iba gritar 'despertate' o '¿qué estás haciendo?'. Si estábamos jugando mal, nos decía 'muchachos, ¿qué pasa que no estamos haciendo lo que sabemos hacer?'. Se podía permitir perder, pero jugando a su manera. Él proponía lo que hizo prácticamente en el Arsenal, que le cambió la manera de jugar. Le gustaban los equipos que jugaban colectivamente y donde las individualidades marcaran la diferencia dentro de un sistema colectivo. Usábamos un 4-3-3, o lo que ahora sería un 4-2-3-1, y yo me ubicaba libre en el mediocampo. Iba a donde estaba la pelota, él quería que fuese la manija del equipo. Era un adelantado para la época, era el Guardiola de ahora. Tenía una inteligencia más allá de la media, era un tipo muy inteligente".

Sus resultados fueron de mayor a menor: del 11° de la temporada 1984/85 pasó a asegurar la permanencia a través del *play-off* en el curso siguiente, y finalmente a descender en su tercera campaña. Pero esas estadísticas poco le importaron a Jean-Louis Cámpora, presidente del AS Mónaco, quien le ofreció el puesto de entrenador a un Arsène Wenger que a sus 37 años se perfilaba como un estratega innovador y un ambicioso líder, curtido por la turbulencia de sus labores anteriores. Llegar al Principado le permitió conocer de primera mano la cocina de una institución de alto perfil y desarrollar sus inusuales métodos en un vestuario pesado. Tuvo que apelar a su carácter para que sus dirigidos aceptaran ver videos y se sometieran a regímenes alimenticios y a sesiones de trabajo individuales para un fin específico. No obstante, la mayor lección en Mónaco fue comprender que este tipo de clubes posee su propia cultura y es necesario tener un asistente inmerso en esa dinámica. Ese fue Jeannot Petit, quien había jugado allí durante años y, según explica Wenger en su libro, lo ayudó a adaptar su estilo a la entidad: "Allí comprendí que el entrenador crea un estilo y lo transmite a su equipo, y que ese estilo se ve en la actitud de los futbolistas. El del Mónaco consistía en proponer su propio juego y ensalzar las virtudes propias. Ese es el objetivo del entrenador: ganar e imprimir un estilo de juego. El equipo debe arriesgarse, jugar colectivamente. Algo que me proporciona una gran satisfacción es ver que mis antiguos jugadores convertidos en entrenadores comparten esta visión del juego, aunque, por supuesto, cada uno con su propia personalidad".

Al salir campeón de la Division 1 de Francia en la temporada 1987/88, el AS Mónaco clasificó por primera vez a la Copa de Europa. Puso al elenco monegasco a competir a nivel internacional y a pelear por los títulos con el Olympique de Marsella y el París Saint Germain. Ganó también la Copa de Francia 1990/91 y, en la campaña siguiente, perdió en la final de la UEFA Cup Winners' Cup contra el Werder Bremen. Hizo reclutamientos destacables como los de Youri Djorkaeff, Lilian Thuram y George Weah, de quien supo por un encuentro con Claude Le Roy, seleccionador de Camerún en esos años. Weah —años más tarde— le regaló su Balón de Oro en señal de agradecimiento. Fue en aquellos mercados de fichajes en los que empezó a utilizar un sistema llamado *Top Scorer*, una herramienta desarrollada por su amigo Jean-Marc Guillou que servía para puntuar futbolistas según sus acciones de juego y le permitió aprovechar los datos para fijarse en jugadores que nadie tenía en el radar. Su fructífero período de siete años llegó a su fin en septiembre de 1994, en medio de un arranque endeble, pero también con un Arsène Wenger incómodo en medio de sospechas de corrupción, árbitros comprados y partidos envenenados en Francia. No era un clima sano para un amante de la transparencia y contrario a cualquier práctica que atente contra la esencia del fútbol. En el norte de Londres ya lo tenían en el radar, pero antes hizo una escala en Japón, un destino que terminó siendo terapeútico y acabó de consolidar su capacidad de gestión.

Durante 18 meses, Wenger se alejó de la vorágine del fútbol francés y se embarcó en un incipiente proyecto deportivo a gran escala. Irse del Principado no le resultó nada fácil. Era un sitio encantador, donde tenía grandes amigos y había conocido a su pareja, Annie Brosterhous, exjugadora de baloncesto y atleta olímpica. Pero escuchó la oferta que le acercó el agente Milan Ćalasan para ir a trabajar a un club de Nagoya de la liga japonesa, que se había creado en 1993 y atraía a figuras internacionales como los brasileños Leonardo o Dunga. Había mucho dinero, se pagaba mejor que en Europa. Después de negociar exitosamente con este cuadro que se había fundado como Toyota Motor Soccer Club en 1939 y que había saltado al profesionalismo bajo el nombre de Nagoya Grampus con la creación del nuevo torneo, Arsène Wenger se hizo cargo de reclutar algunos refuerzos. Viajó a Brasil y movió contactos en Francia. También eligió como su ayudante a Boro Primorac, exfutbolista yugoslavo al que conocía porque había trabajado de entrenador en el AS Cannes y el Valenciennes FC. Aunque Primorac también captó su atención, cuando el presidente del Olympique de Marsella quiso comprar su silencio en medio de los casos de arreglo de partidos y él eligió prestar testimonio para hacer justicia. Su convivencia en Nagoya no hizo más que unirlos para potenciar sus valores y una misma filosofía futbolística. Tan bien congeniaron que se convirtió en su mano derecha, al punto que luego lo llevó al Arsenal F.C. y lo tuvo a su lado durante los 22 años que duró su ciclo. Se transformó en su consejero predilecto, en una voz tranquilizadora o una opinión alternativa en la toma de decisiones. No es una figura conocida, porque siempre mantuvo un perfil extremadamente bajo. Siempre apareció a cuentagotas en el césped durante los entrenamientos y, en días de partido, se ubicaba en las gradas; solamente bajaba al túnel de vestuarios antes del descanso y al término del partido para un rápido desglose del juego

con Wenger. Con dicha discreción y por su dedicación absoluta al trabajo, se ganó la total confianza del estratega francés.

Arsène también se llevó consigo a Inglaterra algunas lecciones muy valiosas de una cultura de una enorme disciplina y que da una inmensa importancia al honor. "En el AS Mónaco y en otros clubes había sido rígido, duro y autoritario. Pero aquí aprendí algo más que valioso: me adapté, busqué integrarme y entender. Reflexionar sobre el juego y acerca de la mejor manera de comunicarme, sobre la cultura propia de cada nación e incluso de cada club, me permitió progresar, ser más preciso y mejor pedagogo. Aprendí a optimizar la transmisión del mensaje y a identificar lo que podía adaptar o modificar (el método de entrenamiento, de preparar un partido, lo que sabes que es importante para ganar), los principios a los que podía renunciar", explica en su obra *Arsène Wenger, My Life and Lessons in Red and White.* La oferta del Arsenal F.C. le llegó en junio de 1996, a más de siete años de aquella visita a Highbury en la que conoció a David Dein, después de un ciclo que comenzó bastante mal —perdió siete de los primeros ocho partidos— pero que terminó con un subcampeonato en su torneo de estreno, con la obtención de la Copa Emperador de 1995 y la Supercopa del año siguiente. El vicepresidente de los *Gunners* viajó junto al presidente Peter Hill-Wood y Danny Fiszman, un miembro de la junta directiva que había llegado al club como inversor por su amigo Dein, para cerrar el trato con el mánager que estaba hecho a la medida de un equipo que experimentó una verdadera revolución. La prensa británica quedó perpleja ante dicha contratación. "*Arsène Who*?", preguntaron. La respuesta no tardó en llegar.

WENGERBALL

'Double-Double Winners'

Estaba escrito en el destino. Arsène Wenger —ese que de niño miraba en las pantallas en blanco y negro las transmisiones de las finales de la FA Cup en Wembley, aquel que cuando se graduó de mánager decidió viajar a Cambridge un verano para perfeccionar su inglés y el mismo que años después se cruzó con David Dein en una ocasional visita a Highbury para ver fútbol— recibió la oferta en el momento indicado de su vida deportiva. Tenía 47 años, había pasa-

do por distintos niveles y culturas. Sus experiencias de Estrasburgo a Nagoya le habían dado las herramientas para dirigir a un Arsenal F.C. que necesitaba una revolución para terminar de consolidarse como uno de los clubes más importantes del mundo. La transición fue paulatina. Wenger comenzó encargándose del equipo en tierras niponas, comunicándose constantemente con Pat Rice, uno de los jugadores de la época de Bertie Mee, quien estuvo a cargo algunas semanas y luego se transformó en uno de los ayudantes del nuevo cuerpo técnico. Procuró encargarse de algunos fichajes, como los de Rémi Garde y Patrick Vieira, a quien también llamaba todas las semanas para saber cómo marchaba su adaptación a la vida en Londres. La diferencia horaria no lo ayudaba, pero sentía que ya debía concentrarse en su trabajo de Inglaterra.

Una vez instalado en tierras británicas, inició con la transformación de la identidad y el estilo de juego de un grupo de jugadores muy unidos que habían alzado varios trofeos, pero eran tildados de aburridos. "En Inglaterra, el Arsenal cargaba con la fama de ser el '*boring Arsenal*', de practicar un juego lento, de que solo estaban interesados en el resultado: se acercaban a la portería contraria, marcaban y el resto del tiempo se dedicaban a defender. Y aunque he de decir que era una reputación exagerada, quería cambiar el estilo, proponer un juego creativo apoyándome en una mayor solidez técnica", argumenta Arsène Wenger en su autobiografía. Empezó a ganarse la legitimidad del vestuario, pese a su aspecto de profesor universitario y sus métodos científicos de preparación. Se ganó la confianza de sus pupilos y los directivos para trabajar con absoluta tranquilidad, pese a los ataques mediáticos que iniciaron tras su arribo a Highbury. Los éxitos no tardaron en llegar.

En la temporada 1997/98, la 100° campaña del Arsenal F.C. a nivel competitivo y la primera completa con Wenger en el cargo de mánager, el equipo ganó el doblete con la solidez defensiva del *Back Four* formado por George Graham, pero con un mediocampo mucho más dinámico en el eje, gracias a los fichajes de Emmanuel Petit y Patrick Vieira. Era un elenco que jugaba directo, de salidas rápidas y transiciones letales. Los toques de clase lo ponían los holandeses Marc Overmars y Dennis Bergkamp, quien se benefició de ser mucho más protagonista y de la libertad que tenía en los metros finales. Y en ataque se explotaba el vértigo y la potencia de un Ian Wright que gozaba de sus últimos años en el profesionalismo, como también de Nicolas Anelka, el primer gran descubrimiento de Wenger. A la solidez defensiva y la mentalidad sacrificada que esa plantilla ya arrastraba desde antes, se le sumó el despliegue del tándem Petit-Vieira y la inspiración de los jugadores ofensivos. Eran épocas donde Manchester United, Liverpool y Newcastle United dominaban el torneo, con Blackburn Rovers, Tottenham y

Arsenal F.C. presionando un escalón abajo. Pero el DT francés encontró la amalgama perfecta con un vigoroso 4-4-2 que imponía condiciones en todos los campos de juego: al igual que antes, nadie podía quebrar su bloque defensivo; pero ahora tampoco podían controlar su velocidad en ataque.

Aquel grupo empezó a perder a algunos míticos caudillos de la vieja guardia como Tony Adams y Lee Dixon, pero empezó a poblarse de futbolistas extranjeros de gran potencial como Robert Pirès, Thierry Henry y Freddie Ljungberg, entre otros. Se mantuvo el módulo; sin embargo, el equipo jugaba un fútbol cada vez más elegante con esos centrocampistas técnicos que se ubicaban en las bandas, pero tenían libertad para influir en varios sectores del último tercio. Ese Arsenal F.C., que se convirtió en el más acérrimo competidor del Manchester United de sir Alex Ferguson, era tan avasallante como estéticamente seductor. Un nuevo doblete llegó en la temporada 2001/02: la consagración en la Premier League se concretó fuera de casa —no perdieron ni un solo partido de visitante en todo el torneo—, ganándole en la penúltima jornada en Old Trafford al Manchester United de Ferguson, que había alzado los tres títulos anteriores. Cuatro días antes, habían obtenido la FA Cup con una victoria frente al Chelsea F.C. en el Millennium Stadium de Cardiff. Ya el vestuario había adoptado la fisonomía que Arsène Wenger pretendía: era multicultural, tenía futbolistas muy talentosos y los líderes eran gladiadores con la cuota justa de delicadeza. Fue un grupo de jugadores que logró imponer su fútbol de control a partir de las combinaciones en todos los sectores del campo de juego, en un país donde siempre estuvo bien visto el juego brusco, los balones directos y el desequilibrio individual.

¿Tu trofeo es dorado?

Llegar a la cúspide fue un proceso natural para el Arsenal F.C. de Arsène Wenger y su esplendor se manifestó en la temporada 2003/04. El curso anterior había revalidado su condición de campeón de la FA Cup, con un triunfo ante Southampton en Cardiff, pero la liga se le escapó por cinco puntos. Los *Gunners* fueron líderes del torneo en 25 de las 38 jornadas, pero cedieron el trono al Manchester United en la Fecha 33 y el trofeo de la Premier League quedó finalmente en Old Trafford. Pese a las seis derrotas de su elenco en ese certamen, Wenger deslizó la idea de que sus jugadores podrían ser capaces de atravesar todo un curso sin derrotas. "No es imposible pasar una temporada invicto y no veo por qué es impactante decir eso. Todos los mánager lo piensan, pero no

lo dicen porque tienen miedo de que suene ridículo", dijo Arsène en una rueda de prensa el 20 de septiembre de 2002. Sus palabras retumbaron en la prensa británica, pero el tiempo le dio la razón. Fue justamente durante ese período que comenzó una racha invicta histórica de 49 partidos sin caídas y que convirtió al club en el primero en alzar un trofeo dorado de la Premier League.

Con el fichaje Jens Lehmann para reemplazar a David Seaman; con el arribo del camerunés Lauren, que jugaba de volante en el Real Mallorca pero se adueñó del lateral derecho; con un Ashley Cole surgido de la cantera ocupando el sector opuesto y la incorporación del brasileño Gilberto Silva para dar soporte en el eje al lado de Patrick Vieira, se vio en Highbury uno de los mejores equipos de todos los tiempos. Todavía el 4-4-2 era el sistema base de este conjunto que potenció sus virtudes y redujo el margen de error a partir de los nuevos intérpretes.

En la columna vertebral, había parejas que congeniaban a la perfección, con integrantes cuyas intenciones tácticas eran complementarias: Kolo Touré empujaba mientras Sol Campbell sobraba, Gilberto le cubría las espaldas a Vieira para que llegara a posición de gol y Bergkamp le liberaba espacios a un Thierry Henry imparable. Eran automatismos que balanceaban al conjunto y les permitían crear superioridades numéricas en distintos sectores y opciones de pase entre líneas. La gran capacidad técnica de sus jugadores ayudaba a mover el balón muy rápido, tanto de forma horizontal como vertical, y eso les permitía progresar en el campo con gran facilidad. Eran un vendaval de desmarques y pases para cualquier rival. Henry, letal con la pelota en los pies, solía permutar con Robert Pirès para lastimar desde la izquierda. Bergkamp era especialista en hallar huecos para recibir libre y dirigía la orquesta desde la zona medular, aunque también sabía arrastrar a la zaga rival para que Vieira y Ljungberg llegasen con potencia desde atrás a finalizar jugadas. No había forma de frenar tantos recursos ofensivos. Y ante las defensas más cerradas y replegadas, solían atacar por afuera con la profundidad de sus laterales (aunque sin enviar demasiados centros, porque no había un delantero apto para el juego aéreo). Siempre había opciones para golpear y la solidez defensiva era posible a partir de ese bloque medio que dejaba poco espacio en los carriles centrales, con la omnipresencia de Gilberto en el mediocampo, además de la agresividad de Touré-Campbell y el talento de Lehmann en la meta. Había recambio de buena calidad con Martin Keown, Sylvinho, Ray Parlour, Edu Gáspar, Sylvain Wiltord, Nwankwo Kanu o José Antonio Reyes, entre otros. "En términos generales, era un sistema 4-4-2 donde nuestros laterales se incorporaban al ataque, y se quedaban en defensa los centrales y los mediocentros. Vieira a menudo iba hacia adelante, pero no siempre. Formábamos un cuadrado compacto atrás, para en caso de que el otro equipo busque contraatacar, tuviéramos mucha potencia y fuerza entre estos cuatro jugadores para obligarlos a ser muy precisos. Si Ashley Cole se incorporaba al ataque, Robbie Pirès iba por dentro. En el otro costado lo mismo: si Lauren subía, yo iba adentro. Así es cómo jugábamos. Por ejemplo, si Henry iba al costado, provocábamos un tres contra dos. Dennis Bergkamp podía caer para sacar de su posición a un defensor central y yo pudiera ir al espacio. A veces, hacíamos estos movimientos. Al principio de los partidos, los rivales estaban organizados. Pero con el paso del tiempo, cuando se cansaban y perdían precisión, ahí es cuando se podían crear más oportunidades. A menudo anotábamos en los últimos 15 minutos", explicó Freddie Ljungberg en una entrevista con The Coaches Voice. Ese funcionamiento vistoso y eléctrico, de toques elegantes pero con un ritmo frenético, era calificado en la prensa local como *'flying football'* y era altamente efectivo en una Premier League donde un gran porcentaje de los equipos jugaba 4-4-2 y los duelos individuales eran determinantes.

A los triunfos en la liga inglesa frente a Southampton y Sunderland del curso anterior, el Arsenal F.C. le agregó un registro de 26 victorias, 12 empates y cero derrotas, para convertirse en campeón invicto de la Premier League, con 11 puntos de ventaja sobre un Chelsea F.C. que ya era gestionado en los despachos por el magnate ruso Roman Abramovich. Nacieron Los Invencibles, como se conoció a ese equipo que logró lo que solamente Preston North End había conseguido en la Football League 1888/89, aunque solamente en 22 partidos. Con esos 49 encuentros sin tropiezos entre mayo de 2003 y octubre de 2004, Wenger rompió el récord de 42 partidos sin perder que había logrado Brian Clough con el Nottingham Forest, entre noviembre de 1977 y noviembre de 1978. Tras el cambio de temporada, los *Gunners* sostuvieron su racha por nueve partidos más (ocho victorias y un empate), para consolidar una leyenda que se hizo más grande cuando otros equipos destacados, como el Chelsea de Mourinho, el Manchester City de Pep Guardiola o el Liverpool de Jürgen Klopp fallaron en su intento de repetir semejante hazaña.

Con ese modelo de juego, aunque con algunos cambios de jugadores como el de Cesc Fàbregas convirtiéndose en el heredero de Patrick Vieira, el club llegó a la final de la UEFA Champions League 2005/06 y perdió ajustadamente ante el FC Barcelona en París. A esa altura, el equipo de Wenger salía a jugar con un 4-5-1 más cauteloso y el foco estaba puesto más en la posesión de la pelota que en los contraataques rápidos. En el plantel cada vez había más mediocampistas de calidad, como Tomáš Rosický, Alexander

Hleb, Alex Song, Samir Nasri o Santi Cazorla, nombres que hicieron un culto de la tenencia de pelota, que conservaron e incluso potenciaron ese fútbol estético. Los equipos de Arsène Wenger dejaron de tener esa gran solidez defensiva y la contundencia ofensiva de sus mejores años, pero daban un espectáculo y enamoraban al mundo. Esa forma de imponer condiciones fue calificada como *Wengerball* y podría decirse que fue precursora del *Tiki-Taka* que demostró luego el Barça de Pep Guardiola. Ambos pueden resultar muy similares, porque consisten en progresar a partir de pases rápidos, pero hay diferencias claras. En Cataluña, la secuencia de pases era orquestada, los jugadores formaban triángulos en todo el campo de juego y su movilidad era más bien guionada. En cambio, en el norte de Londres las conexiones eran más naturales, cada toque estaba librado a la inspiración en su máxima expresión y la creatividad de algunos jugadores era vital para combinarse entre sí y producir momentos de pura brillantez... ¿Cómo olvidar aquel gol que anotó Jack Wilshere ante Norwich un 19 de octubre de 2013, tras una magistral y precisa sucesión de toques en la que también participaron Santi Cazorla y Olivier Giroud? Esa jugada quizá sea el mejor ejemplo de esta corriente futbolística que ha dado momentos mágicos, pero que poco a poco empezó a resquebrajarse.

Merci Arsène

Su primera década fue espectacular. Entre las temporadas 1996/97 y 2005/06, el Arsenal F.C. cosechó 11 trofeos: tres veces la Premier League, la FA Cup en cuatro ocasiones y otras cuatro la Community Shield. Fue también subcampeón de la Copa UEFA 1999/00 y de la UEFA Champions League 2005/06. El club creció estructuralmente con la construcción del complejo de entrenamiento en London Colney y con la mudanza de Highbury a un Emirates Stadium con capacidad para 60 000 espectadores. Aunque ese cambio de hogar lo limitó económicamente, Wenger logró sostenerse en el *Top 4* y competir con las poderosas carteras de Chelsea, Manchester City, Manchester United y Liverpool, sin estar en igualdad de condiciones. Lo que siguió después, en el plano deportivo, fue una paulatina depresión. No es casualidad que el 65 % de los trofeos (11 de 17) que Wenger ganó con los *Gunners* fueran conseguidos en sus primeros 10 años de mandato.

Esa derrota del 17 de mayo de 2006 en el Stade de France frente al Barça de Rijkaard significó un punto de inflexión. Pese a jugar con uno menos más casi todo el partido por la expulsión de Lehmann (minuto 18), el Arsenal F.C. se imponía 1-0 a falta de menos

de un cuarto de hora para el pitazo final. Los goles de Samuel Eto'o (minuto 76) y Juliano Belletti (minuto 81) le negaron la gloria europea. Había sido la mejor chance de ganar la Champions League desde que Los Invencibles habían quedado eliminados en cuartos de final contra el Chelsea, por un gol tardío de Wayne Bridge en Highbury, que los privó de afrontar un camino al título con AS Mónaco y FC Porto como contendientes. Pero esa definición ante el FC Barcelona en París fue la última presentación en la carrera profesional de Dennis Bergkamp que, con 37 años recién cumplidos, miró los 90 minutos desde el banquillo. Eso significó que la temporada 2006/07, cada miembro del conjunto era un fichaje de Wenger y la plantilla empezó a sufrir un éxodo desmedido de estrellas, al tiempo que los fichajes eran ordinarios. Otro golpe duro fue que David Dein se marchó del club en abril de 2007. Era el nexo perfecto entre el mánager y una junta directiva en la que empezaba a emerger la figura de Stan Kroenke. Dein tenía una sinergia especial con Arsène Wenger, era su confidente para llevar adelante las negociaciones y su aliado ante los dirigentes. Sin él, no quedó ningún directivo capaz de ver el fútbol fuera de la óptica empresarial.

En simultáneo, las ventajas competitivas que Wenger tenía en su primera mitad del ciclo se transformaron en moneda corriente. Cuando gran parte de los equipos de la Premier League empezaron a incursionar en distintas ligas y mercados para cazar talentos y a utilizar la ciencia para potenciar a sus futbolistas, el DT francés se quedó sin factores diferenciales para dar batalla real por trofeos. Nunca fue intrínsecamente un estratega, un hombre que ganara partidos desde la pizarra, con un esquema táctico inusual o un cambio de fichas que pateara el tablero. Su ideología integral y su mensaje global fueron poco a poco quedando obsoletas ante la mecanización del fútbol mundial. Las veces que más cerca estuvo de ganar la Premier League otra vez fueron en la temporada 2007/08, cuando terminaron a cuatro puntos del Manchester United; y en la temporada 2015/16, en un torneo atípico donde el Leicester City de Claudio Ranieri le sacó 10 puntos de diferencia. Y hubo una sequía de títulos en su ciclo de nueve años, entre las FA Cup obtenidas en la temporada 2004/05 y la 2013/14. Para ese entonces, Wenger ya había adoptado al 4-2-3-1 como su módulo predilecto —aunque también usaba variantes como el 4-1-4-1 o el 4-3-3 defensivo— y en esa campaña en la que volvió a alzar un trofeo también hubo cierta ilusión por la llegada de Mesut Özil como fichaje récord del club, que hizo suponer que habría más inversiones fuertes a futuro. La realidad es que el modelo económico del club, sumado a la negativa de Wenger a entrar en la vorágine que los nuevos ricos como Chelsea, Manchester City o Paris Saint Ger-

main generaban en cada mercado de transferencias, terminaron provocando algunos síntomas de estancamiento. El Arsenal F.C. logró terminar entre los cuatro primeros de la liga inglesa y clasificar a la UEFA Champions League durante 20 años consecutivos (1997-2017), algo que solamente Real Madrid y Manchester United consiguieron en ese lapso, pero Wenger dejó de garantizar esa presencia en la élite europea al terminar 5° y 6° durante sus últimos dos cursos. Además, durante siete años consecutivos (2011-2017), su equipo fue eliminado siempre en los octavos de final del torneo de clubes más prestigioso de Europa. La última de esas caídas fue con un humillante resultado global de 10-2 a favor del FC Bayern München, que provocó que hasta los hinchas más devotos exigieran su salida. Los tres trofeos de FA Cup (2014, 2015 y 2017) que se obtuvieron en sus últimos cinco años no fueron más que espasmos de los días más gloriosos. Las señales de desconcierto se hicieron aún más notorias en un duelo ante Middlesbrough F.C. por la Fecha 33 de la Premier League 2016/17, cuando Wenger dispuso configuraciones radicalmente nuevas: el 3-4-2-1 o 5-3-2 que rompieron con la tradicional línea de cuatro defensores y se extendieron prácticamente hasta sus últimos partidos, donde emergieron críticas por sus elecciones tácticas, las sustituciones predecibles y el desacople estructural en sus formaciones. El nuevo esquema permitía a Alexis Sánchez y a Mesut Özil fluir en la frontal del área, con dos carrileros a su servicio en las bandas y un delantero para abastecer. Aunque el 3-4-2-1 es un sistema que requiere de ciertos conceptos para funcionar y la seguridad defensiva, con un zaguero más en la formación, finalmente fue efímera: la presión no era coordinada, había una notoria fragilidad posicional en el mediocampo y la mala postura defensiva le daba licencias a los oponentes entre líneas. Otra vez el equipo se caracterizaba por las sucesiones rápidas de pase en el último tercio, pero también por su vulnerabilidad en la retaguardia.

Llegó a un punto en que Arsène Wenger no lograba potenciar a sus mejores jugadores y empezaba a ser superado por una nueva corriente futbolística más esquematizada. Lo paradójico de aquellos años fue que si la vara en Arsenal F.C. estaba alta y los hinchas le exigían al club competir al más alto nivel en Europa, era porque el propio Wenger había puesto al club en esos estándares. Antes de su llegada, solamente había accedido cuatro veces a la Copa de Europa. Él consiguió estar presente durante dos décadas de forma ininterrumpida. Se marchó como víctima de su glorioso pasado, aunque con el reconocimiento de haber edificado una identidad futbolística de la que muchos fanáticos se sienten orgullosos y han adoptado como propia. Una filosofía de juego que se construyó principalmente entre Estrasburgo, Mónaco y Nagoya, y que guardaba una estrecha relación con los ideales característicos de la institución. Su fútbol fue innovador, contracultural y las victorias se lograron en armonía. Es algo que siempre hay que agradecer... *¡Merci Arsène!*

TRUST THE PROCESS

Cuando se concretó el adiós de Arsène Wenger, el Arsenal F.C. era completamente diferente al que había llegado 22 años atrás. En términos estructurales, había alcanzado otra dimensión. El fútbol había evolucionado mucho: los inversores extranjeros se propagaron por los clubes de todo el mundo, principalmente en la Premier League; de la noche a la mañana se convirtieron en empresas. Wenger sufrió bastante en la etapa final de su carrera porque, aunque su rol de entrenador estaba intacto, las fluctuaciones en los despachos y en la dirección deportiva alteraron parte de sus labores. Los departamentos comerciales, de *marketing* y de prensa empezaron a ser tan o más importantes que el área deportiva. Aunque intentó aislarse de los desacuerdos y rivalidades internas, en más de una oportunidad su figura funcionó como un chaleco antibalas para una cúpula desorientada.

El elegido por la Junta Directiva para reemplazar en el banquillo de los *Gunners* a toda una leyenda como Arsène Wenger —después de más de dos décadas a cargo de gran parte de las decisiones— fue Unai Emery, quien llegaba tras dirigir al París Saint Germain y con el prestigio de haber guiado a tres consagraciones consecutivas en la UEFA Europa League (2014, 2015 y 2016) al Sevilla FC, una entidad sin grandes recursos económicos. Se trataba de un estratega con vasta experiencia en la élite, con una visión moderna del juego, lo que también significaba un cambio en el estilo futbolístico de un equipo que llevaba años siendo reconocido por una filosofía laxa. Ese *laissez faire* que Wenger pregonaba para dejar brillar a sus talentos individuales ya no era efectivo en una Premier League que se había transformado en una batalla de maestros de la pizarra. De cara a esa temporada 2018/19 en la que Emery estaría encomendado a la tarea de encarrilar al Arsenal F.C., solamente cinco de los 20 equipos de la élite del fútbol inglés tenían entrenadores británicos; ninguno del '*Big Six*'. Los grandes elencos tenían a entrenadores de alto perfil como Pep Guardiola (Manchester City), Jürgen Klopp (Liverpool), Maurizio Sarri (Chelsea), Ole Gunnar Solskjær (Manchester United, donde antes estuvo José Mourinho) y

Mauricio Pochettino (Tottenham). El desembarco de estos DT extranjeros había introducido más matices tácticos y elevado la competitividad del torneo.

A diferencia de Wenger, Unai Emery era famoso por su obsesión por los detalles y la preferencia por una filosofía de juego más estructurada. Era un pragmático. A lo largo de su carrera, había demostrado capacidad para implantar distintos sistemas con el objetivo de neutralizar las fortalezas de sus oponentes. No le resultaría sencillo cambiar la cultura táctica y estratégica que durante años había respirado el Emirates Stadium, pero en su primera campaña empezaron a verse algunos automatismos frescos como la presión alta para recuperar la pelota, que resultaba efectiva cuando funcionaba, pero en ocasiones dejaba espacios a sus rivales para explotar de contraataque. Pese a que algunos intérpretes como Petr Cech, Shkodran Mustafi o Sokratis Papastathopoulos no tenían un manejo de pelota fiable, intentó instaurar las salidas de balón desde atrás, como principal recurso para la construcción del juego. Granit Xhaka empezó a retrasarse para colaborar, mientras que Mattéo Guendouzi o Lucas Torreira le daban opciones por delante en esa primera fase de la salida. Aunque el principal problema de Emery estaba en la creación. Mesut Özil, que había heredado el número 10 por el adiós de Jack Wilshere, había dejado de ser la mascota de la clase. Su intermitente clarividencia no encajaba en la estructura reactiva del nuevo DT, que dejaba poco espacio para la creatividad en su afán por controlar al oponente. Ese plan colectivo eclipsaba la faceta inventiva de un Özil que jugó menos minutos que Alex Iwobi y Henrikh Mkhitaryan. El 4-2-3-1 de los primeros partidos empezó a intercalarse con un 3-4-3 o 3-4-2-1. El Arsenal F.C. finalizó 5° en la Premier League y perdió la final de la UEFA Europa League contra el Chelsea en Bakú (4-1), en la campaña estreno de un Unai Emery que terminó marchándose en noviembre del 2019, tras nuevos cambios de esquema que expusieron su intención de hallar soluciones pasajeras sin una identidad de juego que lo respaldara. Su equipo supo sacar rédito construyendo por las bandas —más por la izquierda que la derecha—, pero dejó de ser peligroso por la falta de mediocampistas de corte ofensivo y, principalmente, a partir de su constante intención de obstaculizar las virtudes de sus contrincantes, antes que imponer sus propias condiciones.

Su salida llegó 516 días después de suceder a Wenger, en medio de una racha de siete partidos sin ganar en todas las competiciones en la temporada 2019/20. Una derrota ante el Eintracht Frankfurt (2-1) en la fase de grupos de la Europa League supuso el punto final para un Emery que se marchó entre cánticos en su contra y sin el respaldo de los caudillos del vestuario. Hubo un breve interinato de Freddie Ljungberg antes de que Mikel Arteta, quien esta-

ba trabajando como ayudante de Pep Guardiola en el Manchester City, regresara al Emirates Stadium en diciembre de 2019 para convertirse en el nuevo entrenador (y posteriormente mánager) de los *Gunners*. Anteriormente, había tenido una consolidada etapa como jugador: desembarcó en el norte de Londres con 29 años, en el último día de la ventana de transferencias del verano de 2011, justo después de una estrepitosa derrota por 8-2 ante el Manchester United en Old Trafford y para reemplazar a un Cesc Fábregas que se había marchado al FC Barcelona. Siempre se caracterizó por ser un jugador apasionado, inteligente y aplicado. En su tercer año en el club, ya vestía el brazalete de capitán y fue uno de los líderes de ese conjunto dirigido por Arsène Wenger que se proclamó campeón de la FA Cup 2013/14, tras nueve años seguidos sin conseguir título alguno. Se había retirado del fútbol profesional con el escudo del cañón en su pecho y bajo las órdenes de Wenger, por lo que su regreso despertó cierta nostalgia en los fanáticos. Aunque se le encomendaba la titánica tarea de revitalizar a uno de los clubes más importantes del mundo en su primera experiencia como director técnico, había expectativa por ver si podía maquillar su inexperiencia con la sapiencia adquirida durante los tres años que había trabajado como asistente de Pep Guardiola. "Quiero hacer las cosas a mi manera, pero convenciéndolos de que es la forma correcta para todos de mejorar. Primero que nada, todos tienen que respetarse entre sí. Y quiero gente que se haga responsable de lo que les pida hacer. No quiero gente que se esconda, quiero que tomen con responsabilidad su trabajo y se entreguen con pasión a este club. Cualquiera que no lo haga, que tenga una actitud negativa o lo que sea, no será lo suficientemente bueno para nuestra cultura. Hay cosas para cambiar, absolutamente. No están rindiendo al nivel que esperamos. Pero tenemos que ayudarlos y para eso necesitamos saber qué pasa y tenemos que entender cómo se sienten, porque están flaqueando. Una vez que llegue a ese punto, podré ayudarlos", dijo en su presentación.

Su ciclo comenzó de forma auspiciosa. De los 29 partidos que dirigió en todas las competencias para completar la temporada 2019/20, solamente perdió seis. Es cierto que quedó eliminado en los dieciseisavos de final de la UEFA Europa League, frente al Olympiacos griego, y no pasó del 8° lugar en la tabla de posiciones de la Premier League (el equipo estaba en el 11° puesto cuando tomó el mando), pero su Arsenal F.C. terminó consagrándose campeón de la FA Cup, tras eliminar al Manchester City de Guardiola en semifinales y luego de vencer al Chelsea en la final. Durante ese corto lapso de tiempo que acabó con el decimocuarto trofeo de este torneo en las vitrinas del club, Mikel Arteta se encargó de devolver la confianza a los jugadores y minimizar los márgenes de errores. Para ello, experimentó con varios sistemas. En sus primeros partidos probó con un 4-2-3-1 con una estructura asimétrica que permitió a los jugadores algunos períodos prolongados de posesión. Granit Xhaka, que venía de atravesar una turbulencia con Emery, se transformó en una pieza clave del equipo. Era uno de los mediocentros inamovibles y cumplía una labor vital en la construcción del juego, al posicionarse como tercer central por la izquierda. Los laterales daban amplitud y aparecieron algunas sociedades en ofensiva que le permitieron encadenar un invicto de nueve partidos sin perder antes del estallido de la pandemia de COVID-19. Al regresar la actividad, por algunas bajas en el equipo probó un 4-3-3 rígido, en una visita al Brighton & Hove Albion, pero inmediatamente apareció el 3-4-3 como estructura para maquillar deficiencias y potenciar virtudes. Ese dibujo flexible y asimétrico —era un 4-3-3 en posesión y 5-3-2 al defender en campo propio— resultó muy efectivo. Con mecanismos propios del juego posicional y una notable gestión del *pressing*, el Arsenal F.C. recuperó la memoria competitiva. Una de sus jugadas más rentables consistía en replegarse para invitar al rival a presionar y salir rápido de contragolpe con una sucesión de toques y movimientos muy precisos. Tuvo que aprender a sufrir, pero el equipo de Mikel Arteta sumó un trofeo importante para asegurarse la clasificación a competiciones europeas y el nuevo DT fue promovido por la Junta Directiva a la función de mánager. Con las incorporaciones de futbolistas como Gabriel Magalhães o Thomas Partey y la mejora en el sector defensivo, parecía que el equipo podría dar un salto de calidad, pero otra vez se sumergió en el desconcierto. Las variantes del 3-4-3 dejaron de ser efectivas y el equipo entró en una profunda crisis de creatividad que se extendió a lo largo de la primera mitad de la temporada 2020/21, una problemática que tuvo solución cuando Arteta logró potenciar a dos de los grandes productos de la academia de Hale End: Bukayo Saka y Emile Smith-Rowe.

Hasta el Boxing Day de ese curso, solo se habían cosechado 14 puntos en 14 partidos, producto de cuatro victorias, dos empates y ocho derrotas. De cara a un duelo con Chelsea F.C., el 26 de diciembre del 2020, el DT dio en la tecla para mejorar la campaña. Saka, que se había desempeñado como carrilero por la banda izquierda o incluso como mediocampista interior, empezó a jugar de extremo derecho a perfil cambiado. Y Smith-Rowe, que había conseguido debutar en el primer equipo con Emery y tuvo minutos con Ljungberg, jugó frente a los Blues su primer partido de titular en la Premier League, siendo la solución definitiva ante la falta de un mediocentro ofensivo que diera fluidez y sentido al juego.

Fueron modificaciones que transformaron a un Arsenal F.C. que se convirtió en el tercer equipo con más puntos en la liga inglesa, desde la Navidad hasta el cierre de la campaña (47 unidades), por detrás del Manchester United (48) y del Manchester City (63). No obstante, este favorable cierre de campaña no logró corregir un pésimo comienzo que se pagó muy caro: el Arsenal F.C. no se clasificó para ninguna competición europea por primera vez desde la temporada 1994/95.

Ese fue un baño de realidad para un equipo que llevaba varias campañas en la cornisa, que empezó a tambalear en los últimos años de Arsène Wenger y que desde su salida ha entrado en una profunda reconstrucción en la que le cuesta mirarse al espejo y asumir que ya no es el mismo. Tiene lógica que —después de 22 años de tener a una figura principal que ha logrado revolucionar cada aspecto del club, que primero influyó en el estilo de juego y en la dinámica de resultados (pero también impulsó a varios futbolistas hacia su mejor versión), y luego llevó a la institución a una nueva dimensión— haya un período de desconcierto. Es natural caer en la desorientación porque, desde que Wenger se marchó, hubo enormes problemas para consolidar una dirección deportiva que lograra sostener la visión y los valores con los que el club pretende ganar. Sin estructura sólida, no hay tejado. Mejor dicho: en el Arsenal F.C., sin armonía no hay victorias.

Cuando un club o una organización se transforma en un fenómeno mundial, existe el riesgo de que su cultura se pierda, sobre todo en un fútbol donde la vorágine resultadista también se ha transformado en un factor condicionante para la construcción de un modelo de juego exitoso. Pero en el Emirates Stadium hay intangibles ineludibles para la construcción de la identidad futbolística. Los hinchas disfrutan cuando el equipo impone condiciones y se desempeña con pasión, justicia deportiva y elegancia en el césped. Por sobre todas las cosas, el jugador *gunner* tiene que ser inteligente y creativo, entender el juego para ser capaz de innovar sobre el césped. El fútbol moderno tiende a ser cada vez más cognitivo: hay patrones que se repiten, la movilidad tiene una gran importancia y, si un grupo de jugadores consigue dominar la relación tiempo-espacio con fluidez, es probable que controle los partidos. Nuestro mánager tendrá que potenciar esa cualidad, conseguir la amalgama perfecta entre un equipo que ejecute automatismos típicos del fútbol moderno, pero sin caer en una rigidez que eclipse a la libertad e inspiración. Esa perspectiva híbrida entre un fútbol de transiciones y el juego posicional es un tanto ambiciosa, un gran desafío en épocas donde un entrenador de élite lo que menos tiene es tiempo. Y ha quedado demostrado que no cualquiera puede lidiar contra la nostalgia que se respira en el norte de Londres, con la

insatisfacción y el pesimismo interno por la demora en alcanzar la excelencia, o la presión externa que golpea emocionalmente a una institución que ya no sabe ganar si no siente que lo merece. Pero la grandeza del Arsenal F.C. es inagotable, solo tiene que ponerla de manifiesto en el campo de juego con un sistema impetuoso que perdure en el tiempo, un estilo sostenible manufacturado dentro de la gran infraestructura que se ha generado durante el *wengerismo* y que siguió desarrollándose posteriormente, al punto que los productos de Hale End tengan la capacidad de demostrar que pueden ser grandes estrellas de la Premier League. La academia debe estar siempre a la vanguardia y moldear a los jóvenes talentos para que sean futbolistas versátiles, eficaces, educados, ambiciosos, atléticos y mentalmente fuertes para encontrar su propia ruta hacia el profesionalismo, ya sea con un préstamo previo o integrándose al primer equipo con rapidez; pero con la certeza de que el Arsenal F.C. está destinado a ser uno de esos equipos que controla partidos, restringe las posibilidades de sus rivales, ataca con creatividad y se defiende con la convicción de que el balón le pertenece. Un conjunto de esos que quiebra cualquier bloque defensivo y no se intimida ante la presión, que actúa de forma dominante con naturalidad. Solamente hay que confiar en el proceso.

CAPÍTULO IV

THE INVINCIBLES

Cuando el Arsenal F.C. se mudó al Emirates Stadium tuvo que enfocarse en darle esa gigantesca construcción en Ashburton Grove el aura que en Highbury se había construido naturalmente. La "arsenalización" del nuevo hogar era importante para sostener latente esa historia tan fructífera y la filosofía que el club había edificado con el correr de los años. Uno de los elementos de gran valor intrínseco para la entidad es ese reloj que caracterizó al antiguo estadio del club durante más de 70 años, desde que Herbert Chapman lo colocó en la tribuna sur y provocó que ese sector fuera rebautizado como 'The *Clock End*', por lo que decidieron ponerlo en una de las vigas que forman parte del techo de la nueva casa. También era importante que el legado pudiera verse a través de sus personalidades, sobre todo de los futbolistas, por lo que se construyeron las estatuas de ídolos como Tony Adams, Thierry Henry o Dennis Bergkamp junto a las de Chapman y Ken Friar. También se llevó a cabo una iniciativa llamada Heroes Together (Héroes Juntos), que muestra a decenas de los más grandes jugadores que han vestido el cañón en el pecho "abrazando" la parte exterior del recinto. Son esos que mejor han representado al Arsenal F.C. y han dejado una huella imborrable en el club y su gente, con aquellos que se consagraron campeones invictos de la Premier League en la temporada 2003/04 como los más emblemáticos de todos.

No obstante, más allá de Los Invencibles, si hay algo de lo que los *Gunners* pueden presumir es que poseen una gran cantidad de leyendas y jugadores idolatrados, varios en diferentes épocas. In-

cluso algunos fueron capaces de tener un gran impacto en el fútbol inglés y ser reconocidos a nivel mundial por potenciar sus habilidades con esos intangibles que distinguen a la institución y bajo la responsabilidad de intentar trascender a partir de un éxito que no puede ser conseguido a cualquier costo. A Tony Adams, quien jugó durante toda su trayectoria deportiva en el Arsenal F.C. y se ha convertido en uno de los máximos emblemas de la entidad, se le atribuye una frase que define esto a la perfección: "Juega por el nombre en la parte delantera de la camiseta y ellos recordarán el nombre en la parte de atrás". Son palabras que demuestran que sus raíces futbolísticas y su carrera como 'one club man' le han permitido comprender cuál debe ser el principal mandamiento de alguien que aspira a ser recordado por siempre en uno de los equipos más especiales del planeta, donde los fanáticos tienen una conexión especial y genuina con aquellos que defienden sus colores con ímpetu, ambición y espíritu deportivo. Ser futbolista del Arsenal F.C. implica identificar esos valores históricos que han llevado al club a desarrollarse con elegancia y unidad, sumergiéndose en una estructura cosmopolita que convierte esa diversidad cultural en una comunión familiar, para vestir la camiseta con orgullo. Para que un jugador sea admirado por el público *gunner*, debe respetar al máximo su identidad.

FUNDADORES - JUGADORES

Al mirar hacia atrás para repasar algunos aspectos de la fundación del Dial Square F.C., la entidad matriz del Arsenal Football Club, y comparándolo con los orígenes de otras de las instituciones más reconocidas del fútbol inglés, no es casualidad que los futbolistas sean tan importantes dentro de su historia, porque los propios creadores han ocupado ese rol. Por ejemplo, el Liverpool F.C. nació por idea de un empresario llamado John Houlding, quien era el propietario de Anfield y el terreno había quedado huérfano cuando el Everton se mudó a Goodison Park. Algo similar ocurrió con el Chelsea, que emergió por impulso de Gus Mears, un hombre de negocios que compró Stamford Bridge con la intención de convertirlo en la mejor cancha del país. Ninguno de ellos condujo esos primeros pasos desde la misma perspectiva que tuvo David Danskin, uno de los padres fundadores del Arsenal F.C., quien fue el primer capitán del equipo en esa victoria por 6-0 ante Eastern Wanderers, el 11 de diciembre de 1886, en la que todo comenzó.

Danskin, que se había enamorado del fútbol en su Escocia natal, reunió a un grupo de 15 empleados para formar su equipo. Cada uno de ellos, quienes también saltaron al campo de juego en los primeros compromisos, donaron seis peniques para comprar un balón y dar inicio a lo que más de un siglo después se convirtió en uno de los más grandes clubes de la historia del fútbol mundial. Una lesión obligó a Danskin a dejar de jugar en 1890 y, tras dejar la fábrica de Royal Arsenal, comenzó su propio negocio de bicicletas en Plumstead. Luego se mudó a Coventry y permaneció ligado al fútbol como presidente de un equipo local llamado Stoke Albion. Su principal interés era jugar, no conducir una organización, algo que sí hizo Jack Humble, otro de los hombres vinculados con las humildes raíces del conjunto *gunner*. Humble también fue de los primeros futbolistas del equipo y se desempeñó en la defensa del Royal Arsenal F.C. durante las temporadas 1887/88 y 1888/89, antes de ejercer un rol crucial en la profesionalización del club y permanecer como directivo hasta 1927.

Otros dos nombres célebres de esas primeras formaciones fueron Frederick Beardsley y Joseph Morris Bates, quienes habían jugado de manera *amateur* en el Nottingham Forest. Beardsley ocupó la portería en aquel duelo de estreno ante Eastern Wanderers y estuvo en la Junta hasta que Henry Norris tomó el control en 1910. Por su parte, Morris Bates jugó 73 partidos con el primer equipo del Royal Arsenal F.C., incluida la eliminatoria de primera ronda de la FA Cup contra Lyndhurst (en 1889) y los encuentros que llevaron al club a ser campeón de la Kent Senior Cup y la London Charity Cup al año siguiente. Ambos no tuvieron la relevancia de Danskin o Humble, pero junto con otro exjugador del Nottingham Forest, Bill Parr, también dejaron una huella imborrable, ya que gestionaron varias de sus viejas camisetas rojas e instalaron definitivamente el color base para las equipaciones del club.

Al tiempo que Woolwich Arsenal F.C. empezó a competir de manera profesional dentro de la incipiente estructura del fútbol inglés, los jugadores empezaron a tomar mucha más relevancia en un deporte en el que también empezaron a involucrarse empresarios, espectadores y la prensa. Joe Powell fue el capitán en el primer partido de liga en la historia del club. Se unió a los *Gunners* después de un encuentro disputado contra el 80º Regimiento de South Staffordshire; lo persuadieron para dejar el ejército y convertirse en jugador profesional. Durante la primera temporada liguera disputó todos los partidos —excepto un par a finales de febrero y principios de marzo— y siguió siendo un fijo en el lateral, salvo que estuviera lesionado. Su carrera quedó truncada en 1896, a tres años de su desembarco en el equipo, cuando intentó patear

una pelota y se rompió el brazo cuando cayó al suelo. Tuvieron que amputarle dicha extremidad y murió horas más tarde. A su funeral asistieron cerca de 6000 personas y la comunidad del fútbol le rindió homenaje. La Junta recaudó alrededor de £ 200 y se estableció un fideicomiso para su esposa e hijos, administrado por tres de los directores.

En aquellos años, empezaron a surgir las primeras figuras de la institución con reconocimiento a nivel nacional. El primer futbolista del Arsenal F.C. en jugar para la selección de Inglaterra fue Jimmy Ashcroft, quien llegó desde el Everton a cambio de £ 25 y podría considerarse una de las primeras leyendas de la institución. "Jugó en la portería para el Woolwich Arsenal durante ocho temporadas, desde 1900 hasta 1908, e hizo un total de 303 apariciones de las cuales 273 fueron en la Liga. Fue el primer portero en jugar para el Arsenal en Primera División, el primer jugador del Woolwich Arsenal en jugar con Inglaterra (ganó tres veces), el primer jugador del Woolwich Arsenal en jugar más de 300 partidos y el primer jugador en jugar más de 30 partidos de Liga en ocho temporadas consecutivas para el club. Cuando se incorporó por primera vez al equipo, jugó 154 partidos consecutivos y también jugó en dos semifinales de la FA Cup", apuntan en el libro *Woolwich Arsenal: 1893-1915: The Club That Changed Football*. Durante la temporada 1903/04, cuando se logró el ascenso a la máxima categoría, mantuvo 20 veces su valla invicta, con una racha de ocho partidos consecutivos sin recibir goles. En mayo de 1908, Ashcroft fue vendido a Blackburn Rovers y su retiro llegó cuando estalló la Primera Guerra Mundial. Otro de los nombres célebres de esos días fue Andy Ducat, quien llegó por iniciativa de Phil Kelso, uno de los tres entrenadores a largo plazo que tuvo el Woolwich Arsenal F.C. (Harry Bradshaw y George Morrell son los otros), aunque en aquellos tiempos manejaban un rol que requería más instinto financiero que inteligencia táctica. Kelso estaba constantemente en busca de nuevos jugadores, sobre todo para ocupar los puestos clave como el de delantero centro, y Andy Ducat arribó a su plantel en 1905, desde el modesto Southend Athletic. Inició su paso por el Arsenal F.C. en esa posición, pero luego pasó a jugar volcado sobre la derecha y demostró todo su potencial. Participó de tres victorias con la selección de Inglaterra, haciendo su debut internacional en un triunfo por 6-1 sobre Irlanda en febrero de 1910. Marcó su único gol con el combinado nacional inglés en un duelo contra Gales un mes después. Ducat fue uno de esos primeros futbolistas que terminaron transferidos a un cuadro más exitoso al llegar a un alto nivel: después de siete años en el club, en los que anotó 21 goles en 188 partidos, fue vendido por £ 1000 al Aston Villa en 1912. Tras superar una grave fractura en su pierna, se transformó en el capitán de los Villanos en la consagración en la FA Cup 1920 y ese año ganó otros tres partidos más con la selección de Inglaterra. Por si fuera poco, también representó a su país en el *cricket*, culminando una notable carrera deportiva.

LOS FICHAJES DE NORRIS Y CHAPMAN

Una vez que Henry Norris rescató al club de la crisis económica que sufrió en 1910, pese a que concentró sus esfuerzos en la mudanza de Plumstead a Highbury, hubo varias contrataciones para intentar mejorar el rendimiento del equipo —llegaron hasta 13 jugadores entre el verano de 1912 y febrero de 1913— y algunas más resonantes, con la intención de alzar el perfil mediático de la plantilla del primer equipo. Uno de ellos fue el delantero Alf Common, internacional con Inglaterra, quien fue fichado a sus 30 años y llegó con la etiqueta de haberse convertido en el primer futbolista en ser transferido por una tarifa de £ 1000, cuando pasó del Middlesbrough al Sunderland en 1905. Otro jugador destacado adquirido en esos días fue Jock Rutherford, quien en 10 temporadas con el Newcastle había ganado tres títulos de la liga inglesa y disputó cinco finales de la FA Cup en seis años. Estuvo 13 años ligado al Arsenal F.C. entre sus dos etapas, interrumpidas por un breve paso por Stoke City. Incluso iba a retirarse tras esa aventura y en Highbury le hicieron un partido homenaje, pero ese evento derivó en su regreso al norte de Londres, con 38 años. En total, jugó 232 partidos y marcó 27 goles con el club antes de poner fin a su trayectoria en la temporada 1926/27. Dejó un registro histórico al ser el jugador más veterano en la historia de la institución, con 41 años y 159 días.

Aunque la gran novedad en los primeros fichajes de Norris fue Leigh Roose, un arquero galés reconocido en esa época porque abusaba de la regla que permitía a los porteros sostener el balón con sus manos en cualquier sector de su propia mitad del campo de juego. No era habitual en los guardametas, porque temían ser atropellados por los atacantes y carecían de habilidad a la hora de patear el balón después de haberlo capturado. Roose, no obstante, era muy fuerte en los choques y poseía una gran técnica de golpeo, además de que sus bailes con la rodillas para distraer a sus oponentes en los penales —lo que hizo famoso a Bruce Grobbelaar del Liverpool, unos 80 años más tarde— garantizaban el espectáculo. Tenía fama también fuera del campo por su relación amorosa con

la estrella del *music hall* Marie Lloyd y jugaba al fútbol de manera *amateur*, aunque el club le cubría gastos como alojarse en los mejores hoteles, comprar ropa de etiqueta y los viajes repentinos de su trabajo como médico. Por sus atributos y su célebre personalidad, su llegada fue pensada por Henry Norris como un factor para atraer más público a los partidos del equipo. "Roose se unió al Woolwich Arsenal como jugador al final de su carrera, tras haberse roto una muñeca cuando un jugador de Newcastle le quitó el balón de las manos con una patada. De hecho, en ese verano de 1911, la prensa creía que Roose iba a Fulham, pero Norris había estado negociando en nombre del Woolwich Arsenal con la esperanza de que su presencia aumentara la multitud. Ciertamente, complació a la gente, ya que cuando jugó como visitante contra el Sunderland, en marzo de 1912, permaneció en el campo durante 20 minutos al final del juego hablando con los espectadores", cuentan Tony Attwood, Andy Kelly y Mark Andrews en su obra titulada *Woolwich Arsenal: 1893-1915: The Club That Changed Football*. Solamente jugó 13 partidos con los *Gunners*, porque no se había recuperado adecuadamente de la rotura en la muñeca sufrida dos años antes y esa fue su última experiencia en la élite del fútbol inglés. No obstante, unos años después de la mudanza a Highbury —y tras la interrupción que causó la Primera Guerra Mundial—, el rumbo futbolístico del club encontró su faro en un Herbert Chapman que eligió minuciosamente a los intérpretes idóneos para el desarrollo de sus tácticas revolucionarias. De hecho, su famoso sistema conocido como 'WM', nació justamente a partir del reclamo de uno de sus pupilos, Charlie Buchan, quien había dado sus primeros pasos en el Woolwich Arsenal F.C. antes de emigrar al Leyton y luego brillar en el Sunderland. Le sugirió a Chapman ajustar piezas tras una humillante caída por 7-0 ante Newcastle en St. James Park. Ese diálogo entre Chapman y Buchan, que había regresado con 34 años al club en el que había jugado en el equipo reserva durante su adolescencia, permitió a varios futbolistas explotar su potencial y dejar una enorme huella en un conjunto que dominó el fútbol inglés durante un largo período.

Hasta la década del treinta, ningún jugador del Arsenal F.C. había podido alzar un trofeo. Por el club habían pasado algunas figuras de la época, pero las vitrinas aún estaban vacías. Leslie Knighton se hizo cargo del primer equipo cuando cesó la Primera Guerra Mundial (1919) y, durante sus seis temporadas como mánager, tuvo muchas disputas con Henry Norris. Hay algunos mitos que el propio Knighton hizo circular cuando en 1948 publicó un libro titulado *Behind The Scenes In Big Football*, donde manifestó que el dueño del club le había puesto un límite estricto de £ 1000 a las tarifas de transferencia o que no aceptaba futbolistas de menos de

1,70 metros de altura, aunque nunca hubo evidencia real de estas restricciones. Puede que no mintiera deliberadamente, pero sí dio su propia versión de los hechos en una época donde escaseaban las fuentes de información. Lo que sí quedó demostrado es que el antecesor de Herbert Chapman a veces contrataba jugadores *amateurs* que no eran del agrado del propietario de la institución. Uno de ellos fue Hugh Moffatt, quien llegó proveniente del AFC Workington en 1923 y fue vendido por Norris al Luton Town sin hacer su debut, probablemente porque llegaba de un equipo que no era profesional y no tenía el calibre para desempeñarse en la élite. De hecho, en la temporada 1921/22, Knighton utilizó a 30 jugadores, pero 13 de ellos jugaron solamente cinco partidos o menos. Aunque no todas sus contrataciones fueron polémicas, algunas le sirvieron a Chapman para empezar a desarrollar sus innovaciones tácticas y lograr el subcampeonato en la temporada 1925/26; es decir, la mejor actuación en sus 40 años de historia. "En lo que respecta al legado del Arsenal a Herbert Chapman, Knighton merecía crédito por no solo haberse librado de la deuda, sino haber firmado al menos a tres jugadores de los que se beneficiaría el nuevo régimen. Al igual que Tom Wilson, Billy Watson y Billy Smith habían estado con Ambrose Langley y, a su vez, con Chapman en Huddersfield; Chapman se alegraría de Bob John, Jimmy Brain y Alf Baker en el Arsenal", explica Patrick Barclay en su libro *The Life and Times of Herbert Chapman: The Story of One of Football's Most Influential Figures*, donde también destaca que Henry Norris empezó a invertir bastante dinero para que el nuevo mánager tuviera la materia prima para construir un equipo que aspirara a conseguir el primer trofeo.

Uno de esos futbolistas que dio el salto de calidad al esquema de Chapman llegó de cara a la temporada 1928/29 y significó el primer fichaje de cinco dígitos del fútbol mundial. El Arsenal F.C. de Chapman rompió el récord vigente —Everton le había pagado £ 7000 al Sunderland por Warney Cresswell el año anterior—, cuando desembolsó £ 10 890 para comprarle al Bolton Wanderers a su estrella, David Jack, quien desde la posición de interior ofensivo se transformó en una máquina de anotar: hizo 124 goles en 208 partidos con el club y se colocó como uno de los pocos futbolistas capaces de anotar más de 100 goles en la élite del fútbol inglés para dos clubes diferentes. Su arribo buscaba llenar el vacío que había dejado el retiro de Charlie Buchan, aquella primera contratación del binomio Chapman-Norris que, con 36 años, había decidido por fin a su carrera como futbolista y continuar en el periodismo. Jack, que tenía 29 años, se había convertido en el autor del primer gol en Wembley, cuando Bolton ganó la FA Cup en 1923 (las finales

previas habían sido en estadios como Stamford Bridge y Old Trafford). Su arribo a Highbury no fue nada sencillo y existe el mito de que Herbert Chapman emborrachó a los representantes del Bolton Wanderers en el bar de un hotel para bajar sus pretensiones, aunque es otra de esas historias de la época muy difíciles de verificar. Sin importar cómo se haya sellado la tarifa de su traspaso, aquel refuerzo se sintió en el norte de Londres como el comienzo de algo grande. Y, ciertamente, lo fue, ya que David Jack ganó siete títulos en el club, incluidos tres trofeos de Liga inglesa, lo que no hubiera sido posible sin la ayuda de otras dos piezas claves en el innovador sistema de Chapman, quienes también se transformaron en grandes emblemas de la institución: Alex James y Cliff Bastin.

Con la contratación del escocés Alex James, quien costó £ 8750, el Arsenal F.C. encontró al cerebro creativo del equipo. Chapman lo transformó en el eje central de su sistema de juego, en el responsable de comandar las transiciones de defensa-ataque y el encargado de marcar el ritmo. Era su director de orquesta y, después del retiro de Tom Parker, también ejerció la capitanía. El Preston North End, el primer equipo dominante de la Football League, por entonces militaba en la Segunda División y sabía que no iba a poder retenerlo por mucho tiempo. Pese al interés de clubes como Aston Villa, Manchester City y Liverpool, el Arsenal F.C. logró ganar la puja, gracias al ingenio de su mánager. "El Arsenal de Chapman, nada menos que creativo, dispuso que James debería tener el máximo del futbolista más un trabajo externo, amablemente proporcionado por la tienda de Oxford Street, donde mostraba equipos deportivos a los clientes a cambio de £ 250. James también fue contratado por el *London Evening News* para prestar su nombre a una columna semanal, a £ 3 cada una. Aunque tenía un trabajo más exigente que hacer en Highbury, porque Chapman le pidió que transforme su juego. James tenía 28 años y era un delantero acostumbrado a aportar más que un gol ocasional; 53 habían llegado en sus 147 apariciones en la Liga con Preston. En el Arsenal, su promedio de goles se reduciría drásticamente a aproximadamente tres por temporada, ya que Chapman lo convirtió en un asistidor. No fue una transición fácil, pero con el tiempo James, cuya naturaleza era entretener, se dio cuenta de que había más de una forma de complacer a la multitud. Siempre sería difícil no notarlo con su hábil control y sus pases brillantes, sin mencionar sus pantalones cortos inusualmente largos y holgados, que usaba para protegerse del frío de las rodillas", describe Patrick Barclay en su obra. Alex James ganó seis trofeos con el club entre 1930 y 1936, siempre como el niño mimado de Chapman, quien le permitía salir más tarde de la cama que a otros jugadores antes de los partidos y hasta lo envió de vacaciones en un crucero, cuando no quiso renovar su contrato para la temporada 1931/32.

No obstante, la gran gema desenterrada por Herbert Chapman no fue James ni tampoco Jack. Una tarde decidió ir a ver a un partido de tercera división para chequear a un jugador del Watford, Tommy Barnett, pero quedó maravillado con la habilidad de un chico de tan solo 17 años que jugaba en el equipo rival. Era Cliff Bastin, quien había debutado en el Exeter City el año anterior y demostraba mucho talento a su corta edad. Acordó una tarifa de £ 2000 con su club de origen y habló con sus padres para llevarlo a Londres, con la condición de que podría continuar con sus estudios de Ingeniería Electrónica. Solamente había disputado 17 partidos en una categoría inferior, pero Chapman supo que se trataba de un talento especial. Desde el extremo izquierdo, Cliff Bastin mostró año a año su notable frialdad y su letalidad frente a la portería; incluso se convirtió en el lanzador habitual de penales y eso le permitió ser el más anotador de la historia del club, con 178 goles durante casi seis décadas, hasta que fue superado por Ian Wright en 1997. Al llegar a Highbury a una muy corta edad, tuvo un largo recorrido en el equipo y cosechó 12 títulos, empezando con la FA Cup 1929/30, cuando solamente tenía 19 años. El estallido de la Segunda Guerra Mundial interrumpió la brillante trayectoria de Boy Bastin, quien en ese momento tenía 27 años y estaba en plena forma. Sin embargo, en 1936 sufrió un grave ataque de gripe que le provocó una infección del oído y dio paso a una sordera que lo acompañó en sus últimos años de carrera. Al reanudarse el fútbol tras el conflicto bélico, jugó los primeros seis partidos en la temporada 1946/47, pero decidió colgar las botas y dijo adiós con un registro de 395 presentaciones con los *Gunners*.

Bastin fue uno de esos jugadores que llevó el legado de Herbert Chapman más allá de su muerte, como también lo hizo Ted Drake, un delantero de tan solo 21 años al que había estado siguiendo de cerca, pero cuya llegada desde el Southampton se concretó en marzo de 1934, a cambio de £ 6500. Chapman había fallecido en enero y el acuerdo fue finalmente sellado por George Allison, quien tuvo luego un fructífero período de 13 años —con la Segunda Guerra Mundial de por medio— como mánager en el club. La irrupción de Drake en el equipo fue bestial. A unos pocos meses de su llegada, fue uno de los siete jugadores del Arsenal F.C. que integraron la alineación inicial de la selección de Inglaterra en el famoso partido conocido como *The Battle of Highbury* (Batalla de Highbury). En aquel duelo disputado el 14 de noviembre de 1934, un elenco que tuvo a Frank Moss, George Male, Eddie Hapgood, Wilf Copping, Ray Bowden, Cliff Bastin y al propio Ted Drake (marcó el tercer gol), se impuso por 3-2 a la Italia de Vittorio Pozzo, que era la flamante campeona del mundo. La Azzurra se quedó rápidamente con un hombre menos por la lesión de Luis Felipe Monti, jugador argentino que se nacionalizó italiano cuando dejó su país para jugar en la Juventus, lo que permitió a Inglaterra sacar una leve ventaja en una época donde no había suplentes. En cuanto a Ted Drake, marcó 44 goles con el Arsenal F.C. en la temporada 1934/35, rompiendo el récord del club que pertenecía a Jack Lambert. A la campaña siguiente, tuvo una de las más grandes actuaciones individuales de todos los tiempos al anotar todos los goles en una victoria por 7-1 contra el Aston Villa en Villa Park, el 14 de diciembre de 1935. Drake encabezó la lista de goleadores en cada una de sus cinco temporadas completas en Highbury, terminando su ciclo con un total de 136 goles en 182 partidos, lo que lógicamente colaboró para la obtención de cinco títulos. Una vez que se retiró, decidió seguir ligado al fútbol y se convirtió en director técnico. Obtuvo un par de subcampeonatos con el Reading en la tercera división y luego asumió el cargo en Chelsea para llevarlos a la obtención del título en la temporada 1954/55, la única consagración de los *Blues* en Primera División del siglo XX, convirtiéndose en el primer hombre en ser campeón en la élite como jugador y entrenador. Al mismo tiempo, el Arsenal F.C. empezaba a dejar atrás su etapa más gloriosa y entró en una crisis deportiva que se extendió desde septiembre de 1959 hasta mayo de 1966. Algunos jugadores talentosos no tuvieron el contexto propicio para exhibir su brillo, pero igualmente se ganaron un lugar en la historia de la entidad.

TALENTOS DESPERDICIADOS

Independientemente de la escasez de logros que tuvo el Arsenal F.C. cuando se diluyó por completo el fantástico trabajo que hizo Herbert Chapman, hubo algunos futbolistas que aseguraron su lugar en el corazón del hincha y en la historia del club. Todos recuerdan a Danny Clapton, quien le escribió una carta a Tom Whittaker solicitando una prueba y fue reclutado desde Leytonstone para las categorías inferiores. Debutó en la Navidad de 1954 ante el Chelsea, con solo 20 años, y se convirtió en una fija en el extremo derecho durante las siguientes cuatro campañas, siendo pieza importante de aquel equipo que alcanzó el tercer lugar en la temporada 1958/59 , la mejor actuación liguera en seis años. En total, jugó 225 partidos (27 goles) y hasta se dio el gusto de compartir cancha con su hermano menor Denis —quien solo jugó cuatro partidos con los *Gunners*— en el empate 1-1 ante Blackpool, en noviembre de 1960. No fueron la primera pareja de hermanos en jugar juntos en Highbury. Leslie Compton —que permaneció 22 años en las filas del club (1930-1952), pero disputó apenas 253 partidos en el primer equipo en ese lapso de tiempo— coincidió sobre el final de su carrera con su hermano Dennis Compton, en el campo de juego de White Hart Lane, donde se enfrentaron al Chelsea, el 22 de marzo de 1950, por las semifinales de la FA Cup.

Aunque en esos años de flojos resultados uno de los talentos más recordados, y probablemente más desperdiciados, fue George Eastham. Su familia respiraba fútbol, ya que su padre homónimo fue internacional con Inglaterra y su tío Harry vistió la camiseta del Liverpool. Tras destacar por su buen toque e inteligencia en el Newcastle United, llegó al norte de Londres de manera turbulenta: se había negado a renovar su contrato y tuvo que atravesar una huelga de ocho meses antes de que el Arsenal F.C. pudiera contratarlo a cambio de £ 7000, en octubre de 1960. Su caso fue un punto de inflexión en las transferencias del fútbol inglés, ya que los clubes perdieron la potestad de retener a un jugador que no quería extender su vínculo más allá de lo pactado. Su mágico pie izquierdo dio algunas pequeñas alegrías a los *Gunners* durante sus seis años en el club (223 partidos, 41 goles), pero se marchó de Highbury con las manos vacías y sin tener minutos con Inglaterra en la Copa Mundial de la FIFA 1966, donde la campeona del mundo no necesitó de ningún jugador del Arsenal F.C. para la consagración. "Nadie más que George Eastham representó esta inconsistencia ascendente y descendente: mágico un día, dócil y desinteresado al siguiente; aunque hay que decir que no estaba solo. Eastham representó una especie de microcosmos para un malestar que se extendió cada vez más profundamente por todo el club, y tal vez se convirtió en un problema que Billy Wright, con poca experiencia gerencial, se sintió incapaz de abordar en bastante tiempo de la manera adecuada", analiza David Fensome en su libro *Good Old Arsenal!: The Making of Modern Arsenal.*

Un caso similar fue el de Joe Baker, uno de los socios de Eastham a principios de los sesenta. Baker se crió en Escocia y se hizo futbolista profesional en el Hibernian, luego emigró a Italia para jugar en el Torino y se convirtió en el traspaso más costoso de la historia del Arsenal F.C., cuando lo ficharon a cambio de £ 70 000 en 1962. Era un gran delantero, con buen juego aéreo pese a no ser muy alto, tenía una gran aceleración y un remate letal con ambos perfiles, además de que había construido un carácter fuerte en un torneo agresivo como la Serie A. Tuvo que pasar un riguroso examen médico para demostrar que se había recuperado por completo de un accidente automovilístico sufrido en Italia, y luego

tuvo cuatro temporadas explosivas en Highbury, terminando como máximo anotador del equipo en todos esos cursos e integrando una dupla letal con Geoff Strong. Sus 100 goles en 156 partidos lo convierten en uno de los delanteros más efectivos de la institución, pero su potencial se vio truncado por una época oscura. A pesar de su impactante registro de goles, no fue convocado por *sir* Alf Ramsey para disputar con Inglaterra el Mundial de 1966 y ese mismo año acabó vendido al Nottingham Forest, lo que generó un gran enojo en los fanáticos *gunner*s. El equipo de Billy Wright terminó 14º en esa temporada 1965/66 y el mánager inevitablemente terminó siendo despedido. Cuando se marcharon Eastham, Baker y otros caudillos, la intención fue reciclar la plantilla, aunque algunos de los fichajes de Billy Wright y varios jóvenes que habían debutado en su mandato resultaron importantes para la gestión de Bertie Mee.

BERTIE MEE Y SUS JÓVENES GUNNERS

Entre esas contrataciones que Bertie Mee heredó de su antecesor, se destaca el portero Bob Wilson, quien fue fichado desde el Nottingham Forest por £ 6000 en 1963, pero tuvo que pasar varias temporadas como suplente de Jim Furnell, hasta que se quedó con el puesto que le perteneció hasta mayo de 1974, cuando decidió retirarse del fútbol con 32 años. Después de sus 308 partidos en el club, estuvo casi tres décadas como entrenador de arqueros, dándole apoyo a grandes guardametas como Pat Jennings, John Lukic y David Seaman, entre otros. Otro jugador que llegó en una gestión pasada, pero ayudó al elenco de Bertie Mee a disputar cinco finales en cinco años y obtener tres títulos, fue Frank McLintock, quien llegó en octubre de 1964 por una cifra récord de £ 80 000, pero en sus primeras campañas se vio perjudicado por el contexto. Pese a que estaba maravillado por el aura de Highbury, empezó a cuestionar su decisión de mudarse al norte de Londres, porque el equipo era pura improvisación. El público no dudaba del compromiso de un McLintock, que desde el mediocampo intentaba ser el motor de un cuadro notablemente anárquico, pero a las grandes individuales les faltaba mucha planificación. Intentó ser traspasado, pero la directiva lo convenció de quedarse y su trayectoria dio un giro de 180 grados. Don Howe, excompañero suyo y nueva mano derecha de Bertie Mee, decidió moverlo al corazón de la defensa y desde allí se transformó en el líder absoluto del equipo. “McLintock no

era naturalmente un defensa central, carecía de altura y presencia física. Al principio, a Don Howe le había costado tiempo convencer a McLintock de que el cambio tenía sentido. Pero en McLintock, Howe había visto el futuro; los años de McLintock en la sala de máquinas en el mediocampo le habían dado tiempo y habilidad con el balón, un rango de pases y habilidad para leer el juego, y un impulso y entusiasmo por la causa que solo se había visto agudizado por las dos derrotas recientes en la final de copa. También poseía un gran resorte que compensaba su falta de centímetros cuando se enfrentaba a los típicos delanteros centrales de su día. También era duro como un clavo; nadie superó a Big Frank, ya sea un delantero de la vieja escuela o un gánster de Londres, como atestigua gran parte de la literatura escrita sobre el Arsenal en ese momento. McLintock era similar a Bobby Moore: en parte futbolista, en parte defensor. Él proporcionó el modelo de lo que los centrales se convertirían en los próximos veinte o treinta años", profundiza David Fensome en su obra. Y ya luciendo el brazalete de capitán, McLintock comandó al Arsenal F.C. a sus grandes éxitos del inicio de la década del setenta y cerró la temporada 1970/71 con el galardón de Futbolista del Año; además de ser condecorado con un MBE al año siguiente. Su adiós al club fue en 1973, después de haber jugado 314 partidos y marcado 26 goles, con la certeza de haber dejado una gran huella en la institución y, principalmente, en varios jóvenes de las categorías inferiores que también tuvieron protagonismo en esos tiempos, como Peter Simpson, John Radford, George Amstrong y Peter Storey. Todos ellos tenían talento, hambre de gloria y al Arsenal en su ADN, pero no lograron demostrarlo hasta que dejaron de estar eclipsados por algunos veteranos de rendimientos apáticos.

Peter Simpson se convirtió en la pareja perfecta para Franck McLintock en la zaga central. Había jugado solamente 22 partidos en sus primeras tres temporadas como profesional pero, cuando Bertie Mee tomó el mando, emergió como uno de los pilares de la defensa y cuando se marchó de la institución para probar suerte en la NASL de los Estados Unidos, lo hizo con un total de 477 partidos sobre sus espaldas. Otro que debió esperar su chance fue John Radford, quien llegó a Highbury como aprendiz en 1962 y había marcado tres goles al Wolverhampton en un partido disputado en enero de 1965, transformándose en el autor más joven de un *hat-trick* en la historia del club, al tener 17 años y 315 días al momento de concretar el hito. En esa campaña solamente jugó cuatro partidos en todo el torneo. Su participación fue aumentando gradualmente hasta que se convirtió en una de las figuras ofensivas del equipo, corriéndose al extremo derecho y siendo importante para fijar o arrastrar defensores, con el objetivo de crearle espacio a

sus compañeros. Rara vez era el centro de atención del ataque; se ocupaba más de hacer el trabajo sucio. Quizás el mejor ejemplo de eso es la final de la FA Cup 1971, donde Eddie Kelly y Charlie George marcaron los goles que aseguraron el doblete, ambos asistidos por un John Radford que cerró su brillante carrera con los *Gunners* en diciembre de 1976, cuando perdió la titularidad. Se fue al West Ham a cambio de £ 80 000, dejando un inolvidable registro de 149 goles en 481 partidos y tres grandes trofeos que rompieron con una sequía de 17 años sin consagraciones.

Simpson y Radford sumaron una gigantesca cantidad de presentaciones en el Arsenal F.C., pero en ese apartado fueron superados por Peter Storey y Geordie Armstrong. Storey, fanático *gunner* desde pequeño, se inició como aprendiz después de dejar la escuela en 1961 e hizo su debut profesional en octubre de 1965, transformándose en un habitual titular para la próxima década. Jugó 501 partidos con el Arsenal F.C. y seguramente su actuación más memorable fue la semifinal de la FA Cup en Hillsborough, disputada el 27 de marzo de 1971, donde anotó dos goles para rescatar un empate, tras irse al descanso con un 2-0 en contra en el marcador. Comenzó a hacerse fama de tipo rudo en el lateral izquierdo, pero se cambió a la otra banda, cuando Bob McNab llegó desde Huddersfield a cambio de £ 50 000, en octubre de 1966, y luego Bertie Mee lo movió al centro del mediocampo para darle continuidad en el lateral derecho a Pat Rice, alguien que tuvo una vida ligada al Arsenal: nació en Belfast, pero de niño trabajó en una frutería en Gillespie Road, la calle en la que se encuentra Highbury, y después jugó 528 partidos para el club —incluidas cinco finales de FA Cup, siendo el capitán en la consagración de 1979 ante el Manchester United—, antes de regresar en julio de 1984 para trabajar 12 años en las juveniles y otros 16 como asistente de Arsène Wenger.

Por su parte, Geordie Armstrong pasó casi dos décadas como integrante del plantel profesional y con 621 partidos llegó a ser el futbolista con más apariciones para el club, hasta que lo superaron David O'Leary (722) y Tony Adams (669). Geordie llegó a Highbury directamente de una escuela en Durham, su condado natal, y se destacó en ambas bandas como un hombre con mucho despliegue, que era capaz de crear varias chances de gol por encuentro. Durante toda su etapa fue uno de los motores principales del juego y con su energía incansable, sumada a su precisión con el balón, se transformó en uno de los artífices que consiguió romper con la mediocridad futbolística que atormentó a la institución desde mediados de los cincuenta hasta fines de los sesenta. Fue traspasado al Leicester City en 1977, pero regresó en 1990 como parte del personal del equipo de reserva, en un momento donde uno de sus

excompañeros también había vuelto para convertirse en uno de los mánager más importantes de la historia *gunner*.

STOLLER GRAHAM

Todavía no había cumplido 22 años, pero George Graham ya había dado muestras suficientes de su talento cuando fichó por el Arsenal F.C. en aquel verano de 1966. Desde adolescente mostró grandes habilidades futbolísticas y este deporte se transformó en la vía de escape para él y su familia. Graham creció como el menor de siete hermanos en un humilde hogar de Bargeddie, un pueblo escocés en los suburbios de Glasgow. Su padre, un trabajador siderúrgico, murió cuando él tenía solo tres semanas de vida, quedando su madre sola para criar a una numerosa familia. Con 15 años tuvo pruebas en algunos clubes importantes del fútbol inglés y su elección por el Aston Villa fue, principalmente, por Joe Mercer, el capitán del Arsenal de Tom Whittaker que ganó dos Ligas y una FA Cup. La figura paternal de Mercer, a quien Whittaker trajo desde el Everton (con 32 años) y se convirtió en el jugador *gunner* más influyente en el período inmediatamente posterior a la Segunda Guerra Mundial, fue lo que convenció a la madre de George Graham y a su hermano mayor, Andy. En 1964, pasó al Chelsea —donde marcó 35 goles en 72 partidos, pero tenía diferencias con el mánager Tommy Docherty— y dos años más tarde desembarcó en Highbury. "George Graham, un fichaje de Mee, estaba demostrando ser una sensación. Stroller, como lo llamaban, tenía un poco de todo: aplomo, tiempo, visión y habilidad para marcar goles; con 21, en todas las competiciones en 1967/68, terminó como máximo goleador del club (como lo había hecho también la temporada anterior). Graham comenzó como un delantero centro, firmado desde Chelsea por £ 50 000 como reemplazo de Joe Baker, pero cuando John Radford fue movido hacia adentro desde la banda, Graham se corrió para jugar como un delantero interno, un movimiento que quizá le dio más alcance para demostrar su amplio virtuosismo técnico, que cuando jugaba en la delantera, aunque mantuvo su indudable ojo para el gol para gran beneficio del Arsenal", recuerda Fensome en su obra. Bertie Mee había recibido la recomendación de fichar a Graham por parte de su ayudante, Dave Sexton, quien lo había conocido durante su primera etapa en Stamford Bridge.

No fue la única contratación emocionante que se logró en ese período; también llegaron otros jugadores notables como Bobby

Gould, Eddie Kelly, John Roberts, Ray Kennedy, Sammy Nelson y Charlie George, autor del gol que selló el doblete, después de que, justamente, Graham anotara el empate parcial ante el Liverpool, aquel 8 de mayo de 1971 en Wembley. Aunque también hubo ciertos fichajes que no salieron como se esperaba, como el de Peter Marinello, un talentoso joven escocés de 19 años al que la prensa británica apodó como 'el próximo George Best', cuando llegó al norte de Londres en enero de 1970. Fue la primera vez que los *Gunners* pagaban una suma de seis dígitos por un jugador. Su estreno fue bastante auspicioso y generó una enorme expectativa en los fanáticos, pero sus rendimientos empezaron a mermar entre la exageración mediática y la pérdida de estado físico. "De acuerdo con el viejo adagio de que la mejor forma de defensa es el ataque, Mee decidió hacer del Arsenal una fuerza ofensiva más potente. Con Radford ahora jugando en el medio, y George Graham, Charlie George y el eternamente olvidado Jon Sammels ofreciendo una amenaza más vívida que nunca en los últimos tiempos en Highbury, el club invirtió una tarifa récord de £ 100 000 en un jugador joven, con menos de 50 partidos profesionales: Peter Marinello, la respuesta de Escocia a George Best, llegó a Londres en un torbellino de publicidad y un nivel de expectativa igual a cuando el 'Príncipe Bonnie', Charlie Nicholas, se mudó con un estilo muy célebre del Celtic al Arsenal, en el verano de 1983. La presentación de Marinello, en la banda derecha, brindó un vistazo inmediato de lo que el Arsenal había pagado: una tarifa de seis cifras por primera vez en su historia, ¡un gol con clase, confianza y audacia! Con el partido en cuadratura, Marinello, frente al Stretford End, rodeado de defensores del Manchester United, regateó, esquivó, amagó y marcó un gol sobresaliente. Parte del brillo del esfuerzo se quitó más tarde, cuando el United anotó dos veces para ganar el encuentro por 2-1, pero Marinello había dejado su huella y anunció su introducción al Arsenal —y a la escena del fútbol inglés en general— de la mejor manera posible . En muchos sentidos, ese partido, en un campo embarrado bajo un cielo gris mancuniano cubierto de niebla, marcó el punto culminante de la carrera de Marinello en el Arsenal. Una combinación de demandas de los medios, un estilo de vida de fiesta que contrastaba con su vida anterior en Edimburgo, además de una lesión grave en la rodilla, pusieron fin a su carrera en Highbury, antes de que realmente se pusiera en marcha. Unos años más tarde, Bertie Mee regresaría a Hibernian para sacar otro talento prometedor del fútbol escocés y trasplantarlo al norte de Londres: Alex Cropley. Sin embargo, dos fracturas en la pierna de manera similar acabarían con cualquier posibilidad de devolver lo que su talento prometía inicialmente. Marinello, según todos los informes, era un muchacho amable y educado, un futbolista hábil y muy prometedor, pero mojado detrás de las orejas, cuando llegó a Highbury. McLintock recuerda a un joven tímido, que no estaba hecho para el nuevo estilo de vida que se esperaba que mantuviera en los círculos de moda de Londres. Un jugador secundario que eventualmente se iría silenciosamente de Highbury, después de apenas 38 partidos en más de tres años, cuando su contrato terminó con una sombra del joven de ojos brillantes que una vez buscó tener el mundo del fútbol a sus pies", profundiza Fensome en su libro *Good Old Arsenal!: The Making of Modern Arsenal.*

Tampoco salió perfectamente bien la otra contratación récord de esos años, pese a que Alan Ball fue, sin dudas, uno de los futbolistas más maravillosos de ver en Highbury por el distinguido estilo de juego y la innegable calidad técnica que demostraba vistiendo su característico calzado de color blanco. Bally, quien había sido campeón del mundo con Inglaterra en 1966 —siendo jugador del Blackpool y pasó a jugar en el Everton, tras aquella consagración—, llegó al Arsenal F.C. en diciembre de 1971 a cambio de £ 220 000. Tenía 26 años y era un condimento de lujo para el equipo de Bertie Mee que había sido campeón de Liga y Copa, aunque su llegada generó cierta incomodidad en la estructura, como si Mee y Alan Ball estuvieran a contramano del resto del vestuario. Al tiempo que el grupo que había conseguido el doblete se desmantelaba, la nueva estrella se transformaba en uno de los líderes. Después del subcampeonato en la FA Cup de 1972 y el segundo puesto en la Liga al curso siguiente, Alan Ball asumió la capitanía y el mando de la plantilla, de cara al comienzo de la temporada 1973/74. Se convirtió en un jugador muy influyente para una nueva generación de jugadores *gunner*s que surgió en medio de la lucha por no descender, que derivó en la salida de Bertie Mee en mayo de 1976. Y Ball se despidió en diciembre de ese año, para unirse al Southampton (lo ayudó a volver a Primera División), con 31 años, después de anotar 52 goles en 217 partidos con el cañón en su pecho y de haber dejado varias lecciones a algunos jóvenes extranjeros de la cantera, que luego se transformaron en la columna vertebral del equipo a finales de los setenta.

'LONDON IRISH'

Desde el principio de su mandato quedó en evidencia que el norirlandés Terry Neill, sucesor de Bertie Mee, quería hacer las cosas

a su manera y Alan Ball no iba a encajar en sus planes, pese a que era uno de los referentes de la plantilla. Neill, oriundo de Belfast, eligió a sus propios caudillos y le dio un toque irlandés a su equipo. No obstante, la primera gran estrella en llegar a Highbury para el nuevo mandato fue el inglés Malcolm Macdonald, por quien se pagó —en agosto de 1976— la inusual cifra récord para el fútbol británico de £ 333 333, lo que alimentó aún más su aura de *rockstar*. SuperMac era toda una celebridad y se había desempeñado como goleador del Newcastle United las últimas cinco campañas. Su impacto en el norte de Londres fue inmediato y colaboró notablemente para que el equipo volviera a pelear en la mitad superior de la tabla de posiciones. Era un delantero muy potente, tenía un remate feroz y gran juego aéreo. Fueron esos atributos los que le permitieron firmar 29 anotaciones en su primera temporada. Aunque sus cualidades físicas se vieron afectadas por una lesión de rodilla, que hizo bajar el nivel de sus rendimientos y lo obligó a retirarse a los 29 años, con 57 goles en 108 partidos como *gunner*, cifras que seguramente hubieran sido mayores si hubiera gozado de buena salud. Le quedará seguramente la espina de no haber mostrado su mejor versión en aquella final de FA Cup que se perdió ante el Ipswich Town, el 6 de mayo 1978 en Wembley, donde ya se manifestaba la gran influencia de ese grupo de jugadores irlandeses que dieron grandes momentos al club.

Por esos días, en Highbury no había mucha distinción entre el norte o el sur, incluso para los aficionados de la República de Irlanda e Irlanda del Norte se sentía como un puñado de “diferentes tipos de irlandeses” siendo protagonistas en uno de los grandes equipos de la élite del fútbol en Inglaterra. En las tres finales nacionales consecutivas (FA Cup 1978, 1979 y 1980) y en la definición europea (UEFA Cup Winners’ Cup 1980) a las que el Arsenal F.C. llegó en esos años, hubo participación de hasta siete futbolistas que se habían conformado en una fraternidad, en tiempos críticos de la política de sus países, con la masacre de Warrenpoint y el asesinato de Lord Mountbatten por parte del grupo terrorista IRA. “Como tal, el Arsenal F.C. siempre tuvo una pizca de verde en su base de fanáticos, pero a fines de la década de 1970, las gradas comenzaron a reverberar lentamente con el acento irlandés. Esto fue precipitado, en parte, por el hecho de que, bajo el mandato de Terry Neill, los *Gunners* se ganaron el apodo de London Irish por parte de la prensa. Con gente como David O’Leary, John Devine y Frank Stapleton formando el contingente de la República, mientras que Pat Jennings, Sammy Nelson y el capitán Pat Rice aportaron la cuota de Irlanda del Norte. El faro brillante de las Islas Esmeraldas que luego invadió Highbury era un joven genio llamado Liam Br-

ady, la próxima leyenda en Highbury. Brady era una especie de héroe claramente irlandés. Articulado y franco, jugó como un artista desaliñado. La camisa constantemente desabrochada y los calcetines a media asta proporcionaban un sorprendente contraste con la calidad grácil de su juego", relata Tim Stillman en el libro *So Paddy got up - an Arsenal anthology*.

Pat Jennings, a quien Terry Neill había dirigido durante dos temporadas en el Tottenham, era todo un ídolo en White Hart Lane y un símbolo en los años fructíferos de Bill Nicholson, antes de mudarse de vereda. Había permanecido allí durante 13 años en los que contribuyó con la conquista de cinco trofeos. Además, había sido elegido Jugador del Año por la Asociación de Futbolistas Profesionales (PFA) en la temporada 1975/76. Pero Keith Burkinshaw, sucesor de Terry Neill en el banquillo de los Spurs, le dijo una mañana que iba a ser vendido al Ipswich Town. Iba camino a cumplir 32 años, pero todavía mantenía un buen nivel, incluso Manchester United y Aston Villa también preguntaron por sus servicios al enterarse de que estaba descartado, pero Terry Neill forzó su contratación por el Arsenal F.C. en agosto de 1977, a cambio de £ 40 000, quizá con la intención de sumar un portero suplente experimentado que supiese comandar al grupo desde un rol secundario. Pero Jennings acabó siendo el guardameta fijo durante varios años y uno de los referentes del grupo junto con su tocayo y compatriota Pat Rice, capitán en todas esas finales que marcaron aquel ciclo y posterior servidor del club como ladero de Arsène Wenger. Otro norirlandés en ese vestuario era Sammy Nelson, un lateral izquierdo que llegó al norte de Londres en 1966, con 16 años, pero debió esperar casi una década a que se marchara Bob McNab para empezar a tener regularidad. Este trío norirlandés se mezcló con jóvenes irlandeses que emergieron desde las inferiores para dejar su huella: Liam Brady, David O'Leary, Frank Stapleton, además de John Devine, que era la alternativa para Rice o Nelson en los laterales. Todos ellos fueron actores principales de un elenco que ganó solamente un trofeo, la FA Cup 1979 ante el Manchester United en Wembley, pero también derrotaron a los mejores de Europa: se impusieron en una épica semifinal de FA Cup de cuatro partidos al Liverpool F.C., que venía de ser bicampeón continental (1977, 1978), y además vencieron en Italia a una Juventus que tenía en sus filas a cuatro jugadores que iban a ser campeones del mundo en 1982, para sellar el pasaje a la final de la Recopa de Europa de 1980. En esos meses, entre marzo y mayo de 1980, superaron a los mejores del continente.

Con solamente 15 años, Liam Brady dejó Dublín para mudarse a Londres en 1971 e hizo su debut profesional dos años más tarde. Probablemente sea uno de los jugadores más talentosos que se

hayan visto en Highbury. Chippy, como se lo apodaba, era técnica y estéticamente todo lo que se podía esperar de un mediocampista: hábil, con excelente visión, buen remate y gran capacidad de regate. Su *look* de camiseta desaliñada y medias bajas eran parte de su sello distintivo, como su perfecta ejecución de pases en corto y en largo. Era una especie de Michel Platini irlandés, un jugador mágico que hacía jugar mejor a sus compañeros. La mejor versión de Liam Brady se vio cuando se fue Alan Ball y su pico de rendimiento quedó de manifiesto al ser elegido el Jugador del Año de la PFA en 1979, siendo el primer jugador extranjero en quedarse con el premio. Su talento deslumbró a la Juventus en esos duelos de Recopa de Europa y el club turinés decidió ficharlo a cambio de £ 500 000, de cara a la temporada 1980/81. Brady lógicamente estuvo a la altura de su nuevo desafío (ganó dos títulos de la Serie A), pero dejó un gran vacío en el norte de Londres, de donde se marchó con un registro de 59 goles en 307 partidos. También fue difícil para los *Gunners* no sentir dolor cuando Frank Stapleton decidió mudarse a Old Trafford, en agosto de 1981, después de pasar ocho años en Highbury. Este poderoso delantero, cuya mayor virtud era el juego aéreo, fue el máximo goleador del Arsenal F.C. durante esas tres temporadas en la que se alcanzaron finales importantes. Cuando eligió marcharse, lo hizo con un registro de 300 partidos en los que anotó 108 goles, siendo el más destacado el que le hizo al Manchester United para conseguir su único título con el club. En esa jornada del 12 de mayo de 1979, los otros goles para el 3-2 los convirtieron Brian Talbot, con asistencia de David Price, y Alan Sunderland; todos integrantes destacables de esa plantilla corta que manejaba Terry Niell.

Y mientras Brady y Stapleton buscaron nuevos desafíos, quien permaneció firme en el vestuario fue David O'Learly, que había nacido en Londres, pero se mudó a Dublín cuando era pequeño. Regresó a la capital inglesa para unirse al Arsenal F.C. como aprendiz en 1973 y jugó en el primer equipo durante 20 años, marchándose en 1993 al Leeds United, como el futbolista con más presencias en la historia de la institución (722 partidos). Era un zaguero central imperioso, de físico esbelto pero muy poderoso, rápido y elegante. Tuvo la capitanía por un período de 18 meses a principios de la nueva década, pero eligió cederla a Graham Rix, un atacante surgido de la cantera de largo recorrido como *gunner* (41 goles en 351 partidos). Al jugar más de 40 partidos por temporada —excepto en la temporada 1980/81, cuando se lesionó y solo disputó 27 encuentros—, O'Learly no tardó en batir distintos récords de presencias: fue el jugador más joven en alcanzar los 100 y 200 partidos, e hizo su presentación número 400 cuando solamente tenía 26 años. Pasó el récord histórico de George Armstrong, de 621 partidos con el primer equipo en noviembre de 1989, en tiempos en los que ya no era titular, porque el DT escocés George Graham decidió renovar la defensa y construir su famoso *Back Four*. Sin embargo, por más que no fuera un fijo en el equipo, pudo disfrutar de una despedida muy emotiva, al levantar la FA Cup 1993, tras la victoria ante Sheffield Wednesday en Wembley. Fue suplente en ese partido, pero con el trofeo en sus manos le puso el broche a una fantástica carrera en el norte de Londres. Su adiós fue el quiebre del último eslabón de esa cadena irlandesa que se fue desarmando con el correr de los años.

Liam Brady rompió el molde, al irse a Turín a mediados de 1980. Le siguió Pat Rice, que se marchó en noviembre de ese año al Watford; mientras que Stapleton emigró a Old Trafford y Sammy Nelson fue vendido a Brighton & Hove Albion en 1981. John Devine solo duró tres años más en Highbury, Terry Neill fue despedido en diciembre de 1983 y Pat Jennings envejeció y decidió volver a jugar a nivel de reserva en el Tottenham en 1985. Solamente David O'Leary se sostuvo lo suficiente como para llegar a disfrutar los primeros éxitos de ese famoso conjunto comandado por Graham y dejar un registro histórico de actuaciones con la camiseta del cañón en el pecho, aunque su marcha al Leeds United —donde luego fue DT y alcanzó las semifinales de la Champions League 2000/01— fue inevitable. Su lugar fue ocupado por un joven que pasó toda su carrera profesional en Highbury y se transformó en uno de los futbolistas más emblemáticos del Arsenal.

'MR. ARSENAL'

Una vez que los "días irlandeses" se terminaron, comenzó a surgir una nueva camada de jóvenes londinenses que encontraron en George Graham un mánager que potenció sus cualidades. Apenas unas semanas antes de ser despedido y reemplazado por un Don Howe que estuvo casi tres campañas en el banquillo, Terry Neill hizo debutar profesionalmente a un defensor central que recién había cumplido 17 años, pero mostraba mucho compromiso y valentía, un futbolista que se convirtió en la piedra angular del Arsenal F.C. en las siguientes dos décadas (gran parte de ellas como capitán del primer equipo) y permaneció firme en la plantilla mientras había muchos cambios a su alrededor: Tony Adams.

Ese partido en Highbury ante el Sunderland, el 5 de noviembre de 1983, donde Adams se convirtió en el debutante más joven

del Arsenal F.C. en 30 años (el anterior había sido Gerry Ward en 1953), dio inicio a un nuevo ciclo en el vestuario de un equipo que solamente había ganado un trofeo en las 12 temporadas anteriores y que con él en la defensa obtuvo 10 trofeos grandes, incluidas tres Ligas en tres décadas diferentes. Esa jornada en que hizo su estreno estaba absolutamente nervioso. De hecho, no tuvo un comienzo muy auspicioso, porque a solamente tres minutos de haber ingresado al campo de juego en lugar del experimentado David O'Leary, controló mal un pase y fue aprovechado por Colin West, el delantero del Sunderland que venció la resistencia de Pat Jennings. Fue un error propio de un jovencito que se había unido al club como aprendiz siete meses antes de hacerse profesional. Aunque esa precocidad le sirvió mucho a un Tony Adams que hizo del fútbol su refugio y logró maquillar sus inseguridades, escudándose en una personalidad ruda que lo llevó a ser capitán del primer equipo en 1988, con solo 22 años, cuando George Graham ya llevaba un par de campañas en el cargo y rodeó a esta joya de la Academia con otro tres futbolistas que dieron nacimiento al famoso *Back Four*.

Su pareja en la zaga fue Steve Bould, quien fue contratado desde el Stoke City a cambio de £ 390 000, en junio de 1988, para ocupar el puesto de un desgastado O'Leary, quien pasó a cumplir un rol más secundario. Bould jugó 287 partidos de liga para los *Gunners* antes de irse al Sunderland por £ 500 000, en julio de 1999, y regresó en el 2001 para comenzar a trabajar como director técnico en las divisiones inferiores, quedándose en el club por prácticamente dos décadas; primero siendo ayudante de Arsène Wenger (2012-2019) y Unai Emery, y después como DT del equipo reserva (2019-2021). Junto a él llegó Lee Dixon, un lateral derecho naturalmente ofensivo, que hizo 619 presentaciones con el cañón en su pecho y estuvo 15 años en el primer equipo, hasta que se retiró del fútbol profesional en 2002. Y la pieza restante de esa unidad defensiva era Nigel Winterburn, quien desembarcó en el norte de Londres desde Wimbledon a mediados de 1987 por un precio de £ 350.000, con la difícil tarea de ser el sucesor de Kenny Sansom, un lateral izquierdo que jugó 314 partidos en el club y, durante ocho temporadas consecutivas, fue parte del Equipo del Año de la Asociación de Futbolistas Profesionales (PFA). También estaba Martin Keown, el recambio en la zaga, un futbolista surgido de la cantera del club que debió esperar a una segunda etapa para demostrar todo su potencial. Cuando debutó de la mano de Don Howe en 1985, Keown se perfilaba como un posible socio a largo plazo de David O'Leary, pero la explosión futbolística de Tony Adams hizo que Graham decidiera venderlo al Aston Villa por £ 200 000 en 1986. Regresó en febrero de 1993, tras un paso previo por el Everton y después de que Graham pagó una tarifa de trans-

ferencia 10 veces mayor a la de su venta. La versatilidad adquirida en sus años fuera de Highbury lo convirtieron en una pieza vital de recambio en la máquina Graham, e incluso logró aún más protagonismo con Arsène Wenger, como pareja de Adams en el primer doblete (1997/98) y en un tándem con Sol Campbell en el segundo (2001/02), marchándose del club en mayo de 2004, con un total de 449 partidos en 11 años como jugador *gunner*. Tampoco hay que quitarle mérito al guardaespaldas de esta línea defensiva: David Seaman. Muchos se sorprendieron cuando Graham decidió pagarle al Queen's Park Rangers un total de £ 1,3 millones, cifra récord en el fútbol británico para un portero, para ficharlo en 1990, porque John Lukic había demostrado ser un buen sucesor de Pat Jennings. Pero fue probablemente el dinero mejor invertido por el mánager escocés, ya que fue el sostén del *Back Four* desde que pisó el césped: Seaman mantuvo 23 vallas invictas y solamente concedió 18 goles en la consagración liguera de la temporada 1990/91. Muchos recuerdan esa famosa tapada ante un cabezazo de Paul Peschisolido del Sheffield United, en las semifinales de la FA Cup 2002/03, donde vuela hacia atrás para sacar un balón antes de que cruzara la línea de meta, con una agilidad impropia de un hombre de 39 años que disputaba ese día su partido número 1000 en el fútbol profesional. Ese torneo fue el último para Seaman, que se despidió levantando el trofeo en el Millennium Stadium de Cardiff como capitán del Arsenal F.C. (Patrick Vieira no jugó por lesión), tras una victoria por 1-0 contra el Southampton.

Todos ellos complementaron sus labores dentro del campo de juego con un Tony Adams que se transformó en uno de los mejores zagueros de la historia del fútbol inglés, al tiempo que luchó contra sus problemas de alcoholismo. "Tuve suerte con el fútbol. Tuve éxito y fue suficiente. Me uní al Arsenal a los 16 años y tuve mi primera experiencia con el alcohol a los 17. Me rompí el quinto metatarsiano y bebí cuando estaba lesionado. Se curó y volví a jugar y, a partir de entonces, mi carrera futbolística y mi carrera alcohólica fueron de la mano. Primero me emborrachaba los sábados después de los partidos, luego los sábados y los domingos a la hora de comer. Encontraba pequeños *pubs* y clubes de trabajadores que abrían los domingos por la tarde. Luego se convirtió en un club nocturno en Islington los domingos por la noche. Durante seis o siete años, me costó mucho mantener los partidos entre semana. Podía jugar los sábados, pero volver a hacerlo unos días después se hacía difícil. En todos los veranos en los que no tenía fútbol, estaba destrozado. Ibiza un año, Mallorca el siguiente. Islas Canarias, Torremolinos. Estaba fuera del planeta. Había desmayos, miedos, paranoias, cosas que salían de los armarios. Un montón de veces me orinaba encima. Las mujeres. A veces apostaba: caballos, galgos,

cualquier cosa. Poco a poco esta enfermedad se fue apoderando de mí. Y es una enfermedad progresiva. Siempre empeora, nunca mejora si sigues bebiendo. Se estaba llevando mi carrera futbolística. Desde 1994/95 hasta que toqué fondo en el 96, me resultaba muy difícil jugar al fútbol a un alto nivel. Tenía cierto talento y podía disimularlo y creía que lo hacía bien, pero había períodos en los que no podía controlarlo, en los que perdía el ritmo", cuenta el propio Adams en su libro *Sober: Football. My Story. My Life*. No era el único jugador con problemas de esta índole dentro del vestuario, ya que también estaba Paul Merson, otro de los jóvenes de la cantera a los que Graham dio rodaje en el primer equipo y que enamoró al público de Highbury. Merson, quien ganó el premio a Jugador Joven del Año de la PFA y jugó más de 300 partidos en el equipo, interrumpió su carrera en noviembre de 1994 para iniciar un tratamiento por adicciones al alcohol, la cocaína y el juego de apuestas. Cuando llevaba limpio 18 meses y había vuelto a la actividad, fue él quien habló con Tony Adams sobre reuniones de Alcohólicos Anónimos (AA). Su adicción había ido demasiado lejos. El 6 de mayo de 1990, Adams estrelló su coche Ford Sierra contra la pared de una casa de los suburbios de Southend, por conducir con un nivel de alcohol en sangre cuatro veces superior al límite legal. Fue encarcelado durante cuatro meses y se transformó en una baja sensible para un equipo que igualmente pudo ser campeón y sufrió una sola derrota en toda la liga inglesa de la temporada 1990/91.

Dos de los grandes momentos deportivos que sí pudo vivir fueron esos triunfos muy recordados ante el Liverpool de la década de los ochenta. Primero, la victoria en Wembley para la obtención de la Copa de la Liga 1986/87 (primer título de Graham) con dos goles de Charlie Nicholas, quien en 1983 había sido fichado desde el Celtic por una cifra récord de £ 750 000, por ser uno de los mejores prospectos del fútbol escocés y que también se ganó el apodo de Champagne Charlie, por parte de la prensa sensacionalista, por su afición al alcohol y la vida nocturna de Londres. El segundo, en mayo de 1989, donde el Arsenal F.C. ganó en Anfield para ser campeón y poner fin a una sequía de 18 años por el título, gracias a los goles de Michael Thomas, uno de los jóvenes talentos locales que se había abierto paso desde la cantera. La otra gran gema surgida en esa época fue David Rocastle quien firmó su primer contrato e hizo su debut como profesional durante el ciclo de Don Howe, pero explotó su potencial bajo el ala de Graham. Rocky era un futbolista potente, tenaz y con una calidad técnica especial, que se ganó el corazón de los aficionados al anotar en White Hart Lane el gol del triunfo agónico por 2-1, en aquel *replay* ante Tottenham de las semifinales de la Copa de la Liga 1986/87. Su estilo de juego y su sociedad con Paul Merson y Anders Limpar, fueron vitales para los atacantes como Ian Wright, Kevin Campbell y Alan Smith en esos años. En febrero de 2001, ya lejos del fútbol, Rocastle anunció que padecía el linfoma de Hodgkin, un cáncer que ataca al sistema inmunológico, y perdió la batalla contra esta enfermedad meses más tarde, cuando tenía tan solo 33 años. Su muerte golpeó mucho a un Tony Adams que, como cuenta en la citada autobiografía, lo conocía desde las divisiones inferiores y habían compartido muchos momentos juntos: "Pasamos por muchas cosas juntos, habiendo estado en Highbury cuando teníamos 14 años, sobre todo cuando, en una gira por Francia, él y otro jugador juvenil, Greg Allen, se pelearon y yo tuve que separarlos y luego quedarme despierto toda la noche para mantenerlos separados en el dormitorio, ya que querían prolongar las cosas. David podía manejarse bien, como recuerdo que hizo durante una pelea en unas vacaciones en Chipre. Rocky era un chaval encantador y, con razón, una leyenda del Arsenal, aunque de pequeño fuera aficionado del Crystal Palace. Era un jugador con talento, fuerte en la entrada, un gran mediocampista hacia arriba y hacia abajo. De hecho, fue probablemente el mejor jugador de la temporada el año que ganamos la liga en Liverpool, en 1989. Era aún más notable, si se tiene en cuenta que era ciego como un murciélago y necesitaba lentes de contacto para jugar".

Aunque la verdadera gloria y la mejor versión futbolística de Tony Adams llegaron cuando pudo superar sus problemas con el alcohol, algo que fue posible porque la directiva del Arsenal F.C. le demostró que debía quedarse, pese a recibir ofertas de *sir* Alex Ferguson para unirse al Manchester United, y porque la llegada de Arsène Wenger le permitió conocer los beneficios del entrenamiento invisible. "Tras un segundo acercamiento a Old Trafford, me reuní con el siempre digno Ken Friar, secretario del club, y con Danny Fiszman, uno de los directivos del club de la vieja escuela. [...] Me ofrecieron un contrato que triplicaba con creces mi salario, de 300 000 libras al año a un millón de libras, y me convencieron de que el Arsenal iba a ser ambicioso y competitivo. Su afirmación de que el club iba a invertir en jugadores de alta calidad para apoyar y combinar con Dennis Bergkamp fue igualmente importante para evitar que me fuera al United y, además, en ese momento necesitaba cierta estabilidad en mi carrera profesional, con muchos cambios en mi vida personal. Naturalmente, la atracción del Arsenal también fue siempre abrumadora", explica en su obra *Sober: Football. My Story. My Life*, donde también detalla que Wenger trajo a un osteópata llamado Philippe Boixel, que lo ayudó a sobrellevar lesiones, y también al nutricionista Dr. Yann Rougier, que le suministraba suplementos vitamínicos durante la semana y estímulos energéticos de azúcar o café en el entretiempo de los partidos. También viajaba con frecuencia al sur de Francia a ver a

un profesional llamado Tiburce Darou, que curaba sus lesiones con sesiones de preparación física.

La temporada 1997/98 fue la primera campaña completa de Tony Adams absolutamente sobrio y también el primer curso completo de Arsène Wenger como mánager del club. Esa combinación dio impulso al Arsenal F.C. para ganar el doblete de Liga y Copa con una mezcla especial de jugadores, ya que a la solidez del *Back Four* se le sumaron los primeros franceses (Emmanuel Petit, Patrick Vieira, Rémi Garde y Nicolas Anelka) y empezó a florecer el talento de Dennis Bergkamp. Adams logró superar una lesión de tobillo y estuvo presente en el último partido de liga en Highbury, una victoria por 4-0 ante el Everton, donde marcó un gol de media volea, tras un pase mágico de Steve Bould por arriba de la defensa. Años más tarde, en la temporada 2001/02, Tony Adams volvió a ganar otro doblete como capitán del Arsenal F.C., pero su celebración con los brazos extendidos de la primera vez, en la última función en casa fue tan especial que el club utilizó la imagen para hacerle una estatua fuera del Emirates Stadium, casi 14 años después. Esa escultura, ubicada fuera de la tribuna *North Bank*, inmortaliza la figura de Mr. Arsenal, apodo que se ganó por jugar para los *Gunners* los 669 partidos que tuvo su carrera profesional a nivel de clubes. Cada vez que saltó a la cancha, excepto las ocasiones en las que defendió a su país, su camiseta tuvo un cañón en el pecho. Tras su retiro, el brazalete pasó a ser de Patrick Vieira, uno de los máximos exponentes de un grupo de jugadores que iba camino a hacer historia en el fútbol inglés.

UN EQUIPO SIN FRONTERAS

Una vez instalado en el Norte de Londres, Arsène Wenger notó que el vestuario del Arsenal F.C. tenía fuertemente arraigada la cultura de alcoholismo que reinaba en el fútbol inglés y sus revolucionarios métodos de entrenamiento derivaron en una limpieza natural de la plantilla. Tony Adams, que hasta octubre de 1996 ya llevaba ocho campañas como capitán y había ejercido de líder para la obtención de grandes éxitos nacionales e internacionales, comprendió que tenía que curarse de su adicción y llevar una vida más saludable para estirar su carrera. “Gradualmente, fui desordenando mi vida, deshaciéndome de un piso de Hampstead y vendiendo la vieja casa de Essex, junto con el barco y un segundo coche. Y a medida que mi vida se simplificaba, el fútbol se hacía más fácil. La sobriedad también me devolvió rápidamente la ventaja competiti-

va que corría el riesgo de disiparse con la bebida. Estaba muy contento y agradecido. Quería desesperadamente recuperar el tiempo perdido y ganar cosas. Y lo hice. Me ayudó el hecho de que Arsène estaba creando un nuevo enfoque en el club que era adecuado para un nuevo yo. Su consigna era: 'Ve y juega'. Tuvo la suerte de heredar los cuatro defensas de George Graham —Lee Dixon, yo, Steve Bould (con Martin Keown como apoyo en el centro de la defensa) y Nigel Winterburn—, al igual que George Graham había tenido la suerte de heredar un grupo de jugadores de la cantera, como yo, Paul Merson y David Rocastle. Mientras tanto, tuvimos la suerte de que Arsène nos ayudara a prolongar nuestras carreras. Fue un buen trato en general, con el Arsenal como ganador. Hay que reconocer que al principio éramos escépticos con esta figura profesoral a la que apodamos Windows por las gafas que llevaba, pero pronto nos convencimos de sus métodos, entonces innovadores, al reconocer que podían prolongar nuestros días de juego", reconoce Adams en su obra.

Él no fue el único que se adaptó al nuevo régimen que impuso el estratega francés, que venía de su paso por Japón y cuyos procedimientos despertaron mucho escepticismo entre los integrantes del primer equipo. Hubo algunos otros futbolistas que lograron surfear las ideas *wengeristas* y tener participaciones importantes, en un elenco que iniciaba una lenta transición hacia Los Invencibles. Además de Tony Adams, algunos de esos jugadores experimentados, reclutados en gran medida por George Graham, mostraron la inteligencia y el compromiso necesario —aunque no siempre respetaban las reglas del entrenamiento invisible— para ganarse la confianza de Wenger y transmitían los valores del club a los extranjeros que empezaban a poblar el vestuario. Esos jugadores experimentados y comprometidos fueronDavid Seaman, Martin Keown, Lee Dixon, David Platt y principalmente el goleador Ian Wright, autor de dos goles en aquel partido del 12 de octubre de 1996 contra el Blackburn, que decretó el inicio de la nueva era. Wright, quien tenía casi 33 años cuando Wenger tomó el mando, era un ídolo del club. Su exquisito repertorio de goles había enamorado al público y su personalidad extrovertida, que podía verse en las celebraciones coreografiadas, le dio un lugar especial en la plantilla. Llegó a Highbury en septiembre de 1991 desde Crystal Palace, donde no había debutado profesionalmente hasta los 22 años, a cambio de una cifra récord para el club de £ 2,5 millones. Se convirtió en el máximo goleador del equipo durante seis temporadas seguidas y, ya bajo las órdenes de Wenger, entró en la historia grande de la institución: el 13 de septiembre de 1997 rompió el récord de máximo anotador de Cliff Bastin (178 goles) al anotar un *hat-trick* ante el Bolton Wanderers. Su registro se detuvo en 185 goles en

288 partidos con el Arsenal F.C. y estuvo en lo más alto de la tabla histórica hasta que fue destronado por Thierry Henry en 2005. Cuando a mediados de 1998 se marchó al West Ham a cambio de £ 500 000, ya no contaba con demasiado rodaje. Su lugar en ese equipo que ganó la Premier League y la FA Cup era ocupado por un joven que Arsène Wenger había traído desde Francia, un diamante en bruto que no estaba conforme con su situación en su club y buscaba otro desafío: Nicolas Anelka. "Cuando lo conocí, jugaba en la cantera del PSG. Yo estaba en Francia para fichar a un joven futbolista del Auxerre. Mis agentes en Francia me hablaron de un joven prometedor, pero que no estaba contento en París y que jugaba poco. Lo conocí. Tenía entre 17 y 18 años, era tímido y me pareció decidido a irse. Me dijo que quería venir al Arsenal. Yo volví a Londres y esperé: tenía la sensación de que quizá cambiaría de idea y decidiría quedarse en el PSG. Sin embargo, dos meses más tarde, su determinación seguía intacta. Me puse de acuerdo con el PSG y lo compramos", rememora el propio Wenger en su autobiografía titulada *Arsène Wenger, My Life and Lessons in Red and White.* Era muy talentoso y atlético, y mostró algunos destellos de brillantez desde sus primeros meses. Una vez que alcanzó la madurez necesaria, le quitó el puesto a un emblema como Wright. Cumplió un papel muy destacado durante su corta etapa en Highbury, su ritmo electrizante y su progresión despertaron el interés de los grandes clubes de Europa. Después de ganar el doblete en la temporada 1997/98 y ser nombrado Jugador Joven del Año de la PFA al curso siguiente, fue vendido al Real Madrid por £ 22 millones.

Anelka no fue el único futbolista extranjero que Wenger había contratado para reciclar el plantel, instalar el multiculturalismo en su vestuario y allanar el terreno de cara a la construcción del equipo conocido como Los Invencibles. Hubo otros jugadores destacados como Marc Overmars, quien había estado inactivo por ocho meses, tras sufrir una grave lesión de rodilla, pero en el norte de Londres mostró su mejor versión y se marchó al FC Barcelona, tras jugar más de 100 partidos en el club. El Barça también se llevó en esa operación a Emmanuel Petit, quien había debutado como profesional con Wenger en el AS Mónaco y desembarcó en Highbury para convertirse en el motor del mediocampo, junto a Patrick Vieira. Como jugador del Arsenal F.C., Petit se consagró campeón del mundo con la selección francesa y puso rumbo a Cataluña con Overmars en el mismo mercado en el que la postura cosmopolita y el ingenio de Wenger para el reclutamiento quedaron más expuestos que nunca. Ya había traído a dos jugadores africanos, el liberiano Christopher Wreh y al nigeriano Nwankwo Kanu, pero experimentó con sus primeros fichajes desde Latinoamérica; ambos nacidos en la Argentina, aunque uno con un perfil mucho más alto que el otro. El más reconocido fue Nelson David Vivas, un defensor versátil que, después de jugar la Copa Mundial de la FIFA 1998 con su país, viajó a Londres para firmar su contrato y convertirse en el primer futbolista latino en jugar para el Arsenal F.C. en toda su historia. No logró ganarse un lugar en el once inicial —40 de sus 69 partidos en el equipo fueron desde el banco—,pero sirvió para recambio en ambos laterales, en el mediocampo e incluso en la zaga central. Cumplió su contrato de tres años, con una cesión al Celta de Vigo en el medio, antes de marcharse al Inter de Italia y dejar libre el dorsal 7 que había quedado en sus manos por el retiro de David Platt. Marcó su único gol contra el Derby County en un partido de Copa de la Liga, aunque los hinchas también lo recuerdan por un duelo liguero contra el Leeds United, donde supuestamente dejó libre a Jimmy Floyd Hasselbaink en el segundo palo, para que anotara el gol que dilapidó la ilusión de pelear por el título de la Premier League 1998/99. En ese encuentro, Vivas ingresó como suplente en el minuto 81 para reemplazar a Nigel Winterburn, quien había recibido de Alfie Haaland un rodillazo en la cara y terminó con la nariz rota. Lo cierto es que, en la famosa jugada, Harry Kewell tiró un centro con comodidad, por un resbalón de Lee Dixon, y Vivas estaba cubriendo a Hasselbaink y a Alan Smith al mismo tiempo. Además, el elenco dirigido por Wenger vio interrumpida una racha invicta de 19 partidos en los que acumuló 52 puntos, pero al principio de la temporada solamente había logrado seis victorias en 17 partidos. Estaban en el séptimo lugar y terminaron un punto detrás del Manchester United, pero quizá, con un mejor inicio de torneo, las cosas hubieran sido diferentes.

El otro jugador de origen argentino que llegó unos meses después de Nelson Vivas, pero tuvo un paso con muchas menos luces, fue Fabián Caballero. Su contratación fue probablemente la más surrealista de todas entre los embajadores latinoamericanos que tuvo el Arsenal F.C. a lo largo de su historia. Caballero comenzó a destacar en Guaraní Antonio Franco de Misiones, su provincia natal, ubicada al norte de la Argentina, en la frontera con Paraguay y con Brasil. En ese club debutó con solo 16 años y, tras una prueba frustrada en Estudiantes de La Plata, cruzó hacia territorio guaraní para hacer pruebas en el Atlético Tembetary, un club de la primera división paraguaya. Su ficha fue comprada por un antiguo zar del fútbol paraguayo, un agente de jugadores llamado Epifanio Rojas, el mismo que llevó a Nelson Haedo Valdez al Werder Bremen de Alemania. Rojas era el presidente de Atlético Tembetary y usaba el club para dar rodaje a jóvenes talentos e intentar concretar traspasos millonarios al fútbol europeo. En el caso de Fabián Caballero, su viaje a Inglaterra tuvo una escala previa: en agosto de 1997 fue transferido a Cerro Porteño de Paraguay, donde sumó actuaciones

en la Copa Libertadores y se preparó para emigrar a Europa. "Viajé con Epifanio Rojas y Francisco Ocampo, dueños de mi ficha. Ellos consiguieron una oportunidad en Inglaterra. Era para jugar en el Crystal Palace; en esa época ahí jugaba el argentino Walter José del Río. Entrené con el primer equipo una semana, pero no se dio esa oportunidad. Nos quedamos viendo qué posibilidad teníamos. Estuve una semana esperando a ver qué pasaba, mientras tanto entrenaba un poco en una plaza cerca de mi hotel. Luego de unos días, Epifanio logró contactarse con un amigo suyo, un agente de futbolistas italiano que estaba en Londres. Él conseguía pruebas en el Coventry City y en el Arsenal. Llegamos a tener una charla con dirigentes del Coventry, pero al aparecer la posibilidad de probar en el Arsenal nos inclinamos por esa opción. Yo sabía qué clase de club era el Arsenal, era uno de los más grandes de Inglaterra. Sabía que era una oportunidad muy importante. Era un equipo que tenía jugadores campeones del mundo. Fue una motivación muy grande para mí, para hacerlo mejor", detalló en un diálogo telefónico el propio Tyson Caballero, que todavía no había cumplido 20 años y convenció a Wenger de que, si lo fichaba a préstamo, quizá podía ser una buena apuesta a futuro. Jugó varios partidos en el equipo reserva e hizo su única presentación en la liga inglesa el 29 noviembre de 1998 ante Middlesbrough. También tuvo minutos en una derrota por 5-0 ante el Chelsea, en la cuarta ronda de la Copa de la Liga, y en una victoria por 4-2 en la tercera ronda de la FA Cup de aquel curso. Su aventura acabó al cierre de esa campaña y regresó a Paraguay, aunque después también tuvo un paso por el fútbol de Escocia.

Esa apuesta de Arsène Wenger, como algunas otras de esos años —el alemán Alberto Méndez, el francés Kaba Diawara o el inglés Francis Jeffers, por ejemplo—, de pura creatividad en el mercado de transferencias, quedaron eclipsadas con los grandes aciertos. El estratega francés se hizo fama de descubridor de talentos al adquirir varios futbolistas a bajo costo y potenciarlos al máximo. Wenger tenía el olfato y los recursos necesarios para detectar jugadores que prácticamente nadie tenía en su radar y convertirlos en figuras de clase mundial. Esa habilidad lo llevó a construir pieza por pieza a uno de los mejores equipos en la historia del fútbol.

ETERNAMENTE INVENCIBLES

Durante las seis campañas previas a esa inolvidable temporada 2003/04, que incluyeron dos dobletes de Liga y Copa, la plantilla del primer equipo del Arsenal F.C. fue transformándose a gusto y placer de un Arsène Wenger que eligió perfiles específicos para llevar a cabo su filosofía. Solamente tres futbolistas, que ya estaban en Highbury cuando el estratega francés tomó el cargo, conservaron su lugar en un vestuario que había visto salir a la gran mayoría de sus referentes, pero se había plagado de talento. Además de Martin Keown, que solamente jugó 10 partidos en este maravilloso curso, otro de los históricos que disfrutó ser parte de la gloria fue Ray Parlour, quien jugaba en el club desde que era un niño de 14 años. Romford Pelé, como lo apodó Overmars por ser el mejor jugador surgido en ese barrio londinense, pasó de ser una pieza fiable para Graham y compañero de juerga de Tony Adams, a una opción interesante para el mediocampo de Wenger. Jugó un total de 466 partidos con el club (con un récord de 333 presentaciones en la Premier League) y se marchó al Middlesbrough, en el verano de 2004, sin ser una superestrella, pero como el mote de Invencible y siendo uno de los jugadores más subestimados y, a la vez, más ganadores en la historia moderna de la entidad. El tercer sobreviviente fue justamente el que más protagonismo tuvo, uno de los mejores futbolistas que ha pasado por las filas del Arsenal F.C. en toda su historia, quien llegó desde el Inter de Milán durante el interinato de Bruce Rioch, por un precio récord de £ 7,5 millones: Dennis Bergkamp.

Un Arsenal F.C. que había quedado fuera de competiciones europeas tuvo que salir al mercado a buscar un golpe de efecto y rompió el récord británico de transferencias al fichar a Bergkamp, un talentoso atacante holandés surgido del Ajax, que había elegido jugar en Italia, porque era la liga más fuerte en aquellos años. Su llegada a Londres con 26 años de edad significó un osado cambio de perspectiva, porque hasta ese momento el club no había realizado contrataciones tan costosas y menos por estrellas extranjeras de alto perfil; pero una vez que Rioch cedió el mando a Arsène Wenger todo cobró mucho sentido. "Su primera temporada fue difícil, pero yo sabía que era un jugador excepcional, que había que nutrirlo de balones para que pudiera mostrar todo su talento. Dennis era un futbolista excelente: veía la jugada antes que los demás, decidía rápido y ejecutaba con perfección y elegancia", cuenta Wenger en su libro. Bajo su tutela, Bergkamp sacó a relucir su talento y puso técnica y destreza física al servicio de un equipo que brillaba

en ofensiva por su fútbol de fantasía. El número 10 de los *Gunners* se transformó en la máxima estrella de la Premier League durante el primer doblete (1997/98), pese a que había nombres de la talla de Eric Cantona o David Ginola. Sus aportes dentro del césped, en los años siguientes, se convirtieron en la máxima expresión de ese estilo de juego con clase al que se apuntó en el norte de Londres, desde el desembarco del estratega francés. Y Bergkamp, que anotó 120 goles en 423 partidos a lo largo de 11 temporadas repletas de trofeos, era como el vino: mejoraba con el paso del tiempo. Al iniciar la temporada de Los Invencibles, acababa de cumplir 34 años, pero su vigencia era innegable. Nunca jugó menos de 30 partidos en una misma campaña (38,5 partidos promedio por temporada) y su promedio anotador fue de 10,9 goles por curso. Se colocó también en el podio de los máximos asistidores de la Premier League, con 94 pases de gol, por detrás de Ryan Giggs (162) y Frank Lampard (101), quienes jugaron al menos 250 partidos más.

Sin dudas, Dennis Bergkamp hizo mejor a cualquier futbolista que estuviera a su lado, detectaba los espacios libres en el carril central y desde ahí movía los hilos del equipo. A sus costados tenía a dos mediocampistas con alma de volantes ofensivos y de buen olfato goleador, como Fredrik Ljungberg y Robert Pirès. Las bandas eran solamente un punto de partida para estos dos jugadores de una calidad técnica muy superior al promedio. Ljungberg llamó la atención de Wenger en un partido con la selección de Suecia contra Inglaterra, en la etapa de clasificación para la Eurocopa 2000, y firmó con el Arsenal F.C. en 1998, tras concretarse el traspaso por £ 3 millones desde el Halmstads BK de su tierra natal. Su debut en Highbury no podría haber sido mejor: sustituyó a Anelka con poco más de 10 minutos por delante, en un partido ante el Manchester United, y firmó el 3-0 con una delicada definición por encima de Peter Schmeichel. *'Freddy, Freddy'* corearon en las tribunas después de su gol, lo que dio inicio a un romance entre el nuevo jugador sueco de 21 años y la hinchada. Unas lesiones abdominales y de tobillo boicotearon su rendimiento en las primeras campañas, incluso se perdió la final de la Copa UEFA 2000 ante Galatasaray por dolencias, pero su talento salió a la luz en cuanto pudo mantenerse sano. La potencia y sincronización con la que irrumpía en el área rival desde atrás, con el número 8 en su espalda, fueron un sello distintivo del equipo durante casi una década. Algunos de sus 72 goles en 327 partidos son muy recordados, como el que convirtió ante Chelsea en la final de la FA Cup 2001/02, o los dos que hizo frente a la Juventus en la Champions League de ese curso, con el pelo teñido de color morado. Alcanzó su pico máximo de rendimiento en esa campaña que culminó con el segundo doblete del ciclo de Wenger y fue parte de Los Invencibles, pero luego las lesiones volvieron a golpearlo —jugó la final de la Champions League 2005/06 ante el FC Barcelona con un tobillo muy desgastado— y en julio de 2007 se marchó al West Ham con seis trofeos en su palmarés. Tras jugar en Estados Unidos, Japón e India, entre otros países, se retiró del fútbol. Pero regresó al club como embajador en 2013 y, dos años más tarde, empezó a trabajar como entrenador en la Academia. Tuvo una experiencia como ayudante de campo en la Bundesliga y volvió a Londres para convertirse en el DT del equipo reserva en junio de 2018. Un año más tarde, se convirtió en el asistente de Unai Emery y pasó a ser su interino, cuando fue despedido en noviembre de 2019. En esa época de transición en el primer equipo, Ljungberg dirigió seis partidos y generó un impacto muy positivo en jóvenes como Ainsley Maitland-Niles, Reiss Nelson, Bukayo Saka, Joe Willock y Emile Smith-Rowe. Finalmente, después de integrar el equipo de trabajo de Mikel Arteta durante unos meses, decidió dar otro paso al costado para buscar nuevos desafíos. Su compromiso con la entidad ha sido realmente valorable y es difícil no pensar cuánto más importante hubiera sido su aporte sin tantas lesiones. Lo mismo ocurre con Robert Pirès, quien llegó a Highbury como reemplazo de Overmars a mediados del 2000, tras un pago de £ 6 millones al Olympique de Marsella, en el mismo mercado en que también se pagó la tarifa récord de £ 13 millones al Bordeaux por Sylvain Wiltord, un delantero que no llegó a ser leyenda, pero aportó un gol del título en Old Trafford y ayudó para la rotación en ofensiva durante esta etapa dorada. Pirès tuvo que adaptarse al ritmo de juego y a las exigencias físicas de la Premier League para prosperar, pero cuando logró entrar en sintonía con el fútbol inglés, demostró que era capaz de mezclar la garra y el talento en partes iguales. Se adueñó del dorsal 7 que había pertenecido a Rocastle y lo llevó con elegancia e instinto asesino. No obstante, esa exigencia le provocó una lesión del ligamento cruzado de la rodilla, en un partido de FA Cup 2001/02 ante Newcastle, que lo dejó fuera de la Copa Mundial de la FIFA de Corea-Japón 2002. Logró reponerse a tiempo para ser una pieza importante en Los Invencibles y seguir anotando con el Arsenal F.C. (hizo 85 goles en 284 presentaciones), pero tampoco llegó a tope físicamente al partido con el Barça en París y fue reemplazado rápidamente. "Era la final de la Champions League y nada más empezar ya éramos 10 contra 11. Había que tomar decisiones difíciles y rápidas. Sustituí a Robert Pirès en el minuto 20 por el portero Manuel Almunia. Sé que aquello provocó la incomprensión y la rabia de Robert, pero la situación lo exigía. Había que defender y contraatacar. Tenía 32 años, acababa de salir de una operación complicada y, por mucho que fuera un jugador excepcional, no era el Pirès de 2002. Fue cruel, pero no me quedaba otro remedio. Y tuve que tomar la decisión de inmediato, porque en nuestro oficio

hay que reaccionar deprisa. A pesar de nuestra inferioridad numérica, gracias a un centro de Thierry Henry, Sol Campbell nos adelantó en el marcador. Pero en el segundo tiempo, Samuel Eto'o y después Juliano Belletti le dieron la vuelta al partido, y perdimos. Es un recuerdo horrible y todavía hoy genera una gran frustración", cuenta Arsène Wenger en su autobiografía. Al final de esa temporada 2005/03, Pirès dejó el norte de Londres y se mudó al Villarreal de España. Ser reemplazado a los 12 minutos de su último partido en el club no es quizás el cierre ideal para su fantástico ciclo, pero la tarjeta roja a Jens Lehmann cambió los planes.

Lehmann fue un sucesor maravilloso para un jugador idolatrado como David Seaman y esa expulsión en el Stade de France no ha empañado en absoluto su paso por el norte de Londres. Tenía 33 años cuando llegó procedente del Borussia Dortmund, en julio de 2003, y jugó 200 partidos con el club antes de ser vendido al VfB Stuttgart, incluidos todos los compromisos ligueros de aquella campaña invicta en la Premier League 2003/04. Fue galardonado con el Guante de Oro por sus 21 vallas invictas en las 38 fechas del torneo, un premio que también demuestra el gran trabajo defensivo que hizo el equipo de Wenger, que había construido su propia defensa, tras lograr sus primeros éxitos con el *Back Four* que heredó de Graham. El lateral derecho lo ocupaba el camerunés Lauren, quien llegó a Highbury desde Mallorca a mediados del 2000 y se adueñó de la posición con el retiro de Lee Dixon. La zaga central era liderada por Sol Campbell, un futbolista surgido en White Hart Lane que se cruzó de vereda sin costo alguno en el 2001. "Era la pieza clave de uno de nuestros rivales, el Tottenham, y su contrato con ellos había acabado. Nadie se hubiera imaginado ni por un segundo que pudiera fichar por nosotros. Para preparar su llegada y discutir las condiciones, nos reunimos en casa de David Dein a las once de la noche y estuvimos paseando y conversando desde medianoche hasta la una de la madrugada. Solo estábamos al corriente David, Sol, su agente Sky Andrew, y yo. Evaluábamos el impacto que tendría todo aquello. La noticia del fichaje de Sol Campbell por el Arsenal cayó como una bomba. Jugar con nosotros después de pasar tantos años en el Tottenham no era fácil, hacía falta valentía. Y lo que temíamos, conociendo a los hinchas, su pasión y su furor, ocurrió: su vida en Londres se complicó; tuvo que aguantar carteles que lo tachaban de traidor, de Judas. Sol era muy bueno, un defensa fuera de serie con una calidad excepcional. Su impacto en el equipo fue enorme y nuestras temporadas no habrían sido iguales sin él, pero, como contrapartida, tuvo que soportar un alud incesante de ataques", recuerda Wenger en su libro *My Life and Lessons in Red and White.* Su pareja era un joven llamado Kolo Touré, que llegó un año después que él. Se había formado en la academia

de fútbol que Jean-Marc Guillou, amigo de Wenger de su época en Francia, tenía en Costa de Marfil. De hecho, de allí también surgió su compatriota Emmanuel Éboué, quien se transformó en el sucesor de Lauren en el lateral derecho. Kolo Touré había realizado pruebas en clubes suizos y franceses, pero no tuvo éxito y, antes de que regresara a su país, Arsène quiso verlo en Londres. Quedó deslumbrado por su hambre y destreza física, por lo que lo transformó en uno de los fichajes más baratos de la historia del fútbol inglés: el Arsenal F.C. le pagó £ 150 000 al ASEC Mimosas de Costa de Marfil, para contratarlo en febrero de 2002. Armar aquella línea defensiva resultó realmente una ganga, porque el lateral izquierdo era Ashley Cole, a quien Wenger promovió desde la Academia (estaba allí desde los 11 años) y lo hizo debutar con 18 años en noviembre de 1999. Tuvo un exitoso período de préstamo en Crystal Palace y regresó listo para adueñarse del puesto que Nigel Winterburn había dejado vacante y era pretendido por Sylvinho, quien había llegado unos mercados antes que otras brasileños que dejaron su huella en Los Invencibles: Edu Gaspar y Gilberto Silva.

Edu fue un talentoso mediocampista que estuvo cinco temporadas en Highbury, desde que llegó proveniente del Corinthians en 2001, y jugó 30 partidos (mayormente como suplente) en la Premier League 2003/04, regresando al club muchos años más tarde para ocupar un cargo en el área deportiva. Por su parte, Gilberto tuvo un rol mucho más destacado en el equipo que salió campeón invicto, porque era la pareja de Patrick Vieira en la zona medular. Vieira fue una de las primeras contrataciones de Arsène Wenger, incluso llegó a Highbury antes del desembarco del estratega francés, quien empezó a allanar el terreno desde Japón. Su imponente físico le facilitó la tarea de adaptarse a las exigencias del fútbol inglés y se transformó en el motor de Los Invencibles desde su papel de *box-to-box*, además de heredar la capitanía, tras el adiós de Tony Adams. Su tándem con Emmanuel Petit fue muy efectivo, pero con Gilberto a su lado alcanzó un nivel superlativo, mostrando toda su calidad para distribuir el balón y su potencia para estar en cada rincón del campo de juego. No anotaba goles con frecuencia, pero hizo algunos muy importantes, como uno de los tantos en el 3-3 que aseguró el título en White Hart Lane y el gol decisivo para vencer al Leicester City en Highbury, en el último partido de esa impoluta campaña doméstica que culminó con 26 victorias, 12 empates y ninguna derrota. Y su último toque de balón con la camiseta del Arsenal F.C. fue el remate del penal ante el Manchester United, que sirvió para ser campeón de la FA Cup 2004/05, tras un empate 0-0 en Wembley. Gilberto Silva, en cambio, llegó al norte de Londres después de ganar el Mundial 2002 con la selección brasileña, tras abonar £ 4,5 millones por su fichaje al Atlético Mineiro

y se ganó el apodo de Invincible Wall (el Muro de Los Invencibles), por su invaluable aporte para sostener la estructura defensiva por delante de la primera línea. Hizo algunos goles memorables, como cuando le anotó al PSV Eindhoven en Champions League, después de 20,07 segundos, o el primer gol oficial en el Emirates Stadium en un empate 1-1 con el Aston Villa, en agosto de 2006. En esa campaña ya era el segundo capitán del equipo, pero vistió el brazalete y se hizo cargo de ejecutar los penales a favor cada vez que no estaba presente el jugador más emblemático que tuvo esa etapa dorada de Los Invencibles, probablemente el mejor fichaje de todos los que ha realizado Arsène Wenger en sus 22 años como mánager de la institución y uno de los jugadores más importantes de la historia del club: Thierry Henry.

Se conocieron en el Principado de Mónaco. Wenger había seguido la evolución de un Henry que desde joven mostraba mucho potencial. Era rápido, potente, tenía la capacidad de llevar la pelota imantada a sus pies, pese a conducirla a toda velocidad. Tenía inteligencia para jugar y era un atacante incansable. Aunque cuando hizo su debut profesional, el de 31 agosto de 1994 en una derrota 2-0 ante OGC Nice en la Ligue 1, apareció como extremo izquierdo. Después de compartir muchas sesiones de entrenamiento, pero solamente dos partidos oficiales en el primer equipo del AS Mónaco, sus caminos se separaron. Mientras que Wenger emigró a Japón y luego desembarcó en Londres, Thierry Henry se consolidó como una joven estrella en Francia y, meses después de ser campeón del mundo con su país, fue traspasado a la Juventus. Llegó a un equipo irregular y vio irse a Marcello Lippi para ser reemplazado por Carlo Ancelotti. Y como no estaba cómodo en Italia, Arsène Wenger pensó en él como el reemplazante ideal para un Nicolas Anelka que había seducido al Real Madrid y terminó cerrando el traspaso por £ 11 millones. "Conseguimos fichar a Henry, que llegó al club en 1999. Enseguida vimos que tenía algo especial. Le hice jugar poco a poco como eje ofensivo. Sabía exactamente cuándo pedir el balón. Al principio, era un poco patoso y dudaba de sí mismo. Pensaba que no podía marcar. Con la perspectiva del tiempo, a sabiendas de que es el goleador incuestionable del Arsenal, el mejor artillero del club, sus inseguridades pueden hacernos sonreír, pero había que aprender a creer en él, debíamos sortear su timidez, su nerviosismo y sus miedos, para que pudiera progresar y ser cada vez más fuerte. La inteligencia, la capacidad de análisis y de comprenderse a sí mismo, de cuestionarse, son rasgos propios de los grandes jugadores. Y él los tenía. Se integró en el equipo rápidamente. Sus compañeros lo acogieron y lo apreciaron por todo lo que aportaba al juego. Para todos, los aficionados y para nosotros mismos, simboliza el período dorado del Arsenal", reflexiona el estratega francés en su autobiografía.

Una vez que Thierry Henry se convenció de que podía ser ese delantero integral, cuando dejó de frustrarse por sus tiros desviados y chances desperdiciadas, su calidad técnica floreció y se convirtió en la carta ganadora. Hizo de Highbury un campo de fútbol de su barrio y se transformó en ese niño de la escuela imparable en el patio de recreo. Ese que exponía su jerarquía con goce y elegancia, sabiéndose superior que todos a su alrededor. Jugaba mejor que cualquiera que estuviera en su camino. Y cada vez asumió más responsabilidades: con el tiempo se hizo figura, capitán, ejecutor de tiros libres, lanzador de penales, goleador y asistidor; todo al mismo tiempo. Su fútbol era una amalgama perfecta entre letalidad y genialidad; no había jugador más determinante que él en la Premier League.

Tardó nueve partidos en marcar su primer gol con la camiseta del Arsenal F.C., pero esa misma temporada de estreno en Inglaterra finalizó como el máximo anotador del equipo con 26 goles en 47 partidos. Luego lo fue cada uno de sus ocho años en el club, excepto el último, cuando Robin van Persie tuvo más rodaje que él, porque tuvo lesiones leves de todo tipo. "Pero, por muy grande que fuera Henry, incluso él mismo admitió que le costó adaptarse en el Arsenal. Wenger lo convirtió de extremo a delantero centro y su capacidad de disparo se hizo cada vez más precisa. Recuerdo que cubrí la victoria del Arsenal en el campo del Southampton, cuando Henry rompió su racha a mediados de septiembre de 1999, en su noveno partido. Fue un gol espectacular, típico de la evolución de su carrera, en el que Henry se internó por la banda y lanzó un tiro fulminante al ángulo para asegurar el 1-0. Bajé al túnel de vestuarios para hablar con Henry, que estaba menos seguro de su inglés que ahora y, a pesar de ser un campeón del mundo, tenía los pies en la tierra y era humilde. Cuando los goles fluyeron (acabó marcando 26 esa temporada), la confianza le siguió y se convirtió en una superestrella mundial", apunta John Cross en su libro *Arsène Wenger: The Inside Story of Arsenal Under Wenger*. Ese fue el puntapié inicial de su trayectoria. Su instinto asesino de cara a la portería siguió desarrollándose, al punto que no solamente encabezó la lista de artilleros de los *Gunners* en prácticamente todas las campañas, sino que también ganó la Bota de Oro de la Premier League en cuatro temporadas distintas (2001/02, 2003/04, 2004/05 y 2005/06). De hecho, tuvo en su poder durante varios años el récord de extranjero con más goles en la élite del fútbol inglés, con 175 dianas, pero fue superado por el argentino Sergio Agüero, en enero de 2020.

Su aporte en la temporada de Los Invencibles fue descomunal y no solo como *killer* (marcó 39 goles en todas las competiciones), sino también como el jugador que más minutos jugó (4312) y el mayor asistidor (19), durante esa racha total de 49 encuentros sin derrotas que consiguió el equipo de Arsène Wenger, entre mayo de 2003 hasta octubre de 2004, rompiendo el récord que tenía el Nottingham Forest de 42 presentaciones sin caídas, entre noviembre de 1977 y noviembre de 1978. Henry fue indispensable para lograr ese hito y eso lo llevó a posicionarse entre los futbolistas más destacados del planeta, incluso quedó al borde de ganar el Balón de Oro que fue otorgado a Pavel Nedved (2003) y el Premio a Jugador Mundial del Año de la FIFA, que ganaron Zinedine Zidane (2003) y Ronaldinho (2004). Ocupar ese sitio en un fútbol que ya transitaba su explosión industrial hizo que Henry se convirtiera en el sello distintivo del Arsenal de Wenger; era la personificación de un estilo que encandilaba a todo el planeta. Su carisma dentro y fuera del campo de juego provocaron una admiración unánime, incluso llegó a ser aplaudido por el Santiago Bernabéu, al anotar ese gol tras recibir el balón en el círculo central y eludir a cuatro jugadores del Real Madrid, para vencer a Iker Casillas y firmar el 1-0 en el partido de vuelta de los octavos de final de la UEFA Champions League 2005/06. Esa magnífica actuación de Thierry Henry le permitió al Arsenal F.C. ser el primer club inglés en ganar en el Bernabéu, pese a que enfrente había un equipo galáctico que tenía a Roberto Carlos, Beckham, Zidane, Robinho y Ronaldo, entre otros. Fue el primer paso hacia la final frente al FC Barcelona en París, que acabó transformándose en una derrota trascendental en el ciclo de Arsène Wenger. Pese a esa caída, aquella Champions League y esa temporada fueron inolvidables para Thierry Henry. Fue la primera campaña en la que portó el brazalete de capitán, heredado tras la marcha de Patrick Vieira a la Juventus. Y fue el curso en que se convirtió en el máximo goleador de la historia del Arsenal F.C., por encima de Ian Wright: el 18 octubre de 2005 hizo dos goles ante el Sparta de Praga en República Checa y llegó a las 186 anotaciones en el club. Wenger había sugerido en la previa que le iba a dar minutos, al final del partido, a un Henry que había estado de baja por seis semanas por una lesión en la ingle, pero la baja repentina de José Antonio Reyes obligó a hacer el cambio en el minuto 15. Seis minutos y cuatro toques de balón más tarde, Thierry Henry igualó el récord de Wright con un remate lejano con el revés del pie que le dio a la pelota un efecto surrealista. Luego, a 16 minutos del pitazo final, anotó ese gol que lo puso en el trono.

En 2007, tras algunas temporadas sin grandes éxitos y con la herida de aquella derrota en la final de la Champions League todavía latente, Thierry Henry decidió buscar un nuevo desafío para su carrera y fue vendido al FC Barcelona en € 24 millones. Allí, finalmente, pudo sacarse la espina y fue campeón de Europa bajo la conducción de Pep Guardiola. Tras ganar siete títulos en tres temporadas en España, se trasladó a Estados Unidos para vestir la camiseta del New York Red Bulls, el último club de su carrera como futbolista. Aunque su historia de amor con el Arsenal F.C. tuvo un capítulo más. Un día, el Rey hizo su regreso para un último baile.

EL RETORNO DEL REY

Su cabeza estaba completamente calva y su rostro tenía una barba atípica. Lo que conservaba era ese aura especial que lo había acompañado durante los ochos años brillantes que había tenido en su primera etapa en el norte de Londres. Aquel 9 de enero de 2012, el Arsenal F.C. jugaba ante Leeds United en la tercera ronda de la FA Cup —frente a 59 615 espectadores— en el Emirates Stadium. Y allí estaba Thierry Henry otra vez, ahora con 34 años de edad y con una estatua suya afuera del estadio. Su icónica celebración de rodillas ante el Tottenham, en noviembre de 2002, con una postura que mezcla reivindicación y furia contenida, había sido eyectada hacia la eternidad. Unos meses antes, Henry había soltado algunas lágrimas en aquel emotivo acto en el que también se presentaron las esculturas de Herbert Chapman y Tony Adams, con motivo del 125° aniversario de la historia del club. Aunque ahora estaba dentro del campo de juego, dispuesto a ingresar como reemplazo de Marouane Chamakh en el minuto 68, con el 0-0 en el marcador y el portero Andy Lonergan convirtiéndose en figura con cada avance del elenco local.

Habían pasado casi cinco años de su adiós. Si bien en 2009 había declarado públicamente que algún día iba a volver, se lo veía cómodo en el Barça de Guardiola, que había logrado el "sextete" y la marcha a la Major League Soccer (MLS) había reducido esas posibilidades. Pero los rumores de su ansiada vuelta se dispararon a finales de 2011. Henry todavía tenía un año de contrato pendiente con los New York Red Bulls, pero en ese entonces se encontraba inactivo, porque la liga estadounidense se extendía de marzo a noviembre. En diciembre, Arsène Wenger vio la oportunidad de gestionar un préstamo de seis semanas para que una leyenda de su calibre diera un golpe de efecto en un vestuario que estaba en aprietos y había perdido momentáneamente a uno de sus atacantes habituales, cuando Gervinho fue convocado para jugar la Copa

Africana de Naciones (CAN) con la selección de Costa de Marfil. Chamakh también debía unirse a la selección de Marruecos y viajó días después de ese partido ante Leeds, en el que nadie podía quitar la vista del banco de suplentes. Todos esperaban que Thierry Henry tuviera su último baile en el Emirates Stadium y lo hicieron saber con una gran ovación cuando salió a realizar una entrada en calor en el inicio del segundo tiempo. Durante más de una hora, el partido de fútbol fue un espectáculo secundario; su protagonismo solamente se materializó cuando el cartel luminoso marcó la salida del número 29 y el ingreso del dorsal 12. Su camiseta 14, la misma que después usó en Barcelona y Nueva York, la había heredado Theo Walcott cuando él dejó Londres en el 2007. Walcott ingresó al mismo tiempo por Alex Oxlade-Chamberlain, pero probablemente haya sido la sustitución más eclipsada de todos los tiempos.

Cuando Henry puso un pie en el césped, todo el estadio explotó de felicidad. Aunque también estaba la incertidumbre de ver si estaba en condiciones de competir a ese nivel. Llevaba un año y medio en el fútbol de Estados Unidos, que en esa época no tenía tanta competitividad y atraía estrellas al borde del retiro. Había marcado 15 goles y había dado 12 asistencias en sus 25 partidos de esta temporada en la MLS, donde la exigencia lógicamente no era muy alta. Él secó sus lágrimas con su brazo derecho, mientras tomaba su ubicación en el campo de juego. Estaba esperando ese momento hace varias semanas, porque cuando surgió la posibilidad de volver a vestir la camiseta del Arsenal F.C., no lo dudó en absoluto. Se contagió del sentimiento popular, los hinchas realmente querían revivir las épocas doradas y no quiso decepcionarlos. El equipo no había vuelto a alzar un trofeo desde su adiós y había bajado notablemente sus estándares competitivos. Había jugadores jóvenes con talento y un estilo de juego que garantizaban el espectáculo, pero el proyecto *wengerista* atravesaba un período turbulento, por la falta de recursos económicos y el crecimiento meteórico de algunos competidores. Por eso, aquel ingreso de Thierry Henry se sentía como un hermoso *déjà vu* para los aficionados *gunner*s, que esa misma noche vieron a su ídolo darles el triunfo, con un gol en el minuto 78. Alex Song tomó la pelota cerca de la frontal del área e inmediatamente se dibujó un pasillo entre cuatros jugadores rivales. Dudó un segundo antes de soltar la pelota, pero cuando vio a su legendario compañero correr al espacio desde uno de los vértices del área, lanzó un pase tenso y rasante que rompió las líneas defensivas del Leeds. Henry y el balón se encontraron dentro del área y su pie derecho hizo el resto: control orientado y remate con efecto al palo lejano. Ni el mejor guionista hubiera imaginado una definición tan característica suya para un gol, en su reestreno en el club. Lo festejó corriendo cerca de la tribuna con sus brazos abiertos y visiblemente conmocionado, y se fundió en un abrazo con Arsène Wenger al final de su recorrido. Había marcado muchos goles en el Arsenal F.C., pero ninguno sintiéndose como si fuera un hincha que ganó la oportunidad de jugar en el club de sus amores a través de un concurso. Hacía 15 días que había regresado de unas vacaciones en México y su cesión se concretó en un puñado de días. Sin darse cuenta, Henry había agigantado aún más su leyenda.

Ese no fue el único gol que convirtió en las cuatro semanas que duró su segunda etapa. Ingresó con el partido casi terminado en la victoria por 3-2 sobre Aston Villa, en la cuarta ronda de la FA Cup; también jugó el segundo tiempo completo en una dolorosa derrota por 4-0 ante el AC Milán, en los octavos de final de la UEFA Champions League, y disputó un total de 94 minutos en cuatro fechas diferentes en la Premier League. En la última de esas apariciones, que duró 24 minutos ante Sunderland, firmó el triunfo por 2-1 con un gol en el minuto 91, tras un centro de Andréi Arshavin, un atacante ruso de 28 años que se había convertido en el jugador más costoso de la historia del club, cuando pagaron £ 15 millones por su traspaso en 2009, y que marcó algunos goles recordados —como los cuatro ante el Liverpool en Anfield o el que hizo en la primera victoria histórica ante el FC Barcelona—, antes de incorporarse otra vez al Zenit St. Petersburg, el club en el que había jugado durante 10 años antes de emigrar a Londres. Con ese gol en el Stadium of Light, el registro histórico de Thierry Henry cerró en 228 goles en 376 partidos. Aunque sus últimos goles tuvieron más valor sentimental que estadístico, los fanáticos verdaderamente disfrutaron de ver otra vez en acción a uno de sus máximos ídolos. Fue un bálsamo dentro de una seguidilla de temporadas ordinarias.

Henry había sido uno de los que inició el éxodo de figuras y ese síndrome era aún más notorio cuando hizo su retorno. En medio de una situación financiera delicada por la construcción del nuevo estadio, Wenger se había acostumbrado a vender a sus mejores jugadores para equilibrar los balances. Desde la venta de Henry al Barça, el equipo había perdido a otros jugadores clave que estaban en la recta final de sus carreras, como Jens Lehmann, Freddie Ljungberg o Gilberto Silva. "Había aceptado que iba a perder las estrellas que quisieran irse: sabía que no podía retenerlos. Fue muy difícil, por supuesto, pero habíamos decidido controlar las cuentas. Estábamos comprometidos en la construcción de un nuevo estadio, teníamos que ser cuidadosos, y yo había optado por una política de jugadores jóvenes, cosa que los futbolistas históricos sabían. Thierry Henry vino a decirme: 'Entrenador, tengo treinta y un años, no se puede ganar el campeonato con jóvenes'. Sabía lo que quería decir: construir un equipo sólido y experimentado como el que habíamos formado con él llevaría tiempo, y Thierry, a su edad,

tenía prisa, aún quería alcanzar grandes victorias. No podía retener a los jugadores o decirles a quienes lo habían dado todo al club: 'No, no te vas'. Además, su marcha era una forma de conseguir más ingresos que destinaríamos al nuevo estadio. Por eso viví sus marchas de un modo diferente a como lo hicieron los hinchas: no podía enfadarme con los jugadores, porque sabía que aquello eran gajes del oficio. Los futbolistas son profesionales y quieren ganar. Hay que tomárselo con filosofía y ponerse en su lugar. Además, uno no se puede enfadar con alguien que lo ha dado todo y, aun así, no puede cumplir con sus legítimas ambiciones. Vieira se fue a la Juve, Henry al Barça, Pirès al Villarreal. Sin embargo, todos ellos estarán ligados al Arsenal para siempre: ante todo, serán *gunners*", reflexiona Arsène Wenger en su autobiografía. Pero también veía salir a sus mejores exponentes de esos días, como sucedió con Alexander Hleb, Emmanuel Adebayor, Kolo Touré, Bacary Sagna, Gaël Clichy, Samir Nasri y, principalmente, Cesc Fàbregas. En el mercado de transferencias, previo al comienzo de esa campaña en la que Thierry Henry volvió a jugar con la camiseta del Arsenal F.C. durante algunas semanas, el joven capitán abandonó el barco para volver a su tierra natal.

ADIÓS FÀBREGAS, HOLA ARTETA

Ese verano de 2011 resultó ser bastante traumático para un Arsenal F.C. que vivió un cierre de mercado de pases absolutamente vertiginoso. Probablemente, la salida de Cesc Fàbregas fue la más dolorosa e impactante de todas las que sufrió el vestuario que encabezaba Arsène Wenger en esos años. Era el capitán y quizás uno de los mejores jugadores que se habían visto en ese entonces en el Emirates Stadium. Con Samir Nasri y Robin van Persie como sus principales laderos, se había esforzado al máximo para sostener al equipo al más alto nivel, pero cada vez era más difícil. Tenía mucha presión sobre sus hombros, porque la exigencia era muy grande, pero varios de sus compañeros no estaban a la altura. Desde su irrupción en la élite, Fàbregas había demostrado cualidades para ser uno de los mejores futbolistas del planeta y pelear por trofeos importantes, pero no podía hacerlo solo. Y la propuesta para irse era demasiado seductora. Iba a jugar en el Barça, el club en el que había dado sus primeros pasos, y bajo las órdenes de Pep Guardiola, uno de sus ídolos de la infancia, quien a su vez se había convertido en un revolucionario entrenador.

Cesc recorrió un largo camino antes de regresar al Camp Nou. Su desembarco en Highbury había sido casi ocho años atrás, en septiembre de 2003, cuando solamente tenía 16 años de edad. Era un diamante en bruto dentro del vestuario de Los Invencibles, se entrenaba con referentes de su posición como Patrick Vieira y Gilberto Silva. Si bien no fue parte de ninguna convocatoria de la campaña histórica en la Premier League, pudo hacer sus primeras apariciones en la Copa de la Liga. El 28 de octubre de 2003, a un mes de su llegada, se convirtió en el jugador más joven de la historia del Arsenal F.C. en debutar como profesional (16 años y 177 días), al comenzar como titular, en el duelo de tercera ronda, ante el Rotherham United. Y rompió otro récord unas semanas después, cuando se convirtió en el goleador más joven de la historia del club, con su gol en la victoria por 5-1 ante el Wolverhampton, en los octavos de final de esa competición. También tuvo minutos en la fase siguiente ante West Bromwich y se sentó en el banco de suplentes ante Celta de Vigo, en los octavos de final de la UEFA Champions League, lo que demostraba que Arsène Wenger iba a hacerlo progresar paulatinamente, pero dándole su confianza dentro de un equipo plagado de figuras e ídolos de la institución. Su potencial floreció rápidamente y, una vez que se concretó la mudanza al Emirates Stadium, Fàbregas heredó la camiseta número 4 que había dejado vacante Patrick Vieira. Sus 49 apariciones en la temporada 2005/06, que se cerró con esa dolorosa derrota ante el FC Barcelona en la final de la UEFA Champions League, confirmaron que estaba listo para ser el motor del equipo y también el director de orquesta desde el mediocampo, por lo que no tardó en convertirse en capitán.

En noviembre de 2008, William Gallas fue despojado del brazalete y Arsène Wenger eligió a Fàbregas como nuevo líder. Gallas, quien había llegado al norte de Londres como parte del acuerdo que llevó a Ashley Cole al Chelsea y se hizo capitán tras la salida de Henry, había cuestionado públicamente la falta de agallas de sus colegas, tras una serie de resultados que alejó a los *Gunners* de los primeros puestos de la tabla de posiciones de la Premier League. Ese cortocircuito removió una vieja herida del curso anterior, cuando la espeluznante fractura de tibia y peroné de Eduardo Da Silva durante un partido ante el Birmingham disputado en febrero de ese año, dejó tan golpeado al vestuario que se perdió el título, pese a llevar cinco puntos de ventaja sobre el Manchester United. Tras esa lesión de Eduardo —un delantero brasileño nacionalizado croata que fue contratado tras pagarle £ 7,5 millones al Dinamo Zagreb—, el capitán Gallas permaneció sentado en el campo de juego del St. Andrew's Stadium en soledad y ese gesto no cayó bien en el resto de los jugadores. Ante un nuevo altercado del defensor

francés, Wenger no dudó en colocar definitivamente a Cesc Fàbregas como faro para su plantilla. Tenía solamente 21 años, pero ya había jugado más de 200 partidos en el club y hacía mucho tiempo que era la brújula dentro del campo de juego.

Su temporada 2009/10 fue fenomenal. Fue el máximo anotador, con 19 goles en todas las competiciones, y culminó ese curso brillante consagrándose campeón del mundo con la selección de España, en la cita mundialista de Sudáfrica. Ese debió haber sido el comienzo de su verdadera leyenda en el norte de Londres, pero después de otra campaña decepcionante, eligió emigrar a Barcelona. Al también irse Samir Nasri, toda la responsabilidad recayó en Robin van Persie, quien —al igual que a Fàbregas— llegó a Highbury durante la época de Los Invencibles y lo secundó durante los primeros años en el Emirates Stadium, pero también eligió abandonar el barco: en agosto de 2012 se mudó a Old Trafford. Van Persie se transformó en el socio de Henry, cuando el retiro golpeaba la puerta de Dennis Bergkamp, y en la máxima referencia de ataque, cuando ambos ídolos ya estaban fuera del vestuario. Incluso cuando Fàbregas se marchó, tomó la posta en la capitanía y en la conducción dentro del césped. En la segunda mitad de la temporada 2010/11, anotó 18 goles en sus últimos 17 partidos de la Premier League, lo que le permitió al equipo volver a clasificar a la UEFA Champions League. Sin embargo, después de una brutal campaña en la que marcó 37 goles en 48 partidos en todas las competiciones, decidió irse al Manchester United para tener mayores posibilidades de ganar el título liguero. Y si bien logró su cometido bajo el ala de *sir* Alex Ferguson, su cuento de hadas se transformó en pesadilla, en los ciclos de David Moyes y Louis van Gaal, quien impulsó su salida al Fenerbahçe de Turquía.

No había forma de llenar el vacío que dejaban las salidas de los mejores talentos y el Arsenal F.C. quedaba expuesto en cada desamparo. Por ejemplo, al alejamiento de Césc Fàbregas se le sumó unos días más tarde una estrepitosa caída por 8-2 ante el Manchester United en Old Trafford, para cerrar ese fatídico mes de agosto de 2011. Arsène Wenger no tuvo más remedio que salir desesperadamente a reforzar su acotada plantilla, pero con la certeza de que iba a ser imposible sumar un futbolista de semejante calibre. En el último día de un mercado en el que habían llegado Gervinho, Carl Jenkinson, Alex Oxlade-Chamberlain y el costarricense Joel Campbell, el mánager francés cerró otras cinco contrataciones a contrarreloj. Yossi Benayoun, Park Chu-Young y André Santos tuvieron pasos con más pena que gloria, pese a que en ese curso el Arsenal F.C. consiguió finalizar el torneo doméstico en el tercer lugar, para sostenerse en la élite europea. Quienes sí tuvieron un rol más destacado fueron los dos restantes: Per Mertesacker y Mikel Arteta,

que se quedaron lo suficiente para romper una sequía de títulos de nueve años y demostraron el compromiso adecuado como para ganarse el cariño de los aficionados. Mertesacker estaba en el hotel Hyatt Regency, en Düsseldorf, con la selección alemana, cuando recibió la llamada que lo hizo viajar a Londres para hacerse un examen médico. Jugó 221 partidos en seis temporadas con la camiseta del Arsenal F.C. y fue campeón del mundo con Alemania en 2014, siendo futbolista del club que lo confirmó como director de la Academia un año antes de su retiro, cuando ya lucía el brazalete de capitán. Estuvo inactivo casi la totalidad de ese curso por una grave lesión en la rodilla sufrida en la pretemporada, pero en su primera titularidad en 13 meses fue una de las figuras en la victoria ante Chelsea por 2-1 en Wembley, para alzar el tercer trofeo de FA Cup de las últimas cuatro ediciones. Durante sus años en el norte de Londres, tuvo a un gran socio como Laurent Koscielny, defensor central francés que disputó 353 partidos en el club, desde que fue reclutado desde el Lorient en 2010. Koscielny también formó parte del equipo ganador de las FA Cup 2014, 2015 y 2017; pero tuvo un final mucho menos decoroso que Mertesacker: a mediados de 2019 se negó a viajar con el equipo de Unai Emery a la gira de pretemporada en los Estados Unidos y terminó marchándose al Bordeaux de la Ligue 1. Todo lo contrario al gigante alemán, que fue ovacionado cuando jugó sus últimos minutos en ese 5-0 ante Burnley, el 6 de mayo de 2018, el mismo día en el que el Emirates Stadium despidió a Wenger.

Mertesacker ya había saludado a algunos de sus compañeros en London Colney, cuando el acuerdo con el Everton por el traspaso del mediocentro español Mikel Arteta todavía se gestaba tras bambalinas; incluso fue el trato que más se acercó a la fecha límite. Ante la huida de Fàbregas y Nasri, Wenger entendió que debía sumar un mediocampista de gran calidad técnica para sostener su afamado estilo de juego. Dick Law había estado a cargo de cerrar los fichajes de André Santos, Mertesacker y Benayoun, por lo que los contactos con los despachos de Goodison Park los hizo el director ejecutivo Ivan Gazidis. Bill Kenwright, por entonces presidente del Everton, rechazó múltiples ofertas y llegó un punto donde expresó tajantemente que no iba a vender a un jugador clave para David Moyes. Pero todo dio un giro de 180 grados cuando Arteta vio desde su casa que había interés de los *Gunners* por contratarlo: condujo de regreso al campo de entrenamiento para decirle a Kenwright que quería irse y, ante la falta de tiempo para completar los exámenes médicos, le dijo a Gazidis que confiara en él. Tenía 29 años y había sufrido una lesión en el ligamento cruzado apenas dos años antes, pero era su oportunidad de jugar en uno de los clubes más grandes del mundo. Incluso salió de su zona de confort —en

Everton F.C. era vicecapitán, por detrás de Phil Neville— y resignó dinero, ya que firmó un contrato sin ningún tipo de bonificaciones para acelerar las cosas. Cerca de la hora límite, la máquina de fax del club vendedor se atascó, pero finalmente se cerró la contratación de un Mikel Arteta que no pudo evitar las inmediatas comparaciones con Cesc Fàbregas, principalmente porque ambos eran españoles y habían surgido en La Masía. También Arteta interpretaba en un papel similar al de Fábregas en los *Toffees.*

En sus primeros días en la academia culé, Mikel Arteta era volante ofensivo. Pero, paulatinamente, fue transformándose en un pivote de una calidad técnica superior, un mediocentro con habilidad para dictar el tempo y, después de jugar en clubes como Paris Saint Germain o Glasgow Rangers, demostró que podía destacar en los vertiginosos partidos de la Premier League. Con sus nueve pases de gol en la temporada 2006/07, había terminado en el podio de máximos asistidores, por detrás de Cristiano Ronaldo y el propio Fàbregas. Wenger pensó en él como un perfil de futbolista similar al de Cesc, pero también como un nuevo líder dentro del vestuario. Y aunque tuvo un comienzo flojo, después un puñado de partidos, se estableció como la pareja de Alex Song en la zona medular. Ambos eran muy buenos pasadores y tenían una gran capacidad para leer el juego, por lo que controlaban el ritmo de los partidos. En eso Mikel Arteta era un especialista. De hecho, era uno de los futbolistas que más faltas recibía en aquellos días en el fútbol inglés, porque solía intentar ser tackleado para afectar la dinámica del juego, cuando estaba incómodo en la posesión o si recuperaba la pelota en zonas congestionadas. En su tercer año en el club, ya vestía el brazalete de capitán y fue uno de los líderes del equipo que se proclamó campeón de la FA Cup 2013/14, tras nueve años consecutivos sin conseguir título alguno. Tras esa consagración que dio respiro a un Arsène Wenger y una Junta que habían comenzado a recibir fuertes críticas por la falta de trofeos, Cesc Fàbregas quiso volver al norte de Londres. Había decidido irse del Barça y tenía al Arsenal F.C. como su primera opción. Durante una semana estuvo a la expectativa de que Arsène Wenger —quien había sido una figura paternal para él durante seis años— le diera una respuesta positiva a sus intenciones de regresar al Emirates Stadium. Estaba ilusionado con anunciar su regreso al club que lo convirtió en profesional, porque sabía que el público iba a valorarlo mucho. Sin embargo, los días pasaron y la falta de respuestas llevó a Fàbregas a escuchar ofertas de otros clubes de la Premier League y, tras una charla con José Mourinho, firmó su llegada a Stamford Bridge. Sus éxitos con el Chelsea provocaron dolor en algunos fanáticos *gunners*, pero hay quienes todavía eligen reconocer que una gran parte de sus 304 partidos en la institución fueron en medio de un contexto poco auspicioso para su brillantez futbolística. Todos habrían querido verlo otra vez con el escudo del cañón en su pecho, pero en esa época el vestuario había acumulado varios mediocampistas de distintos perfiles. Mikel Arteta no estaba tan vigente como antes, pero hizo algunos pequeños aportes para que el club volviera a alzar el trofeo de la FA Cup en la temporada 2014/15, y dijo adiós al fútbol profesional al cierre de la campaña siguiente. Wenger le ofreció el puesto en la Academia del que luego se hizo cargo Per Mertesacker, pero prefirió sumarse al cuerpo técnico del Manchester City, como ayudante de Pep Guardiola. Hubo que esperar un poco más de tres años y medio para verlo otra vez en el Emirates Stadium, pero, finalmente, fue posible cuando lo contrataron para reemplazar a Unai Emery en diciembre de 2019. En su regreso a la institución, se encontró con algunos de sus excompañeros, como Emiliano Martínez, Héctor Bellerín, Calum Chambers, Mohamed Elneny y Mesut Özil, quien no atravesaba su mejor momento. Özil había enamorado al público *gunner* con su mágico estilo de juego y, bajo el ala de Arsène Wegner, se convirtió en uno de los jugadores mejores pagados de la Premier League y en una especie de "mascota de la clase" en el vestuario. Pero cuando se marchó Wenger, paulatinamente su romance con los aficionados comenzó a resquebrajarse. La fascinación de los hinchas dejó ser unánime. El desembarco de Unai Emery lo transformó en un "sapo de otro pozo" dentro de la plantilla y terminó marchándose porque Mikel Arteta —que ya no era su colega, sino el mánager— decidió rescindirle el contrato. Fue una despedida agridulce para un futbolista extremadamente talentoso, que había comenzado a florecer como ídolo, pero se marchitó entre tantas polémicas extradeportivas. Aunque Özil no fue el único jugador del Arsenal F.C. que demostró su brillantez, pero luego tuvo un final nefasto.

LAS INVENCIBLES

Al cumplirse la primera década del ciclo de Arsène Wenger, que coincidió con la derrota en la final europea ante el Barça y la mudanza al Emirates Stadium, el Arsenal F.C. entró en un período de turbulencia financiera que estuvo marcado por un éxodo de figuras. Sin embargo, que gran parte del dinero ingresado por las transferencias fuera utilizado para cubrir los costos del nuevo estadio no era el único obstáculo. De hecho, era el núcleo de otras problemáticas. El club no solamente tuvo que soportar que los ri-

vales directos en la Premier League sumaran mayor calidad a sus vestuarios, tuvo que lidiar muchas veces con el hecho de que esos talentosos futbolistas emigraran desde el norte de Londres hacia algún oponente. Manchester City se llevó a Adebayor, Kolo Touré, Sagna, Clichy y Nasri; así como Ashley Cole recaló en el Chelsea y Robin van Persie firmó con el Manchester United. Sus reemplazos eran jugadores que mayormente no cumplían con las expectativas. Era un panorama cada vez más desesperanzador, con pocos nombres propios destacables, donde la atractiva filosofía de juego y la estadía en la élite europea resultaron ser las únicas satisfacciones del club. Y también el auge del equipo femenino que Vic Akers había comenzado a construir a finales de la década del ochenta; desde allí también emergieron algunas leyendas.

Una de las personalidades más emblemáticas que ha dado el Arsenal Ladies F.C. es Kelly Smith, quien cuando se retiró del fútbol en 2017 —con 38 años de edad— puso fin a una fantástica carrera que tuvo hasta tres períodos en el norte de Londres. Smith, quien también tuvo experiencias en Estados Unidos, se unió a la plantilla de Akers por primera vez en 1996, pero la mayor cantidad de títulos los obtuvo en su segundo paso por la institución (2005-2009): desempeñó un papel vital para lograr las cuatro consagraciones de la temporada 2006/07, al anotar 30 goles en 34 partidos disputados entre todas las competencias. Se perdió los dos encuentros de la final de la UEFA Women's Cup por una expulsión en las semifinales a raíz de un gesto obsceno contra la hinchada del Brøndby, pero había ayudado a sus compañeras a alcanzar la instancia definitiva, con cinco tantos a lo largo del torneo. Sus rendimientos durante este fructífero período, en el que las *Gunners* se convirtieron en el primer equipo británico de mujeres en conquistar el máximo trofeo a nivel continental, la llevaron a estar cuatro veces preseleccionada para el premio a Jugadora Mundial del Año de la FIFA y fue elegida la Jugadora del Año de la FA en dos ocasiones. Además, brilló al representar a su país: se convirtió en septiembre de 2010 en la máxima goleadora de todos los tiempos de la selección femenina de Inglaterra. Su aporte fue crucial para llenar las vitrinas de trofeos, al ganar cuatro títulos de la FA Women's Premier League, tres FA Cups, dos Community Shields, una Premier League Cup y ese certamen precursor a la UEFA Women's Champions League, en el que hubo varias figuras que dejaron su huella. Alex Scott, por ejemplo, marcó el único gol de esa final europea a doble partido, ante el Umeå IK de Suecia, equipo que tenía en sus filas a la estrella brasileña Marta y había ganado la competición dos veces (2003 y 2004). Scott hizo su formación futbolística en el *Arsenal Girls' Centre of Excellence*, que el club inauguró a fines de la década de los noventa, e irrumpió en el primer equipo femenino como delantera.

Luego fichó por el Birmingham City, donde el entrenador Marcus Bignot la convenció de jugar de lateral por la derecha, pero regresó a Highbury el curso anterior al que culminó con el título continental. Tuvo también un paso por Estados Unidos, incluso Alex Scott y Kelly Smith fueron compañeras en Boston Breakers y regresaron juntas al Arsenal Ladies F.C. en 2012, por una suspensión de la liga de fútbol femenina estadounidense. Smith cerró su carrera en 2017 y Scott al año siguiente, justo después del adiós de otro ícono: Rachel Yankey.

A Yankey, quien debutó profesionalmente bajo el ala de Vic Akers en 1996, se la considera la primera futbolista profesional en Inglaterra porque, después de cuatro años en Highbury, tuvo un breve período en el Laval Dynamite de Canadá y regresó a su tierra natal para ponerse la camiseta del Fulham; que en abril del 2000 se transformó en el primer equipo femenino profesional a tiempo completo de Europa. Su vuelta al norte de Londres se produjo para la temporada 2005/06, tras coincidir con Alex Scott en Birmingham y después de un paso por Estados Unidos. Como jugadora *gunner*, llevó al club a ganar más de 20 trofeos importantes y se transformó en una leyenda del fútbol inglés: rompió el récord histórico de 125 partidos con la selección que le pertenecía a Peter Shilton, al disputar un amistoso ante Japón en junio de 2013. Otra de las grandes jugadoras reclutadas por Vic Akers fue Faye White, quien era la capitana de aquel conjunto que logró la cuádruple consagración —que incluyó la UEFA Women's Cup— y ganó 31 trofeos como jugadora del Arsenal Ladies F.C.; además de haber sido elegida Jugadora del Año de la FA en la temporada 1997/98. Fue la gran líder que tuvo ese grupo de jugadoras que dominó el fútbol inglés, durante la primera década del siglo XXI, y ganó prácticamente cada trofeo que disputó; hasta atravesó una racha invicta de más de un centenar de partidos de liga en tres temporadas. Ellas también serán eternamente conocidas como Invencibles.

Cuando ese fantástico período en el que Vic Akers guió a sus jugadores a ganar 33 trofeos en 22 años llegó a su fin, el fútbol femenino ya había alcanzado otras dimensiones y, paulatinamente, empezaron a llegar al equipo femenino del Arsenal F.C. figuras de carácter internacional. Llegaron algunas estrellas locales, como Jordan Nobbs, que fue fichada desde el Sunderland en agosto de 2010 y ha sido un pilar en el mediocampo durante más de una década, pero también desembarcaron en el Emirates Stadium algunas jugadoras extranjeras de alto perfil. No dejaron de surgir diamantes desde *Arsenal Girls' Centre of Excellence*, porque Leah Williamson llegó allí a sus 9 años en 2006, debutó profesionalmente en 2014 —en los últimos partidos del mandato de Shelley Kerr— y, cinco años más tarde, se transformó en la jugadora más joven de

la historia en alcanzar los 100 partidos en el club. Pero durante la gestión del DT español Pedro Martínez Losa, quien tomó las riendas en reemplazo de Kerr y permaneció en el cargo hasta 2017, el vestuario dio un salto de calidad con estrellas jóvenes internacionales, como la irlandesa Katie McCabe, quien desembarcó en Londres procedente de Shelbourne, en diciembre de 2015, meses después de debutar en la selección absoluta de su país; o la escocesa Kim Little, quien llegó en enero del 2017 desde el Seattle Reign FC estadounidense, regresando al club después de su primera etapa (2008-2013). Hubo afluencia de futbolistas de renombre de varias nacionalidades, principalmente de jugadoras neerlandesas como Jill Roord, Sari van Veenendaal, Dominique Janssen y, principalmente, Daniëlle van de Donk y Vivianne Miedema.

Van Donk desembarcó en el Emirates Stadium en noviembre de 2015, venía de hacer carrera en algunos clubes de Países Bajos (el equipo femenino del PSV Eindhoven, entre ellos) y de jugar durante unos pocos meses en el Kopparbergs/Göteborg FC de Suecia. Al principio, no tuvo mucho rodaje; todavía la titularidad le pertenecía a figuras como Casey Stoney, Kelly Smith y Fara Williams; pero, paulatinamente, se convirtió en una jugadora vital para las *Gunners* y ha ganado tres trofeos —durante sus seis años en el club— y se transformó en una referente de la selección neerlandesa, ganando la Eurocopa 2017 y consagrándose subcampeona en la Copa Mundial Femenina de la FIFA de Francia 2019. De esos éxitos también fue parte Vivianne Miedema, una de las mejores futbolistas de su época, quien llegó al Arsenal F.C. con solo 21 años, casi dos años después de Van Donk, ya siendo toda una estrella de clase mundial. Había ganado dos veces la Bundesliga con el FC Bayern München y se mudó al norte de Londres, en mayo de 2017, para convertirse en una de las mejores contrataciones de la historia de la institución. Su impactante capacidad goleadora obligó a Pedor Martínez Losa a correr hacia el extremo a Beth Mead, que había sido fichada desde el Sunderland unos meses antes. Desde el centro del ataque, Miedema se transformó en un símbolo del club y, en un puñado de temporadas, logró pulverizar varios récords: se convirtió en la máxima goleadora de la historia de la FA Women's Super League, el 18 de octubre de 2020, al ser la primera jugadora en anotar 52 goles en sus primeros 51 partidos en la élite del fútbol inglés. En septiembre de 2021, llegó a las 100 anotaciones en 110 partidos, al firmar un *hat-trick* en la victoria por 4-0 contra el Slavia Praga, en la fase de clasificación de la Champions League femenina. Ya en junio de 2019, se había colocado como la máxima goleadora de la selección holandesa, al anotar su gol número 60 con tan solo 23 años. Para tomar dimensión, es la misma cantidad que alcanzó Robin van Persie durante toda su carrera internacional. Su desembarco en el norte de Londres fue realmente una revolución; dio al Arsenal Women F.C. un gigantesco impulso de cara al futuro. Era una figura de clase mundial, que había decidido abandonar uno de los clubes más importantes de Europa en busca de un nuevo desafío, que llegó al Emirates Stadium con los mejores años de su carrera por delante y el deseo de realzar el nivel de un vestuario que ya contaba con cierta cuota de talento; tal cual sucedió con Mesut Özil: la estrella alemana se fue del Real Madrid para convertirse en el fichaje más caro de la historia del Arsenal F.C. y supo ser el faro futbolístico del equipo de Arsène Wenger.

MESUT ÖZIL: DE LA IDOLATRÍA AL OSTRACISMO

Al mismo tiempo que se concretaba el traspaso de Vivianne Miedema al Arsenal F.C. femenino, Mesut Özil levantaba por tercera vez el trofeo de la FA Cup en Wembley. Esa fue una temporada difícil para el equipo de Arsène Wenger, que peleó por el título de la Premier League 2016/17 y terminó líder en su grupo de la UEFA Champions League en la primera mitad del curso; pero luego acabó la liga fuera del *Top 4* por primera vez en más de dos décadas. Además, sufrió la mayor humillación de su historia a nivel europeo, al ser eliminado por el FC Bayern München con un resultado global de 10-2. La victoria en Wembley por 2-1 ante el Chelsea, que esa campaña fue campeón de Inglaterra bajo la conducción de Antonio Conte, sirvió para poner paños fríos a las protestas de los fanáticos que pedían un cambio de mánager. El club había logrado su 13º título en el torneo más añejo del fútbol mundial —más que cualquier otro club— y Wenger se convirtió en ese momento en el entrenador más exitoso en la historia del certamen, con siete conquistas; pero en el norte de Londres había una sensación de estancamiento que tenía descontenta a gran parte de la afición. Entendían que ya habían quedado atrás los años de naufragio provocados por la delicada situación financiera que generó la mudanza al Emirates Stadium. Incluso los *Gunners* habían comenzado a ver tierra firme justamente cuando Özil fue comprado al Real Madrid por £ 42,5 millones, el 2 de septiembre de 2013, en el último día de una ventana de transferencias bastante vulgar.

En ese verano de 2013, lo más saliente que había ocurrido antes del cierre del mercado había sido la cesión del guardameta italiano Emiliano Viviano y el regreso de Mathieu Flamini desde el AC Milán, junto con la llegada de un joven talento de Francia llamado

Yaya Sanogo, que había sido nominado para el premio *Golden Boy* y tenía un interesante récord de goles en Auxerre. No obstante, Wenger estaba decidido a reforzar su vestuario con una figura de renombre. Había pujado por fichar al uruguayo Luis Suárez, quien veía con buenos ojos salir de un Liverpool F.C. que no había clasificado a competiciones europeas, pero entre Steven Gerrard y Brendan Rodgers lo convencieron de quedarse. También había avanzado en negociaciones por el argentino Gonzalo Higuaín, aunque las ofertas no eran satisfactorias. Hubo que esperar hasta el *Deadline Day*. Un día antes, el Arsenal F.C. había derrotado a un Tottenham que acababa de vender a Gareth Bale al Real Madrid, donde Carlo Ancelotti había iniciado un nuevo proyecto deportivo, en reemplazo de José Mourinho. Ancelotti no iba a darle mucho lugar en su equipo a ese mediocampista alemán que desembarcó en el Santiago Bernabéu, después de irrumpir en la élite como una de las revelaciones de la Copa Mundial de la FIFA de Sudáfrica 2010. Wenger vio la oportunidad y no dudó en romper la tarifa récord de transferencias del club, que todavía le pertenecía a Arshavin. Aunque el precio del acuerdo no tenía comparación con el valor intangible que tuvo ese traspaso, en el norte de Londres se sintió como el fin a ese largo período de competencia desleal con rivales adinerados. Después de años de vender a los mejores jugadores para equilibrar los balances financieros, un futbolista de alto calibre como Mesut Özil llegaba al Arsenal F.C. para poner sus mejores años al servicio de la institución. Había una euforia pocas veces vista; los aficionados se abarrotaron a las afueras del estadio para celebrar. Su llegada, definitivamente, transformó la percepción negativa que se había generado en torno a las ambiciones deportivas del club.

Özil había demostrado tener una amplia capacidad creativa en el campo de juego y se había posicionado entre los mejores asistidores de las principales ligas de Europa. Desde el comienzo de su carrera, se mostró como un "enganche" clásico y elegante, técnicamente brillante, capaz de maquillar su falta de cualidades defensivas siendo altamente influyente en ataque. Siempre fue un artista con el balón. Tenía un lenguaje corporal apático sobre el césped, a veces lucía desconectado, pero era capaz de cambiar por completo la dinámica del juego, con esos toques mágicos impulsados por su asombrosa velocidad mental. Su perfil encajaba a la perfección con el *laissez faire* en ofensiva que proponía Arsène Wenger. Y aunque la Premier League requería un esfuerzo físico extra, Özil no tardó en explotar al máximo su faceta de asistidor y creador de oportunidades en el último tercio. Lógicamente, lo favoreció que tuvo varios compañeros que hablaban su mismo idioma futbolístico, como Santi Cazorla, Tomáš Rosický, Jack Wilshere, Aaron Ramsey, entre otros. Todos ellos colaboraron para convertirlo en una pieza importante dentro del césped e hicieron más fácil su adaptación a Inglaterra; mientras que él puso su talento al servicio de un equipo que cortó una sequía de trofeos de nueve años, al ser campeón de la FA Cup 2013/14, con una épica remontada ante Hull City en Wembley. Pocos meses después, junto a Lukas Podolski y Per Mertesacker, fue campeón del mundo con Alemania, la selección que eligió representar por consejo de Mustafa, su padre y agente (hasta que se pelearon en 2013), aunque su madre intentó que eligiera jugar con Turquía para honrar los orígenes de su familia. Su imagen creció más que nunca y sus perfiles de redes sociales empezaron a ser gestionados cuidadosamente por un equipo de *marketing*.

Özil era la cara de un Arsenal F.C. que puso en marcha la temporada 2014/15 con algunas contrataciones que dieron un nuevo impulso a la gestión de Arsène Wenger, quien encontró equilibrio entre jugadores de la cantera, contrataciones inteligentes y grandes estrellas. Junto a Mathieu Debuchy, Calum Chambers, Danny Welbeck y Krystian Bielik, llegaron tres jugadores sudamericanos: el brasileño Gabriel Paulista, el guardameta colombiano David Ospina y el chileno Alexis Sánchez, un delantero de clase mundial que tenía un rol secundario, pero a la vez muy destacado en el FC Barcelona y desembarcó en Londres a cambio de £ 33 millones, para formar una magnífica pareja con Mesut Özil. Con la llegada de Alexis, Ospina y Gabriel en el Emirates Stadium, el vestuario quedó plagado de latinoamericanos y jugadores de habla hispana, ya que también estaban el costarricense Joel Campbell, instalado en Londres tras sus cesiones en España, Francia y Grecia; y el argentino Emiliano Damián Martínez, quien había sido promovido definitivamente al plantel profesional. También estaban Cazorla, Héctor Bellerín y Mikel Arteta, quien había sido elegido capitán ante la marcha de Thomas Vermaelen. Se había construido un equipo competitivo con Özil y Alexis como estandartes, quienes, además, se convirtieron en un tándem ofensivo muy peligroso y complementario: uno corría incansablemente por todo el frente de ataque y el otro sacaba a relucir su precisión en los pases. Aunque Özil estuvo tres meses inactivo por una rotura del ligamento de la rodilla, los *Gunners* finalizaron en el 3° puesto en la Premier League y volvieron a ganar la FA Cup. Desde el entorno crecía la presión por ver al equipo pelear otra vez por el título liguero.

Ahí llegó el pico de rendimiento de Mesut Özil en Londres. El mediocampista germano, con 27 años de edad en ese momento, participó de 28 goles en 45 partidos, en una temporada 2015/16 en la que el Arsenal F.C. volvió a aspirar por el trofeo de la Premier League, después de mucho tiempo. Alexis, Welbeck, Olivier Giroud y Theo Walcott se beneficiaron del amplio repertorio de asistencias de Özil, quien fue elegido el Jugador del Año del club y

el mejor alemán en el extranjero por la revista *Kicker*. Finalmente, el título de liga quedó en manos del sorprendente Leicester City de Claudio Ranieri, lo que significó un golpe anímico para Wenger y sus pupilos. Mesut Özil empezó a cederle su lugar a Alexis Sánchez, quien en el curso siguiente tomó más protagonismo que el ídolo alemán. El Niño Maravilla llegó a los 50 goles con el Arsenal F.C. en todas las competiciones, en noviembre 2016, tras jugar 106 partidos con la camiseta del club, solamente dos encuentros más de los que necesitó Thierry Henry para alcanzar esa cantidad de anotaciones. Finalizó esa campaña con 30 goles y 17 asistencias en todas las competiciones. Hizo un gol en la prórroga de las semifinales de la FA Cup 2016/17, ante el Manchester City, y también el que abrió el marcador a los 229 segundos en la final ante el Chelsea de Mourinho, para alzar otra vez el trofeo en Wembley. Y aunque Alexis destacó más, incluso estuvo nominado al premio de Jugador del Año de la PFA, Mesut Özil no dejaba de exhibir las cualidades que lo convirtieron en ídolo del público *gunner*, como cuando hizo ese gol ante Ludogorets, en la UEFA Champions League, en el que eludió al arquero rival y a dos defensores de forma espectacular, antes de definir con un pase a la red. Esas pinceladas mágicas, de fútbol callejero, eran el orgullo de los fanáticos. Tanto Mesut Özil como Alexis Sánchez eran fundamentales para las aspiraciones del equipo, pero los contratos de ambos estaban a punto de expirar y sus caminos se separaron. En enero de 2018, a seis meses de romperse ambos vínculos, Alexis sintió que estaba estancado en Londres, en su esplendor, el equipo terminó 5° en la Premier League y no clasificó a la UEFA Champions League, y decidió irse al Manchester United. Henrikh Mkhitaryan formó parte del acuerdo. No fue una gran decisión para él la de emigrar a Old Trafford, donde jugó solamente 45 partidos y anotó cinco goles en dos temporadas. Luego pudo mostrar una mejor versión cuando se marchó a Italia. Al irse Alexis a un rival directo, Arsène Wenger hizo todo lo posible para retener a Özil, que firmó por tres años más y su salario se duplicó con creces a £ 350 000 por semana, transformándose en el futbolista mejor pago de la historia de un Arsenal F.C. que iba a tener que pagarle un salario de élite europea sin competir a ese nivel. Solamente Sven Mislintat, por entonces jefe de reclutamiento, se mostró escéptico ante semejante contrato, pero Wenger, Ivan Gazidis y Dick Law dieron luz verde. El trato se firmó con la presencia de Josh Kroenke en London Colney, el mismo día en que Pierre-Emerick Aubameyang llegó al Arsenal F.C. desde el Borussia Dortmund, a cambio de £ 56 millones, y lo desbancó como el fichaje más costoso de la historia del club.

A partir de ese momento, poco a poco, Mesut Özil comenzó a tener más relevancia por cuestiones personales y extradeportivas que por sus actuaciones en el campo de juego. En sus primeros años, ya había recibido algunas críticas por sus días extra de descanso y por ausentarse, sin argumentos sólidos, de las convocatorias para los partidos fuera de Londres ante rivales modestos. En la última campaña de Arsène Wenger como mánager en el Emirates Stadium, evitó los viajes a Colonia, Borisov, Belgrado y Östersund, en la UEFA Europa League; además de Brighton, Bournemouth y West Bromwich a nivel doméstico. Pero su primer gran conflicto público lo tuvo ya con la temporada 2017/18 consumada, al renunciar a la selección alemana, tras la eliminación en primera ronda en la Copa Mundial de la FIFA de Rusia 2018. Lo hizo con un duro comunicado, apuntando a quienes lo criticaban por fotografiarse junto al presidente Recep Tayyip Erdoğan, en la previa de las elecciones presidenciales en Turquía. Incluso atacó directamente a Reinhard Grindel, por entonces presidente de la Federación Alemana de Fútbol (DFB), e hizo duras acusaciones de racismo dentro de la Mannschaft. Muchos pensaron que era la oportunidad perfecta para focalizarse únicamente en el Arsenal F.C. y ser líder absoluto de la creatividad en un elenco que había perdido a varios de sus mejores exponentes en esa faceta.

Özil no solamente vio a Alexis Sánchez irse a Old Trafford, también perdió a algunos compañeros que le servían de apoyo en la creación dentro del campo de juego; futbolistas talentosos que dejaron huella en el Emirates Stadium, pero también la sensación de que los problemas físicos diluyeron su potencial. A mediados de 2016, Tomáš Rosický había decidido retornar a Praga, tras jugar con la camiseta del Arsenal F.C. durante una década en la que nunca llegó a jugar 30 partidos de la Premier League en una misma temporada y tuvo un período de hasta 18 meses sin jugar por lesión. Se marchó con un registro de 246 encuentros, 28 goles —tres muy recordados ante el Tottenham— y con dos trofeos de FA Cup, pero con la incógnita de cómo hubiera sido su carrera sin tantos contratiempos físicos. Ese mismo interrogante aplica para Santi Cazorla, uno de los jugadores más dotados técnicamente de ese vestuario, quien marcó un sublime gol de tiro libre en la épica remontada ante el Hull City, en la final de la FA Cup 2013/14. En diciembre de 2015, tuvo que pasar por el quirófano por una rotura del ligamento externo de la rodilla izquierda, pero el verdadero problema lo tuvo en su tobillo: sufrió una lesión en el tendón de Aquiles, en octubre de 2016, que derivó en una calvario de 10 cirugías y 637 días sin jugar al fútbol; recién pudo volver a pisar el césped —en julio de 2018— con la camiseta del Villarreal. También entra este grupo un futbolista francés llamado Abou Diaby, quien con 19 años de edad llegó a Highbury —justo seis meses después del adiós de Patrick Vieira— y, por su apariencia y estilo de juego,

despertó comparaciones con el capitán de Los Invencibles. Cuando Diaby estaba apto físicamente, era un *box-to-box* elegante y de grandes cualidades; lo demostró en aquel duelo ante el Liverpool, en Anfield, al inicio de la temporada 2012/13. No obstante, en sus nueve años en el club, sufrió decenas de lesiones que le impidieron explotar su potencial. Tuvo un arranque auspicioso en el norte de Londres, pero en el cierre de su campaña de estreno sufrió una grave lesión en el tobillo que le demandó tres cirugías distintas y ocho meses de rehabilitación. A partir de ahí, fue víctima de distintas problemáticas físicas, que redujeron gravemente sus minutos de juego, y solamente logró jugar 125 partidos antes de volver a Francia. Se retiró del fútbol, tras jugar solamente seis partidos en dos campañas, en el Olympique de Marsella.

Pero ni Rosický, Cazorla o Diaby tuvieron tanta afinidad futbolística con Mesut Özil —o generaron tanta expectativa en el público— como lo hizo Jack Wilshere, un futbolista criado en la Academia que representaba el prototipo perfecto de "jugador *gunner*", pero no terminó de alcanzar el nivel que se esperaba. Wilshere se unió al Arsenal F.C. a la edad de nueve años y escaló como un prodigio entre sus compañeros, hasta que hizo su debut profesional en el primer equipo contra el Blackburn Rovers en Ewood Park, en septiembre de 2008, convirtiéndose en el debutante de liga inglesa más joven en la historia del club (16 años y 256 días). Unos meses antes, en febrero, había tenido su estreno con el equipo reserva y se había consagrado campeón de la FA Youth Cup, pero no tardó en subir a la élite, porque Wenger había quedado deslumbrado con su talento. Después de un puñado de suplencias y un préstamo de seis meses en el Bolton Wanderers, se estableció —con 18 años— como un jugador habitual del equipo: jugó 49 partidos (44 como titular) en todas las competiciones, en la temporada 2010/11. Su maravilloso potencial quedó expuesto en aquella noche de UEFA Champions League, el 16 de febrero de 2011, cuando con 19 años recién cumplidos tuvo una actuación sobresaliente ante Sergio Busquets, Andrés Iniesta y Xavi. Su talento e ímpetu eclipsaron al famoso centro del campo del Barça, en esa famosa victoria por 2-1 que quedó en la historia. Wilshere tenía calidad en los pases, un control de pelota privilegiado y una gran velocidad mental; todo potenciado por su tenacidad. Acabó esa campaña con el galardón Jugador Joven del Año y dentro del Equipo del Año de la Premier League de la Asociación de Futbolistas Profesionales (PFA). Era una futura estrella. Sin embargo, en la preparación para el siguiente curso, sufrió una fractura de tobillo que lo dejó 17 meses inactivo (524 días). Esa lesión del amistoso de pretemporada contra el New York Red Bulls de Thierry Henry —jugado en el Emirates Stadium— interrumpió su fenomenal progresión; tuvo que esperar hasta octubre de 2012 para volver a pisar el césped y retomar su carrera. Y aunque se adueñó del número 10 que dejó libre Robin van Persie (con su partida a Old Trafford) y sumó algunas actuaciones destacadas a su currículum, los constantes problemas físicos le impidieron rendir a tope y ser el líder futbolístico del equipo de Wenger. Cuando el Arsenal F.C. rompió con la sequía de nueve años sin títulos al ganar la FA Cup en mayo de 2014, Wilshere se perdió por lesión las dos instancias previas a la final y jugó algunos minutos de la prórroga ante Hull City en Wembley. En la temporada 2015/16, solamente pudo jugar tres partidos y, al curso siguiente, salió cedido al Bournemouth, donde encontró un poco más de rodaje, pero no logró alejarse de las lesiones. Dio sus últimos chispazos en la campaña de despedida de Arsène Wenger y firmó un contrato de tres años con el West Ham United —donde solamente jugó 19 partidos en tres temporadas—, al tiempo que Unai Emery hacía su desembarco en el Emirates Stadium. Su adiós le permitió a Mesut Özil adueñarse del número 10, justo en el comienzo de un nuevo ciclo, después de más de dos décadas bajo el ala de Wenger. Aunque ese cambio de dorsal no fue nada auspicioso para Özil. Su fútbol quedó limitado por una estructura táctica puramente reactiva, con poco espacio para la creatividad, empeñada en neutralizar rivales y a construir el juego con triangulaciones por los costados. Un plan colectivo que eclipsaba la faceta inventiva del deslucido ídolo germano y no dejaba ningún tipo de licencia para sus lagunas y su carencia de recursos defensivos.

Özil fue titular en 28 de los 35 partidos que disputó en la primera temporada con Emery, pero solamente completó los 90 minutos en 11 oportunidades. Era sustituido constantemente. En el balance general, jugaron más Alex Iwobi (51 partidos) y Mkhitaryan (39). Incluso el director técnico vasco prefería poner a jugar en ese lugar al galés Aaron Ramsey, quien a lo largo de su década como jugador *gunner* siempre había estado como mediocampista *box-to-box*, pero era un volante ofensivo que convencía a Emery por su despliegue físico. Ramsey había llegado al norte de Londres desde Cardiff, con tan solo 17 años, y tuvo que sobreponerse a una lesión en sus comienzos, pero se había convertido en un jugador adorado por el público, por ser parte de las tres consagraciones de FA Cup que cerraron el ciclo de Wenger; incluso marcó el gol de la victoria en el minuto 109 en la victoria ante Hull City, en mayo de 2014. Terminó marchándose a la Juventus FC, tras jugar un total de 369 partidos en sus 10 años en el club. Su salida fue tras ese curso en el que el Arsenal F.C. terminó 5° en la Premier League y perdió la final de la UEFA Europa League contra el Chelsea, en Bakú. Al regresar, Unai Emery durmió tres horas y se trasladó a London Colney, donde los jugadores iban a llegar a partir del mediodía, para participar

de reuniones individuales a modo de balance de una temporada donde los objetivos se escaparon por muy poco. Todos acudieron excepto uno: Mesut Özil. Directamente inició unas vacaciones en las que tuvo a Erdoğan como padrino de su boda con la actriz Amine Gülşe, celebrada en un hotel de lujo a orillas del río Bósforo, lo que revivió aquel antiguo conflicto que derivó en su renuncia a la selección alemana.

Al iniciar la temporada 2019/20, Özil fue ratificado como actor de reparto —jugó solamente 507 de los 1800 minutos (28,1 %) que estuvo Emery, antes de ser despedido, a finales de noviembre de 2019— hasta que Freddie Ljungberg tomó las riendas y pudo sumar algunas titularidades que lo dejaban en una posición muy favorable de cara al arribo de Mikel Arteta, quien, en un principio, contaba con él: jugó 977 minutos de los primeros 1110 minutos del ciclo. En esos primeros 12 partidos, no hizo aportes demasiado significativos (un gol y una asistencia), pero era pieza fija de un equipo que entró en una dinámica de resultados positivos. En medio de esta pequeña resurrección futbolística, en diciembre del 2019, Mesut Özil criticó públicamente la persecución a los musulmanes uigures en Xinjiang (China), donde esta minoría turca y musulmana llevaba tiempo siendo sometida por el gobierno en campos de detención, donde les prohíben practicar su religión y los obligan a la esterilización para que no se reproduzcan. Su mensaje a través de sus redes sociales no pasó inadvertido en absoluto. Özil, quien visitó La Meca en 2016, era el atleta musulmán más famoso del mundo, en ese entonces, y lanzó un duro comunicado que fue visto y difundido por sus más de 83 millones de seguidores en las redes sociales. Su imagen fue eliminada de las versiones chinas de los videojuegos FIFA 20 y Pro Evolution Soccer 2020; además de que la Televisión Central de China (CCTV) decidió no emitir aquel fin de semana el partido de la Premier League entre Arsenal F.C. y Manchester City, pese a que el club londinense emitió un comunicado en Weibo —la cuenta de Özil fue bloqueada— donde destacaba que era una opinión personal del jugador y que su postura como organización siempre es apolítica.

El último de los 254 partidos que jugó Mesut Özil con la camiseta del Arsenal F.C. fue el 7 de marzo de 2020 ante West Ham. Antes de irse, reemplazado por Héctor Bellerín en el minuto 89, le dio una asistencia con la cabeza a Alexander Lacazette, sin saber que sería su último compás en una orquesta a la que no volvería a dirigir jamás. La pandemia de coronavirus fue un golpe de impacto muy duro para la industria del fútbol, pero un mazazo letal para un Mesut Özil que, definitivamente, empezó a despedirse del club. En medio de la crisis financiera derivada del COVID-19, el Arsenal F.C. propuso a la plantilla del primer equipo un recorte salarial del 12,5

% durante 12 meses, que fue inicialmente rechazado. Mikel Arteta tuvo que intervenir en la negociación; pidió a sus jugadores que aceptaran la reducción solicitada por el club. El sitio *The Athletic* informó en ese momento que Özil, siendo uno de los capitanes, fue el único que se negó a participar de esta medida y, cuando el club anunció el despido de 55 trabajadores, el mediocampista alemán se comprometió a pagar el sueldo de Jerry Quy, quien durante 27 años se vistió de *Gunners*aurus, la mascota del club en días de partido. El club londinense tuvo que aclarar que no era un despido definitivo —solo momentáneo por la falta de público— y que incluso Jerry era candidato a volver a ocupar el puesto. Así, el vínculo entre el Arsenal F.C. y su jugador mejor pago empezó a ser cada vez más incómodo, al punto que fue descartado de las convocatorias y no fue inscripto para ninguna competición, de cara a la temporada 2020/21. Lo que parecía un cuento de hadas, acabó siendo una película de terror. Ese Mesut Özil que deslumbró al mundo con su técnica, control y lectura del juego, que poco exponía de su vida e intereses personales, se convirtió en un futbolista nocivo dentro la atmósfera que se intentaba instalar en el Emirates Stadium, bajo la conducción de Mikel Arteta, quien se hizo cargo de depurar un vestuario que había acumulado a varios jugadores de renombre y que no justificaban sus monstruosos sueldos con sus rendimientos deportivos.

HALE END F.C.

Aquellos meses, donde los intereses de Mesut Özil chocaron con los de un Arsenal F.C. que intentaba salir a flote en medio de la difícil reestructuración que supuso la salida de Arsène Wenger —además del frustrado ciclo de Emery y el impacto económico de la pandemia de COVID-19—, le sirvieron al club para identificar algunos vicios del pasado. Özil no fue el único futbolista a los que Edu y Mikel Arteta, como responsables del área deportiva, principalmente, dejaron salir a través de una rescisión de contrato. Durante muchos años, el vestuario se había llenado de jugadores experimentados que se mudaron al Emirates Stadium para seguir instalados en la élite, pero demostraron con sus rendimientos que no estaban a la altura de las circunstancias. No solamente no colaboraron en el resurgimiento deportivo de la institución, sino que sus costosos contratos y criticables actuaciones terminaron transformándose en una carga muy pesada.

Cuando Petr Čech fue contratado por Wenger en junio de 2015, su currículum era impactante. A sus 33 años, había jugado casi 500 partidos durante sus 11 años en el Chelsea, donde había ganado múltiples trofeos y había sido galardonado con el Guante de Oro de la Premier League en tres ocasiones. Pero en el norte de Londres, más allá de sus 139 presentaciones y ganar la FA Cup 2016/17, siempre fue una sombra de su mejor versión, y en la imagen de su último partido no podría ser peor: recibió cuatro goles en la final de la UEFA Europa League 2018/19 ante Chelsea, en Bakú. Tiempo después regresó a Stamford Bridge para tomar un cargo en los despachos. Otro de esos jugadores que llegó con grandes logros, pero dejó una pésima imagen fue Stephan Lichtsteiner, quien fue fichado como jugador libre, después de ser campeón de la Serie A en cada una de sus siete temporadas en la Juventus, pero apenas jugó 23 partidos en los *Gunners*. También hay que incluir a David Luiz, a quien Emery conocía del Paris Saint Germain y le dio el lugar que dejó vacante Laurent Koscielny de manera abrupta; y otros nombres como Cédric Soares o Willian. A estos se les han sumado algunos refuerzos que estuvieron muy por debajo del nivel pretendido, como Sead Kolašinac, Sokratis Papastathopoulos o Shkodran Mustafi. Todos ellos fueron parte de una etapa en la que la Junta no logró dar en la tecla con la conformación de un grupo de trabajo eficiente en el área deportiva. Hubo varios mercados de transferencia ineficientes, sin cohesión entre la estrategia y la política deportiva, lo que generó una notable inestabilidad en el primer equipo. Aunque en ese contexto, donde el club rompió nuevamente su récord de transferencias para fichar al extremo marfileño Nicolás Pépé (desde el Lille) a cambio de £ 72 millones, también se incorporaron algunos jugadores de futuro prometedor, como Gabriel Magalhães, William Saliba, Kieran Tierney y Gabriel Martinelli; a quienes después se les sumaron otros jóvenes talentosos, como Nuno Tavares, Albert Sambi Lokonga, Ben White, Aaron Ramsdale, Takehiro Tomiyasu y Martin Ødegaard, quien había jugado cedido desde el Real Madrid —que lo fichó con 16 años como una futura superestrella— un semestre en 2021 y llegó al Emirates Stadium de forma permanente, al pagar £ 30 millones de libras por su ficha en agosto de ese mismo año.

Es importante que jugadores internacionales de alto perfil, como Bernd Leno, Thomas Partey o Pierre-Emerick Aubameyang, sigan incorporándose al club para sostener en alto la vara de la competitividad. Aunque en una entidad que tiene menos margen de error en sus compras que los clubes que se sostienen a base de las inyecciones económicas de sus inversores, también ha quedado demostrado que se debe confiar mucho en el gran trabajo que se hace en la Academia. A fines de marzo del 2017, el Arsenal F.C. dio por inauguradas oficialmente las nuevas instalaciones de formación académica en Hale End, una localidad del este de Londres, donde la institución tiene su fábrica de jugadores y, años más tarde, empezó a ser considerada como una de las academias de fútbol con mayor tasa de éxito en la producción de futbolistas profesionales, por tener un gran número distribuido por toda Europa. En un estudio publicado por el *CIES Football Observatory* en septiembre de 2021, el Arsenal F.C. apareció como el club inglés más productivo en las cinco principales ligas de Europa, con 51 jugadores surgidos en Hale End, distribuidos en las 31 principales divisiones de Europa —25 de ellos en las cinco grandes ligas (Inglaterra, Alemania, Italia, España y Francia)—, por delante del Manchester United y Chelsea, que figuran en la lista con 35 jugadores cada uno. Ese ha sido el resultado del desarrollo del campus ubicado en Wadham Road que alberga instalaciones de última generación, gracias a un importante proyecto de remodelación llevado adelante por Ivan Gazidis, en la recta final del ciclo de Arsène Wenger como mánager, que requirió una inversión de £ 50 millones y dos años de trabajo. En varias de las paredes de Hale End, los niños aspirantes a ser jugadores *gunner*s pueden ver imágenes de Kieran Gibbs, Francis Coquelin, Héctor Bellerín, Jack Wilshere, Emi Martínez, Chuba Akpom, Ainsley Maitland-Niles y Wojciech Szczęsny, entre otros graduados que llegaron a ser parte del primer equipo. Algunos de ellos, como Alex Oxlade-Chamberlain, Alex Iwobi o Joe Willock, se posicionaron entre las ventas más caras de la historia del club.

Una vez concretado el proyecto que Gazidis encabezó durante el ocaso del mandato de Wenger, los primeros grandes productos de Hale End —que generaron un gran impacto en el primer equipo y pusieron de manifiesto la importancia de la Academia— fueron Bukayo Saka y Emile Smith-Rowe. Ambos se unieron al Arsenal F.C. a una edad muy temprana y escalaron desde las categorías infantiles, hasta irrumpir en la élite de forma meteórica. En 2018, se los pudo ver combinarse en la ofensiva del Arsenal U18 y, un par de años más tarde, estaban cargando sobre sus espaldas al equipo dirigido por Mikel Arteta, luciendo las camisetas número 7 y número 10. Arteta no fue quien impulsó sus debuts en la Premier League, pero se encargó de darles la confianza y el tiempo de juego necesario para que pudieran exhibir esa química que construyeron en las divisiones inferiores. Ambos se estrenaron ante el FC Vorskla Poltava, en la UEFA Europa League, aunque Smith-Rowe hizo su primera aparición el 20 de septiembre de 2018, en el Emirates Stadium, y la de Saka ocurrió en el partido del 29 de noviembre de ese año, jugado en Ucrania. De allí en adelante, cada uno a su tiempo, lograron escalar hasta la titularidad en el primer equipo.

Aunque Bukayo Saka debutó poco más de un mes después que Smith-Rowe, logró ganarse ese lugar de privilegio con mayor rapidez. Desde sus primeros días en Hale End, donde llegó con tan solo 8 años de edad, fue considerado un talento sobresaliente. Tuvo un desarrollo vertiginoso, pero a la vez muy ameno, ya que la política educativa del club no ofrece un programa a tiempo completo para niños en edad escolar; todos los jugadores viven con sus familias y continúan asistiendo a sus propios colegios, con los amigos con los que han crecido. En el caso de Bukayo Saka, eso fue una ventaja. Sus padres, nigerianos que emigraron a Londres por trabajo, le inculcaron valores religiosos y se esforzaron para convertirlo en un alumno ejemplar de la Greenford High School. Fue muy saludable que Saka pudiera sostener ese equilibrio entre el fútbol y su vida personal; esto lo ha convertido en un jugador tan ambicioso como humilde. Durante su adolescencia, tuvo que lidiar con dolores físicos por su crecimiento acelerado y la exigente competencia a la que estaba expuesto, porque su habilidad precoz le permitió a menudo jugar en categorías superiores a la suya. Pero la recompensa le llegó poco después de cumplir 17 años, cuando Emery le dio una oportunidad en el primer equipo: en el partido ante Fulham, el 1 de enero de 2019, hizo su debut en la Premier League, siendo el primer jugador nacido en el 2001 en irrumpir en la élite del fútbol inglés. En sus primeras apariciones, se presentó como un jugador versátil. Cuando Sead Kolašinac y Kieran Tierney se lesionaron, Saka emergió como una alternativa fiable para el lateral izquierdo. Ya había desempeñado ese rol en algunas de sus convocatorias a las selecciones juveniles de Inglaterra, aunque en el Arsenal U23 que era dirigido por Freddie Ljungberg era habitual verlo jugar de extremo. Ljungberg fue uno de sus grandes mentores. Le transmitió la sapiencia de sus años como figura del club y le dio un rol importante durante su interinato en el primer equipo, lo que le permitió a Mikel Arteta contar con un futbolista más aclimatado al profesionalismo, al tomar las riendas del vestuario. Con Arteta fue que empezó a explotar su potencial. Tuvo que seguir adaptándose a varias posiciones antes de instalarse como atacante, pero cualquiera que fuera su posición en el campo de juego, nunca dejó de demostrar su inteligencia táctica superior y un alto grado de acierto en la toma de decisiones. En julio de 2020, con solamente 37 partidos como profesional, firmó un contrato a largo plazo con el club. Y su zurda mágica y la capacidad de adaptación a distintos roles también le valieron la convocatoria para jugar la Eurocopa 2020 con la selección absoluta de Inglaterra, donde, pese a fallar el penal definitivo en la tanda de la final ante Italia en Wembley, se terminó de consolidar su *estatus* como uno de los jóvenes prospectos más atractivos de Europa. En octubre de 2021, en un partido de la Premier League en condición de visitante ante el Leicester City, Bukayo Saka llegó a los 100 partidos con la camiseta del Arsenal F.C. a la edad de 20 años y 55 días, lo que reflejó un notable crecimiento en un corto período de tiempo. Algo que también experimentó Emile Smith-Rowe, autor de un gol en ese partido en el King Power Stadium, donde Saka alcanzó su centenar de presentaciones.

Smith-Rowe mostró desde muy pequeño una habilidad natural para dominar la relación espacio-tiempo y requería pocos toques para influir en el juego; eran atributos innatos que solamente necesitaban ser nutridos para verlo destacar en el fútbol profesional. Llegó a la Academia cuando solamente tenía 10 años y rápidamente sus padres decidieron mudarse desde el sur al norte de Londres, para evitar los viajes de 90 minutos tres veces por semana. Al igual que Bukayo Saka, jugaba con frecuencia en categorías mayores a la suya y eso llamó la atención de otros clubes, incluso el Tottenham quiso seducirlo cuando tenía 15 o 16 años. Pero se quedó en el Arsenal F.C., porque era el club al que apoyaba junto a su hermano mayor y, además de brillar en sus categorías inferiores, también empezó a destacar en las selecciones juveniles de Inglaterra, con las que llegó a consagrarse campeón en la Copa Mundial Sub-17 de la FIFA en 2017. Al año siguiente de ese evento, Unai Emery lo llevó a la gira de pretemporada en Singapur y firmó su primer contrato profesional, aunque antes de ganarse un lugar en el primer equipo, tuvo que atravesar algunas arduas experiencias por fuera del club. En enero de 2o19, con solo 18 años y después de marcar un gol ante el Qarabağ en la UEFA Europa League 2018/19 que lo convirtió en el primer jugador nacido después del 2000 en anotar para los *Gunners*, emigró a la Bundesliga para jugar en el RB Leipzig. Su estancia en Alemania moldeó su carácter, ya que estuvo marcada por algunas lesiones leves. Al tener tan poco tiempo de juego, gran parte de su período de préstamo en territorio germano se centró en otras áreas de desarrollo, como por ejemplo el análisis táctico. Regresó meses más tarde a London Colney para seguir bajo el ala de Emery, pero fue en las tres semanas del interinato de Freddie Ljungberg en las que, finalmente, pudo tener sus primeros minutos en la Premier League. No obstante, al mismo tiempo que Mikel Arteta tomaba el timón en el Emirates Stadium, el Huddersfield Town lograba llevarse cedido a Smith-Rowe, quien encontró el rodaje y esos minutos que tanto necesitaba para desarrollar su potencial y no había podido tener en Leipzig. Y llegó su hora. Arteta decidió darle una oportunidad, para intentar ponerle fin a la crisis creativa que padecía su equipo durante la primera mitad de la temporada 2020/21, una decisión que transformó por completo su sistema. En su primera aparición en esa campaña, que fue en el

Boxing Day ante Chelsea, demostró que era la pieza que le faltaba al engranaje. Finalmente, Emile Smith-Rowe jugó 33 partidos en todas las competiciones en ese curso y se ganó un lugar de privilegio, de cara a la campaña siguiente: firmó un nuevo contrato a largo plazo y recibió la camiseta número 10 que había dejado vacante Mesut Özil. Su nuevo dorsal no fue una carga pesada, más bien una motivación para demostrar que tiene calidad para llevar al Arsenal F.C. muy lejos. Tanto él como Saka también llevaron su talento a la selección inglesa durante el proceso clasificatorio para la Copa Mundial de la FIFA Qatar 2022: ambos participaron como titulares (y convirtieron un gol cada uno) en la victoria por 10-0 que dio el boleto a la Copa del Mundo, al elenco dirigido por Gareth Southgate. Su crecimiento meteórico no solamente se manifestó puertas adentro; el mundo fue testigo de la aparición de dos grandes talentos que se formaron en el Arsenal F.C., pero escalaron a la cima del fútbol internacional.

El poder de la Academia volvió a manifestarse justo cuando los *Gunners* más lo necesitaban, en medio de la profunda reconstrucción que llevó adelante Mikel Arteta después de no clasificar para ninguna competición europea, por primera vez en 25 años. Además de Smith-Rowe y Saka, los aficionados se dieron el gusto de ver en el primer equipo a otros jugadores, como Ainsley Maitland-Niles, Joe Willock, Reiss Nelson, Eddie Nketiah, Matt Smith, Florian Balogun y Miguel Azeez, por nombrar algunos. Eso generó que, en muchas ocasiones, fuera utilizado el apodo Hale End F.C. para referirse al equipo. Detrás de esos nombres, están otros como Charlie Patiño, Omari Hutchinson, Omar Rekik, Harry Clarke, Salah Oulad M'hand; y las perlas de sangre latina: Marcelo Flores y Alexei Rojas Fedorushchenko, hijos de padre mexicano y colombiano, respectivamente. Invertir en futbolistas de clase mundial nunca dejará de ser importante; es una condición ineludible en la élite de un fútbol cada vez más industrial. Aunque en el Arsenal F.C. ya ha quedado demostrado que no se despilfarra dinero en jugadores. Puede que eso haga más complejo el proceso de construcción de un vestuario competitivo al más alto nivel, pero también le da más protagonismo al propio desarrollo y fabricación de figuras. Por eso el Emirates Stadium siempre será un sitio ideal para los jugadores jóvenes, atractivos, humildes, elegantes y ganadores; sobre todo para aquellos que se críen con el ADN que identifica a un club cuyos hinchas pueden sentirse orgullosos de que hay una extensa lista de jugadores que defendieron la camiseta, con la misma pasión que lo hubieran hecho ellos.

CAPÍTULO V

YOU CAN'T BUY CLASS

De un club construido y gestionado por la clase trabajadora en Inglaterra pasó a ser una de las instituciones deportivas más valiosas del mundo. Hubo un largo camino para que ese equipo de operarios —que disputaba partidos en las canchas de Plumstead— se convirtiera en una marca global, moderna y elegante que se ha propagado de Londres a todo el planeta. El Arsenal Football Club ha sido una parte importante en el desarrollo industrial del fútbol británico y se ha sumergido de lleno en esa expansión. Como sucede en muchos otros clubes de la Premier League, sus raíces están ligadas a ese sector del proletariado que emergió con ideales deportivos desde las fábricas, pero esa herencia se ha diluido entre la metamorfosis estructural y la participación activa de los inversores extranjeros. La agrupación que fue creada por David Danskin y Jack Humble, dos escoceses que llegaron a vestir la camiseta de su Royal Arsenal F.C. antes de dedicarse estrictamente a labores directivas, cayó más de un siglo después en manos de un empresario estadounidense, Stan Kroenke, que lo más cerca que estuvo del deporte —antes de empezar a usarlo como vehículo comercial— fue cuando practicó béisbol, baloncesto y corrió en pista durante su infancia.

Que Kroenke gradualmente haya tomado el control del Arsenal F.C. puede considerarse como un movimiento más dentro de la corriente que permitió a la plutocracia internacional apoderarse de las asociaciones deportivas más emblemáticas. El club ya era un gigante del fútbol inglés que empezaba a tomar vuelo a escala mun-

dial con los éxitos que se conseguían con el revolucionario modelo de gestión deportiva de Arsène Wenger, quien potenció los valores culturales más primitivos de la entidad para darle una dimensión brutal. Aunque el verdadero despegue inició mucho tiempo atrás, con Henry Norris, el traslado a Highbury y el trabajo de un Herbert Chapman que difícilmente se hubiera imaginado que, entre otras cosas, el estadio de los *Gunners* iba a ser trasladado a unas pocas cuadras y rebautizado con el nombre de una aerolínea, con sede en un territorio donde —todavía en su época— no se habían descubierto las reservas de petróleo que lo convirtieron en una potencia regional de Medio Oriente.

HENRY NORRIS, EL PRIMER DUEÑO

A lo largo de los años, el fútbol atravesó una infinidad de cambios que han ido de la mano con la globalización. Cualquier club con fuerte respaldo financiero puede considerarse el más grande del mundo y dominar la escena, si el dinero invertido empieza a dar frutos. La gestión deportiva se ha complejizado, pero el dinero se ha convertido en un factor determinante para el crecimiento. Aunque al retroceder en el tiempo, en las etapas más primarias de este deporte, las cosas no eran tan complicadas. Hasta mediados del siglo XX, era muy sencillo saber cuán grande o importante era un equipo. Alcanzaba con repasar su rendimiento deportivo, ver en qué posición había terminado en la liga o saber cuántas competiciones había ganado esa campaña. El Arsenal F.C., de hecho, llegó a 1950 siendo el primero en ganar siete títulos de la máxima categoría del fútbol inglés y también había conquistado dos veces la FA Cup. La estabilidad financiera no era regulada ni se trataba de una cuestión central; principalmente, dependía de los administradores parroquiales de turno, cuyos feudos personales garantizaban que los equipos no cayeran en la desafiliación ni sufrieran el impacto que podrían generar los eventuales viajes de pretemporada o las transferencias de jugadores. No obstante, haber dependido de benefactores para sobrevivir es, en parte, una de las razones por las que los problemas económicos no tardaron en presentarse para el equipo surgido de la fábrica de armamentos.

En abril de 1893, cuando el Royal Arsenal F.C. era un club con cerca de 600 miembros que cada año elegía un comité y un presidente para dirigir el club, se firmaron unos documentos para ceder sus activos y buena voluntad al emergente Woolwich Arsenal

F.C., que también se quedó con el alquiler de una cancha en Plumstead: Manor Field. Al mes siguiente, el equipo fue admitido en la Segunda División de la Football League, lo que significó que —por primera vez— un equipo de Londres se sumaba al profesionalismo. Ese fue el final feliz del primer gran conflicto financiero que tuvo que atravesar el club. Todo comenzó casi un año antes. En junio de 1892, tres directivos —William Reid, Alf Singleton y Henry Stewart—, miembros incondicionales del Royal Arsenal F.C., quedaron fuera del comité que dirigía el club a través de las elecciones. Fue solamente un año después de haber sido elegidos con una gran cantidad de votos y siendo de los participantes más activos en la Junta. No contentos con esto, y con la intención de darle mayor e*status* social al club, aquellos *gentlemans* se aliaron con George Weaver, quien era dueño de un campo de fútbol, Invicta Ground, donde el equipo estaba haciendo de local. El objetivo era aumentar el alquiler de la cancha para poner en aprietos a la entidad, que —sin un lugar físico para entrenar y competir— quedaba totalmente vulnerable. Según se explica en el libro *Woolwich Arsenal: 1893-1915: The Club That Changed Football*, escrito por Tony Attwood, Andy Kelly y Mark Andrews, hubo una reunión clave el 26 de enero de 1893: "Esta reunión reveló la magnitud de los problemas que enfrentaba el Royal Arsenal. El presidente William Bradbury Jackson explicó que Weaver había aumentado el alquiler de las 200 libras esterlinas al año pagadas en la temporada pasada, a 400, con el club también pagando los impuestos sobre la propiedad, lo que agregaría otras 100 al total. Después de algunas negociaciones, el propietario redujo ligeramente su demanda a £ 350 más impuestos y un miembro en el comité. El presidente del Royal Arsenal confirmó que las negociaciones por el Invicta Ground habían estado en marcha desde mayo del año anterior, pero que Weaver había ignorado todos los intentos del Royal Arsenal de negociar hasta noviembre, cuando presentó su primera oferta de £ 400. Hubo seis meses sin correspondencia de Weaver, lo que podemos considerar que difícilmente sea la acción de un propietario ansioso por ver a su inquilino continuar en su tierra. Como era de esperar, el comité general expresó sus objeciones al pago de esta nueva tarifa, que no solamente duplicaría el alquiler que pagaba el club, sino que también representaba una suma muy superior a las £ 100 al año que la mayoría de los otros clubes pagaban por sus terrenos". Allí Singleton y Stewart tomaron posturas opuestas, siendo este último quien se negaba a conciliar y quería forzar la bancarrota de la institución. Weaver, cuyo negocio consistía en fabricar botellas para el agua mineral pero buscaba ampliar su fortuna metiéndose en el fútbol, intentó forzar aún más esta posibilidad, al manifestar que había desembolsado £ 8000 para remodelar el Invicta Ground y po-

dría vendérselo al club por £ 10 000, lo que representaba una cifra astronómica para un equipo recién surgido. Su intención era generar una deuda fatal en la emergente sociedad constituida como *Woolwich Arsenal Football and Athletic Company Limited*, que se creó ofreciendo abiertamente 3000 acciones de £ 1 cada una (de un capital social de £ 4000 en total) y con varias personas vinculadas al club arriesgando los ahorros de toda su vida y sus casas para asegurar la supervivencia de la institución que habían formado con mucha ilusión siete años atrás.

George Weaver, sin darse por vencido, hizo un ofrecimiento final del campo de fútbol, por un pago inicial de £ 3000 (£ 1000 de las cuales se podrían entregar en acciones de la nueva sociedad limitada) y con £ 7000 a ser saldadas en un período determinado, pero con un interés del 3 %. Rápidamente, la figura de Jack Humble, uno de los fundadores del Arsenal F.C., emergió para liderar la oposición contra esta operación que hubiera acabado con el club, porque se habrían comprometido a comprar el terreno, pero difícilmente habrían podido vender todas las acciones. Mientras intentaban poner palos en la rueda a los *Gunners*, estos caballeros también fundaron un segundo equipo, el Royal Ordnance Factories F.C. (ROFFC) para gobernarlo a gusto y placer, aunque nunca lograron darle el vuelo deseado ni la estabilidad para llevarlo lejos. Quizá porque pusieron más energías en boicotear al Woolwich Arsenal F.C. que en alimentar el crecimiento de una entidad que finalmente terminó disolviéndose en 1896. Llegaron al punto de sobornar a James Cavey, propietario de la cancha de Plumstead, Manor Field, para que no se la alquilara al club. Cuando Cavey había alcanzado un acuerdo para rentar su cancha por £ 50 anuales al Woolwich Arsenal F.C., los *gentlemans* del ROFFC le ofrecieron £ 75 para bloquear el acuerdo y que usara su terreno en labores de pastoreo. Todas estas maniobras no cumplieron su cometido e incluso le dieron impulso a los *Gunners* para seguir adelante, porque cuando la saga parecía terminada, el Woolwich Arsenal F.C. compró 13 hectáreas del Manor Fields a uno de sus dueños a cambio de £ 300 por cada una (£ 3900 en total). Uno de los grandes artífices de este hito fue un directivo, George Lawrance, quien firmó los contratos e hizo los depósitos para obtener la propiedad absoluta del lugar. Y también de varios directores que firmaron una "hipoteca solidaria", es decir, los integrantes de la Junta asumieron la responsabilidad de un préstamo bancario de forma personal y no como empresa. Fue un gran riesgo, sobre todo para Lawrance, que asumió una gran parte del compromiso de devolver ese dinero. "Sin duda, para muchos de los hombres involucrados, estas garantías estaban más allá de sus posibilidades y lo habrían perdido todo si alguna vez hubieran tenido que pagar. Hombres como Humble, Beardsley, McQueen,

Parr, Fowler y Brown tenían poco dinero en ese momento y vivían en casas alquiladas. El fracaso del club habría significado la quiebra y todo el oprobio que habría traído. Los directores más ricos, como Lawrance, Cavey, J. Hodgin y H. Hodgin, podrían haber perdido sus casas, su reputación y sus negocios", explican Attwood, Kelly y Andrews en su libro.

Para 1896, el Woolwich Arsenal F.C. llegó a recaudar £ 1500 y canceló parte del préstamo vendiendo parcelas de tierra alrededor del Manor Ground (como fue renombrado), lo que redujo la deuda a la mitad. Pero el club nunca pudo juntar suficiente dinero mediante la venta de acciones para saldar los préstamos. Incluso la tribuna sur que se construyó en 1894 fue financiada por integrantes de la Junta. Por lo tanto, aunque tenía su propio estadio, las dificultades financieras no cesaron y había fallas estructurales que eran maquilladas por la generosidad de los directores más acaudalados y el talento administrativo de un Jack Humble, que se las ingeniaba para tener de pie al equipo de fútbol que había inventado junto a David Danskin. Para colmo, había factores externos que también generaban impacto en la economía del club, como por ejemplo la segunda guerra Bóer, ese conflicto entre el Reino Unido y los fundadores de las repúblicas independientes del Estado Libre de Orange y la República Sudafricana, en el nordeste de Sudáfrica. "La guerra debería haber sido una bendición para el club con trabajo garantizado para la afición local. Sin embargo, la producción en el Royal Arsenal aumentó a tales niveles que los empleados se vieron obligados a trabajar los sábados por la tarde, lo que provocó que la asistencia promedio a los partidos cayera en más del 40 % en 1899", apuntan Attwood, Kelly y Andrews en su obra. Otra vez apareció el ingenio de Humble, quien empezó a organizar eventos para reunir fondos, como torneos de arquería o bazares, que dieron hasta £ 800 a las arcas de un club que estaba cada vez más cerca de su segunda crisis.

Al término de la temporada 1903/04, un año después del fin de la segunda guerra Bóer, el Woolwich Arsenal F.C. subió al escalón más alto del fútbol inglés a 11 temporadas de su nacimiento. No obstante, aunque el equipo mostraba un crecimiento dentro del campo de juego, las cosas no iban tan bien afuera. La asistencia promedio al estadio empezó a decaer aún más debido a que había aumento en el número de clubes de Londres en la Football League y que las dificultades financieras no cesaban. Jack Humble decidió dejar su cargo presidencial por motivos familiares al término de la temporada 1905/06, y con la disminución del aforo en los partidos, el Woolwich Arsenal F.C. se acercaba a la bancarrota otra vez. Eran épocas donde el 95 % de los clubes se sostenía gracias a la gente que iba a ver los partidos. Las fábricas del Royal Arsenal empleaban unas 15 000 o 16 000 personas que en su tiempo libre iban a ver al equipo. Pero cuando el Reino Unido se quedó sin guerras y no se hacían armamentos, hubo muchos despidos y no había dinero para ir a la cancha. Además, la partida de una figura emblemática como Jack Humble, que influyó en las decisiones gerenciales durante 20 años, provocó un cambio de enfoque en las políticas deportivas. A partir de 1908, la idea era tratar de equilibrar los balances vendiendo a los futbolistas estrella y apostando por talentos locales, ya que muchos de ellos llegaban a los *Gunners* por ser el único club profesional de su región. Había solicitudes constantes de jugadores de todo el sureste del país. Lamentablemente, la cantidad de jóvenes talentos fue menor a lo esperado y esto impactó en el rendimiento de un Woolwich Arsenal F.C. que se salvó del descenso en los últimos partidos de la temporada 1909/10. Lo que no se pudo evitar fue el desastre financiero.

El 18 de marzo de 1910 se llevó a cabo una reunión de emergencia en la que George Leavey y el consejo de administración buscaron el acuerdo de los accionistas para liquidar el club. Después de la muerte de George Lawrance y en los últimos años de gestión de Humble, Leavey se había convertido en uno de los principales financistas de la entidad y pagaba, entre otras cosas, el salario de los jugadores. Su participación inició con la compra de una acción en 1889, pero cinco años después ya tenía en su poder un total de 155 (el mínimo para formar parte de la Junta eran 25). Ante la inminente quiebra, intentó crear una nueva compañía, e incluso el club puso a la venta 2000 acciones al público, pero esta vez no hubo éxito, pese a que gente ligada al Tottenham, Chelsea y el Glasgow Rangers intentaron comprarlas. De hecho, los Spurs obtuvieron algunas acciones del Arsenal F.C. y el club escocés las tuvo en su poder hasta el 2007.

Parecía que no había salida; otra vez la desaparición golpeaba la puerta de la entidad, pero la salvación llegó en mayo de 1910, cuando tres hombres ligados al Fulham F.C. se acercaron al equipo más prestigioso de Londres: Henry Norris, William Hall y Gilbert Allen se enteraron de lo que ocurría en Plumstead. “Había varias personas que estaban potencialmente interesadas en hacerse cargo del club enfermo, pero un hombre dominaba los titulares: Henry Norris, alcalde de Fulham y director de Fulham en la Segunda División. Como columnista habitual de los periódicos regionales de Londres, Henry Norris usó sus contactos para escribir una serie de artículos sobre lo triste que era que lo que él llamaba el ‘club de profesionales de alto nivel’ en Londres estuviera en problemas. Es interesante especular sobre lo que Norris realmente quería lograr con la desaparición del Woolwich Arsenal F.C. Se podría argumentar que simplemente quería utilizar la situación en el sureste de

Londres como una forma de conseguir publicidad para sí mismo, realzando la imagen de Henry Norris, hombre del pueblo, amigo del fútbol. También podría ser que inmediatamente vio la posibilidad de fusionar Fulham con Arsenal para formar un nuevo equipo de Primera División. Quizá también le gustó la idea de que los clubes jueguen en Craven Cottage, alternándose los sábados. Ciertamente presentó ambas ideas a los directivos del Arsenal y a la Football League", relatan en el libro Woolwich *Arsenal: 1893-1915: The Club That Changed Football*.

Las autoridades de la Liga debían preparar la temporada 1910/11 y enviaron un subcomité a una reunión de George Leavey con Norris, Hall y Allen. El empresario —que había logrado su fortuna construyendo casas al sur y al oeste de la capital de Inglaterra, y ocupaba un cargo político en Fulham— se ofreció a comprar el Woolwich Arsenal F.C. y pagar a todos los acreedores, además de hacerse cargo de los registros de todos los jugadores para que siguieran cobrando su salario. Aunque la única cláusula a la que se opuso la Football League era la de fusionar ambos equipos y formar un Fulham Arsenal F.C. que ocupara la vacante que dejaban los *Gunners* en la Primera División. Esta negativa hizo que Henry Norris ofreciera que ambos clubes funcionaran por separado, pero compartieran el terreno de Craven Cottage, lo que no tuvo oposición de la Liga, pero sí de George Leavey, quien no quería mover al Woolwich Arsenal F.C. a ninguna parte. Tras unos minutos de diálogo, Norris terminó confirmando que el club estaba a salvo y que iba a permanecer en Plumstead. Finalmente, se hizo cargo de las deudas sin imponer condiciones. Fue un acto de generosidad y honor pocas veces visto. No solo pagó todas las obligaciones de la antigua compañía y se hizo cargo del respaldo de la hipoteca que George Leavey tenía sobre la cancha del club, sino que le dio un préstamo de 15 años y se hizo cargo de una factura impaga de £ 1300 que el arquitecto Archibald Leitch (a quien Norris había contratado para desarrollar el terreno de Craven Cottage en 1905, exactamente al mismo tiempo que Leitch trabajaba en Stamford Bridge) tenía a su favor por un trabajo en Manor Ground en 1904. Sin embargo, tenía sus propios intereses y su idea de la mudanza no iba a tardar en materializarse.

EL TRASLADO A HIGHBURY

Después de la tormenta, siempre sale el sol. Gilbert Allen decidió finalmente abrirse del proyecto, mientras que Henry Norris y William Hall compraron cada uno 240 acciones (18,75 %) de un Woolwich Arsenal F.C. que había sobrevivido a otra fuerte crisis financiera. Además, consiguieron vender 1280 acciones de las 4000 que ofrecieron públicamente y, al igual que sucedió con el primer golpe económico, aquel que comenzó por la malicia de George Weaver de subir la tarifa de alquiler de su cancha, el club salió fortalecido. George Leavey convenció a Jack Humble para regresar al club, aunque no como miembro fijo de la Junta. Empezó a colaborar otra vez en la entidad y eso llevó tranquilidad a un público que miraba de reojo al empresario que había pensado en fusionarlos con otro equipo. Pero Norris era el mandamás. Todavía sin ser el mayor accionista, tomó un rol principal en la directiva y encabezó decisiones trascendentales para el futuro. Llegó a fichar hasta 13 jugadores entre el verano de 1912 y febrero de 1913. Mostraba su proactividad para mejorar al equipo. Aunque su prioridad número uno era el proyecto de tener un nuevo estadio y sabía que podía trasladarse a donde quisiera porque la Liga no se negó a su idea de llevar al Arsenal F.C. a Craven Cottage. En abril de 1912, Leavey sintió que era momento de dejar su cargo como directivo y apoyar al club solamente como fanático, lo que dejó sin oposición a Henry Norris para dejar atrás el Manor Ground.

Hubo un punto de inflexión en la temporada 1912/13, cuando el Woolwich Arsenal F.C. terminó último con 18 puntos en 38 partidos (tuvo una racha de 23 partidos sin ganar) y descendió por única vez en su historia. Solamente 3000 personas acudieron a la jornada de cierre; el club no solo había perdido apoyo, también parte de su aura, prestigio e influencia en una región donde ya había una gran oferta de equipos profesionales. Aunque a esa altura, después de que Norris recorrió Londres durante meses, la mudanza era un hecho. “El terreno que encontró Norris era parte de las instalaciones deportivas propiedad del St. John’s College, Highbury, un centro religioso que capacitaba a jóvenes para la iglesia. La universidad (una fundación privada) no estaba contenta con el posible cambio de uso, pero tenían sus propios problemas. Sus ingresos estaban disminuyendo a medida que la Iglesia de Inglaterra había cambiado las reglas de calificaciones que los hombres necesitaban para ser ordenados, y vender o arrendar la tierra era casi su única opción. Afortunadamente para ellos, la tierra había sido cedida al colegio por un benefactor, sin restricciones en cuanto a su uso.

Sin nadie más interesado en tomar el contrato de arrendamiento, Norris debe haber parecido un regalo del cielo (si me disculpan la expresión) para la universidad. La historia de la mudanza del Arsenal se mantuvo en secreto hasta el 22 de febrero de 1913, cuando los periodistas finalmente se dieron cuenta de que Norris estaba en Gillespie Road", señalan los historiadores Attwood, Kelly y Andrews en su obra.

Mientras el equipo intentaba subir nuevamente a la máxima categoría, Henry Norris puso todo su empeño en el traslado a Islington, donde la comunidad temía por el desembarco de un club de fútbol que pudiera atraer fanáticos violentos y alcohólicos. Finalmente, la gestión llegó a buen puerto y el primer partido en Highbury se jugó el 6 de septiembre de 1913 en un estadio en construcción que se transformó, poco a poco, en un ícono del fútbol inglés y fue el cálido hogar del club durante 93 años. El contrato de arrendamiento era por 21 años a cambio de £ 20 000, aunque también se había estipulado que el St. John's College podría solicitar la devolución del terreno en su estado original. Pese a esta cláusula, Norris no titubeó en absoluto e hizo una apuesta todopoderosa con su fortuna personal, para la edificación de tribunas y oficinas que, al igual que Craven Cottage, también habían sido diseñadas por Archibald Leitch. Realmente fue muy osado de su parte, porque difícilmente habría podido marcharse si por algún motivo debía dejar ese terreno de la calle Gillespie Road. Lo cierto es que esa incertidumbre se terminó 12 años más tarde, en 1925, el mismo año en el que Henry Norris convirtió a Herbert Chapman en el mánager mejor pago de Inglaterra al contratarlo a cambio de un salario de £ 2000. El Arsenal F.C. —que quitó el Woolwich de su nomenclatura pocos años después la mudanza— también compró las tierras de Highbury por £ 64 000, lo que le permitió levantar las restricciones de jugar el Viernes Santo y el día de Navidad. Aunque antes del desembarco de Chapman, hubo otro episodio que marcó la administración de Norris y Hall, quienes aumentaron paulatinamente su participación accionaria, pero nunca estuvieron ni cerca de ser los principales benefactores de la institución.

Pese a que la Primera Guerra Mundial inició a mediados de 1914, la Football League pudo completar los torneos de Primera y Segunda División en la temporada 1914/15, con los *Gunners* finalizando en el 5° puesto, a siete puntos de la segunda plaza de ascenso a la élite. Al cierre de la campaña se suspendió el fútbol competitivo en Inglaterra. Muchos jugadores se inscribieron para luchar en la guerra y los clubes, que disputaron torneos no oficiales de carácter regional, pusieron sus estadios y gran parte de su gente a disposición del país en el conflicto bélico. Por ejemplo, Norris impulsó económicamente la creación del primer Batallón de Futbo-

listas y fue nombrado caballero específicamente por este trabajo. Además, el Arsenal F.C. había estado alquilando el Manor Ground a un club *amateur* que habían creado los lugareños para llenar el vacío que la entidad dejó con su partida, pero —en tiempos de guerra— este equipo se disolvió y en noviembre de 1915 el terreno fue reemplazado por una nueva fábrica de armamentos. Incluso Highbury fue prestado al Tottenham para sus partidos porque White Hart Lane era utilizado para fabricar equipos de protección, como máscaras de gas.

Una vez que reinó la paz en el planeta, la hostilidad llegó a los despachos de la Liga inglesa: se esperaba que el Arsenal F.C. permaneciera en la Segunda División, pero fue elegido mediante una votación para regresar a la máxima categoría. Ese ascenso desde los escritorios es uno de los sucesos más controvertidos de la historia del fútbol británico, pero —a más de un siglo de lo ocurrido— no ha aparecido ni la más mínima evidencia que demuestre que se trató de un fraude orquestado por Henry Norris o gente del club. La decisión final se tomó el 10 de marzo de 1919, en una reunión que llevó a cabo la Football League para volver a poner en marcha su industria. En aquel encuentro se acordó expandir la cantidad de equipos de las dos máximas divisiones: cada una pasó a estar integrada por 22 clubes. Lo tradicional hubiera sido que Chelsea y Tottenham, que terminaron al fondo de la tabla de posiciones en el último torneo disputado antes de la guerra, siguieran en la élite y se unieran a los dos mejores equipos del certamen de Segunda División, en este caso Derby County y Preston North End. Ciertamente, ambos subieron; los *Blues* conservaron su plaza, pero los Spurs no evitaron la caída. Por si fuera poco, su lugar quedó en manos de sus archirrivales del norte de Londres.

Para comprender esta decisión es necesario saber que hubo una polémica directamente vinculada con los ascensos y descensos: la Liga determinó que el resultado del partido entre Manchester United y Liverpool el 2 de abril de 1915 había sido arreglado. Aquel 2-0 a su favor permitió al conjunto mancuniano terminar con un punto más que Chelsea. Hasta siete jugadores fueron vetados de por vida del fútbol inglés por ese escándalo; se les ofreció unirse al ejército para no ser castigados. Lógicamente, desde Stamford Bridge usaron este bochorno para que las autoridades les permitieran seguir en la Primera División y lo consiguieron por unanimidad. En simultáneo, varias entidades empezaron a pujar por adelantado para quedarse con la otra vacante y se llevó a cabo la votación en la que Arsenal F.C. (18 votos) superó ampliamente a Tottenham (8), Barnsley (5), Wolverhampton Wanderers (4), Nottingham Forest (3), Birmingham (2) y Hull City (1), así como Coventry City y West Ham United fueron los elegidos para jugar en Segunda.

Pese a las acusaciones a lo largo de los años, nunca quedó demostrado si Henry Norris —o su ladero William Hall, de perfil más bajo pero integrante del comité de administración de la Football League desde 1912— sobornó a alguno o a varios miembros de la Junta que falló a favor del club. Es probable que Norris haya utilizado su gran oratoria y capacidad de gestión para persuadir o poner a la prensa de su lado en su afán de demostrar que merecía ese lugar en la élite del fútbol inglés. Es extraño que no hayan surgido pruebas fehacientes de irregularidades, si hubieran sido reales. De hecho, hubo numerosas oportunidades para que aparecieran pruebas para desacreditar a Norris y Hall, sobre todo porque su adiós a Highbury en 1927 fue escandaloso: la FA los expulsó del fútbol de por vida al descubrir irregularidades financieras en transferencias de jugadores que fueron destapadas por el periódico *Daily Mail*. Hasta Jack Humble, que era completamente inocente, terminó sancionado porque la FA consideró que, siendo director del club, tendría que haber revisado más de cerca las transacciones que beneficiaron a Norris, quien mantuvo en su poder la mayor parte de las acciones que tenía hasta que murió en 1934. A esa altura, después de varias emisiones de acciones para recaudar fondos para la construcción de Highbury, gran parte de los activos del Arsenal F.C. estaban en manos de familias adineradas del norte de Londres. Si bien muchas acciones que se vendieron durante el gerenciamiento de *sir* Henry Norris y William Hall se perdieron a lo largo de las décadas, otras terminaron de definir el futuro gerencial de la institución.

LA DINASTÍA HILL - WOOD

Cuando Peter Hill-Wood decidió dar un paso al costado y dejar su puesto de presidente del Arsenal F.C. en manos de *sir* Chips Keswick para cuidar su salud (sufrió un ataque cardíaco en diciembre de 2012, después de un brote de neumonía), se terminó una era en el club del norte de Londres. Durante más de 90 años, su apellido estuvo estrechamente ligado con las decisiones que llevaron al club a convertirse en uno de los mejores equipos de fútbol del mundo. Ninguna otra familia ha estado tan involucrada con ningún otro club durante tanto tiempo. Peter, quien falleció en 2018 a los 82 años, fue uno de los presidentes con más años de servicio en la historia del Arsenal F.C. (1982-2013), pero esa es solamente la punta del *iceberg*. Todo comenzó mucho tiempo atrás. Desde el

desembarco de Henry Norris y William Hall, el club tuvo problemas para recaudar fondos —mediante la venta de acciones— durante muchos años; pero ambos participaron activamente en la incorporación de otros inversores para sostener la gran estructura que formaron cuando concretaron la mudanza a Highbury. El benefactor de mayor influencia fue Samuel Hill-Wood, abuelo de Peter, hijo de un exitoso empresario de la industria del algodón en la localidad de Glossop (Derbyshire). Samuel se educó en Eton College, una famosa institución que vio pasar por sus aulas a primeros ministros, líderes mundiales, premios Nobel y varias generaciones de la realeza. Era un entusiasta jugador de *cricket* que se interesó rápidamente por el fútbol y fue propietario del Glossop North End, que llegó a pisar la Primera División del fútbol inglés. Su desembarco en la Junta Directiva de los *Gunners* se concretó en 1923 y la polémica salida de Norris lo catapultó a la presidencia de una entidad en la que Herbert Chapman ya había iniciado su revolucionario ciclo. Este exitoso empresario, quien hasta 1929 fue miembro del Parlamento inglés como representante de la circunscripción de High Peak, acertó al darle la llave de la institución a un visionario como Chapman, quien tuvo luz verde para concretar los planes que pusieron al club en el mapa. Sabía que el éxito estaba ligado a los deseos de su mánager, por lo que no dudó en abrir la billetera para incorporar jugadores. En 1928, los *Gunners* concretaron el primer fichaje de cinco dígitos del fútbol mundial al pagar £ 10 890 por David Jack del Bolton, una cifra que fue superada una década más tarde cuando el club pagó £ 14 000 por Bryn Jones del Wolverhampton.

Aunque las inversiones en futbolistas tuvieron que esperar cuando estalló la Segunda Guerra Mundial, que golpeó mucho más fuerte que su antecesora. El estadio de Highbury se transformó en un bastión ARP (*Air Raid Precautions*) y el equipo debió jugar sus partidos de local en White Hart Lane. Para ese entonces, el estadio *gunner* se había convertido en una gigantesca y bella pieza arquitectónica. Chapman en 1932 había inaugurado la tribuna West Stand diseñada por el arquitecto francés Claude Waterlow Ferrier, que en ese momento era la grada más moderna en Inglaterra y tenía asientos para 4000 personas (capacidad para 17 000 espectadores de pie). Cuatro años después, se inauguró la elegante East Stand que idearon el arquitecto William Binnie y el propio Ferrier. Su famosa fachada exterior era todo un ícono del movimiento *art déco*, que tuvo su auge entre las guerras, y puertas adentro había un lujoso vestíbulo principal con piso de mármol (*Marble Halls*) y un busto en homenaje al fallecido Herbert Chapman. Allí estaban la sala de juntas, el salón de cócteles, los camerinos para los jugadores —ambos con pisos calefaccionados y baños de mármol—, las instalaciones de prensa y las oficinas centrales. Era una especie de hotel del fútbol de cinco estrellas; la inversión de £ 180 000 había garantizado una comodidad inaudita para los espectadores del deporte británico. Muchos años después, la estructura recibió el *estatus* de edificio Grado II, lo que garantiza su preservación, pese a que el club se mudó el Emirates Stadium en 2006 y se transformó en un edificio de apartamentos. Las bombas del conflicto bélico cayeron en otros sectores. El techo de la tribuna *North Bank* se derrumbó y gran parte de las terrazas de la tribuna sur también sufrieron daños en un ataque en 1941, por lo que tuvieron que ser reparadas de cara la reanudación del fútbol. Fue quizás el desafío más grande de un Samuel Hill-Wood que permaneció en la presidencia hasta su fallecimiento en 1949.

Su hijo Denis Hill-Wood, que se convirtió en director del Arsenal F.C. cuando murió su padre, llegó a la presidencia en octubre de 1961, tras la renuncia de Bracewell Smith, un hotelero y político que llevaba varios años como accionista, pero que se alejó por problemas de salud, aunque su familia también estuvo ligada al club durante un largo tiempo: su hijo George (mejor conocido como Guy) se le unió en 1953, mientras que sus nietos, Richard y Clive Carr, reanudaron el vínculo familiar en 1981. Otro de sus nietos, Charles Bracewell-Smith, se casó con Nina Kakkar en 1996 y ella también formó parte de la directiva durante tres años y medio. De hecho, tuvo un papel decisivo cuando unió fuerzas con el primo de su esposo, Danny Fiszman, para evitar que el club cayera en manos del magnate ruso Alisher Usmánov. En mayor o menor medida, las familias Hill-Wood y Bracewell-Smith estuvieron en la conducción de la institución desde la Segunda Guerra Mundial hasta que los Kroenke tomaron el control. Transformaron al Arsenal F.C. en una de las instituciones más tradicionales de Inglaterra, algo que empezó a cambiar cuando un empresario, David Dein, compró sus primeras acciones en 1983 e introdujo, paulatinamente, sus modernas ideas comerciales.

DAVID DEIN: GLOBALIZACIÓN EN EL FÚTBOL INGLÉS

A Peter Hill-Wood, la presidencia del Arsenal F.C. le cayó prácticamente de forma hereditaria. Era parte de la Junta Directiva hacía 20 años, pero estaba en un segundo plano, siendo Bob Wall —quien había empezado manejando la taquilla y la correspondencia personal de Herbert Chapman en 1928— el principal portavoz del

club. Al principio, las cosas se pusieron difíciles, pero hubo una decisión que generó un gran impacto en las siguientes tres décadas: los miembros de la Junta acordaron vender 1161 acciones no emitidas a un empresario londinense (David Dein), quien desembolsó £ 292 000 , para hacerse con el 16 % del Arsenal F.C. a principios de la década de los ochenta; una inversión a la que Peter Hill-Wood calificó de "dinero muerto", pero transformaría por completo a la institución que su familia había dirigido desde la salida de Henry Norris. En octubre de 1983, a poco de cumplir sus 40 años, este hombre de negocios que había hecho fortuna en el comercio del azúcar y del café —y que había abandonado sus estudios de economía en la Universidad de Leeds para centrarse de lleno en desarrollar una carrera empresarial—, decidió poner su dinero en las oficinas de Highbury. No quería enriquecerse ni apoderarse del club, simplemente buscó un lugar en los despachos del estadio al que acudía como fanático. Su impacto fue inmediato y se transformó en el motor principal de un Arsenal F.C. que desarrolló una visión mucho más globalizada en términos de gestión deportiva.

Dein solía visitar a la familia de su esposa Bárbara en Florida (Estados Unidos), y fue en esos viajes donde descubrió una nueva concepción del deporte y quedó maravillado con los modelos aplicados en el fútbol americano, el béisbol y el baloncesto que, sin dudas, abrieron su mente. Esas ideas frescas no solamente rompieron el molde de la dirigencia secular —que era encabezada por Peter Hill-Wood—, también patearon el tablero del fútbol inglés. A principios de los noventa, al tiempo que elevó su participación en el club al 42 % (mayor accionista en la historia hasta ese momento), tomó un cargo en el Consejo de la FA y empezó a aplicar sus conocimientos para impulsar el proyecto que reformaría la estructura y las finanzas del fútbol inglés por completo: nació la Premier League. David Dein, hábil en el mercado corporativo y amante del deporte, pregonaba la expansión de los clubes como marcas comerciales y defendía fervientemente el libre mercado en la negociación de derechos de TV; un modelo que se aplicaba en suelo estadounidense. Su doctrina también se aplicó puertas adentro en el funcionamiento diario del club y, principalmente, para la remodelación de Highbury: decidió financiar los £ 22.5 millones del costo de las obras de las tribunas *North Bank* y *Clock End*, a través de un esquema de bonos que generó descontento en los fanáticos. Dein esperaba que este sistema —que tuvo éxito en Estados Unidos— cubriera más del 70 % del dinero que se necesitaba para incorporar nuevos palcos ejecutivos, instalar una pantalla de video gigante y poner asientos en todas las zonas del terreno de juego por recomendación del informe que hizo el Gobierno británico, después de la tragedia de Hillsborough. Pero no salió como esperaba y gran parte de los gastos fueron cubiertos desde las arcas del club, que gozaban de buena salud gracias a los nuevos acuerdos de patrocinio que generaban los títulos obtenidos por George Graham. Lo que sí resultó un verdadero éxito fue el desarrollo de aquella idea de Vic Akers de crear un equipo femenino de fútbol, algo que Dein transformó en una prioridad sin que hubiera razones mediáticas o financieras para hacerlo.

Pese a que luego empezó a vender en tramos sus acciones, varias de ellas a su empresario amigo Danny Fiszman, su influencia en las decisiones iba en ascenso. David Dein comenzó a encargarse de cerrar los acuerdos y contratos con los jugadores después de que estalló el escándalo que le costó el puesto a Graham, y se mantuvo muy firme en ese rol cuando él mismo trajo a Arsène Wenger desde Japón. No hace falta decir que la contratación del estratega francés como nuevo mánager fue uno de los grandes aciertos durante la gestión de Dein como vicepresidente de un Arsenal F.C. que también empezó a pisar fuerte en el plano continental. En 2002, llevó al club a ingresar en el G-14, un grupo integrado por los principales clubes de fútbol de Europa —Manchester United y Liverpool, miembros fundadores en 1998, eran los únicos ingleses— que luego se transformó en la Asociación Europea de Clubes (ECA). Incluso Dein llegó a la presidencia del G-14 en el 2006 (año en que los *Gunners* jugaron la final de la UEFA Champions League contra el FC Barcelona en París), estuvo en el cargo por un período de dos años y también formó parte del Comité Ejecutivo de la UEFA. Lógicamente, no descuidaba sus labores en el club, pero Fiszman, finalmente, lo superó como el mayor accionista porque David Dein empezó a venderle su parte para solventar esas deudas contraídas por su empresa comercial, que sirvieron para desarrollar al club estructuralmente. Su ingenio le permitió al Arsenal F.C., que tenía ingresos de publicidad tan bajos como los de una parada de autobús, explotar al máximo su marca; esos intangibles históricos que Wenger redefinió con su filosofía deportiva y estilo de juego.

“NO COMPRAMOS SUPERESTRELLAS, LAS HACEMOS”

Dentro de la doctrina que Arsène Wenger desarrolló en el Arsenal F.C., el reclutamiento de jugadores se transformó en el eje central para obtener el éxito dentro y fuera del campo. Durante su período como mánager del club, el trabajo de *scouting* fue el

núcleo que le permitió al equipo adquirir futbolistas a bajo costo y, una vez que florecía su potencial y se integraban a la dinámica del primer equipo, se podía disfrutarlos o quizá venderlos a un precio mayor. "Esa es la filosofía de Wenger enunciada y lo que lo define. Incluso cuando tiene más dinero para gastar, quiere ceñirse a su visión, que es producir jugadores en lugar de comprar superestrellas. Como él dijo: 'No compramos superestrellas. Nosotros las hacemos. Si te doy un buen vino, verás cómo sabe y, después, preguntarás de dónde viene. Puedes ganar de diferentes formas, siendo más un equipo o teniendo mejores jugadores individuales. Es la ética de equipo lo que me interesa, siempre. El objetivo de todo mánager es tratar de entretener a la gente'", citó el periodista inglés John Cross en su libro *The Inside Story of Arsenal Under Wenger*. El reclutamiento fue un pilar dentro de la gestión deportiva que hizo el estratega francés desde que puso un pie en Highbury.

Al llegar al norte de Londres, se encontró con que el club solamente ojeaba jugadores en el mercado interno. El encargado era Steve Rowley, quien había comenzado a trabajar como reclutador a tiempo parcial a principios de la década del ochenta y colaboró con varias de las incorporaciones rutilantes que hizo George Graham. Pero Wenger entendió que había que ampliar horizontes, por lo que convirtió a Rowley en jefe de *scouting* y creó un departamento con él a su cargo. La exploración empezó en Europa, mayormente con jugadores listos para ponerse la camiseta del primer equipo y jugar en la Premier League; aunque con el correr del tiempo el talento empezó a llegar cada vez a edades más tempranas. "En nuestro equipo juvenil, reclutábamos a jóvenes jugadores procedentes del extranjero. Creo que, al seleccionarlos a tan corta edad, adquieren, más rápida y fácilmente, los códigos de la Premier League, la mentalidad y la cultura inglesas; además, por otro lado, inspiran a los jugadores nativos. Así pues, cuando los novatos extranjeros empezaban a jugar en el primer equipo, ya llevaban en Inglaterra cuatro años y nadie podía reprocharles no entender o no saber en qué consistía el juego inglés. Por mi parte, además, estaba seguro de que tal apertura contribuía al éxito del Arsenal; era necesaria una mezcla entre la cultura local y las culturas extranjeras", cuenta Wenger en su autobiografía *My Life and Lessons in Red and White*.

El primer gran acuerdo rentable para el club, que hizo un aporte significativo para profundizar este modelo económico y crecer a nivel estructural, fue el de Nicolas Anelka: llegó proveniente del Paris Saint Germain por £ 500 000 y se marchó vendido al Real Madrid a cambio de £ 22 millones solo después de dos temporadas. Ese dinero no solamente se invirtió en la llegada de nuevos jugadores, como por ejemplo Thierry Henry, sino que también permitió al club construir el moderno campo de entrenamiento

de London Colney. Cuando Wenger se unió al equipo, los ensayos se llevaban a cabo en un campo deportivo que era propiedad de la University College London Union (UCLU). Así había sido desde 1961, pero esto resultó inaceptable para un mánager que pretendía tener su propio búnker y darle todo el uso que fuera necesario. El arquitecto Richard Marshall y el director de proyecto Peter Kelsall recorrieron algunos de los mejores centros de entrenamiento de Europa en busca de inspiración, como los de Nantes, Auxerre y Bayern Munich, y luego diseñaron su propio plan. Aunque Arsène Wenger también estuvo muy involucrado en la construcción del recinto e introdujo varias de las innovaciones que había visto durante su paso por el Nagoya Grampus Eight de Japón. A lo largo de los años, ha sido remodelado en algunas oportunidades para optimizar al máximo las instalaciones, que también fueron utilizadas por la selección de fútbol de Inglaterra entre 2003 y 2012, año en que finalmente se construyó el St George's Park National Football Centre para uso exclusivo de los combinados nacionales ingleses.

El acuerdo de Anelka no fue el único altamente redituable que fue posible gracias a la política de reclutamiento que se instaló durante el mandato de Wenger, quien rápidamente extendió su red de ojeadores por varias regiones de Reino Unido, pero también sumó empleados en Francia, Suecia, España, Italia, Brasil, Holanda, República Checa y Alemania, e incluso empezó a monitorear a los talentos sudamericanos con personal del club instalado en Brasil y Argentina. De hecho, después de la marcha del DT francés, el club siguió beneficiándose de la venta de futbolistas incorporados gracias al trabajo de exploración que se hizo bajo su supervisión, como cuando vendió al argentino Damián Emiliano Martínez al Aston Villa por £ 20 millones, tras haberlo fichado con solo 17 años desde el Club Atlético Independiente más de una década atrás. La llegada de Dibu Martínez al norte de Londres fue impulsada por Francis Cagigao, un hombre que es reconocido por monitorear y recomendar los fichajes de Lauren, José Antonio Reyes, Santi Cazorla, Nacho Monreal, Mikel Arteta, Granit Xhaka, Alexis Sánchez, Carlos Vela, Héctor Bellerín, Robin van Persie y Gabriel Martinelli, en otras figuras; aunque su gran hito siempre ha sido la contratación de Cesc Fàbregas, quien fue fichado cuando era adolescente y supo ser ídolo *gunner*. "Hubo muchos aciertos. El de Fàbregas quizás es el más mediático por ser del Barça y coste cero, tras verlo con 15 años de edad, pero hubo muchos otros en los 24 años que trabajé para el club. Emi Martínez, ahora portero de la selección argentina, es un caso especial. Lo vi en Iquique (Chile) en el Sudamericano Sub-17 del 2009. No teníamos información de él, porque no había jugado antes con la selección y fue una apuesta importante. Fueron muchos años insistiendo a los técnicos del club y muchas discusiones

para convencerles de que era un portero de talla mundial y, al final, Emi lo demostró; estoy muy orgulloso por él. Se transformó en un portero y hombre de familia excepcional", cuenta el propio Cagigao al ser contactado vía correo electrónico.

Francis Cagigao ha trabajado en el departamento de reclutamiento del Arsenal F.C. durante más de dos décadas. En sus inicios era *scout* a tiempo parcial en la península ibérica, pero su extraordinaria labor lo hizo progresar hasta convertirse en Jefe del área de reclutamiento, puesto que ocupó hasta mediados de 2020, cuando el club lo despidió junto a más de 50 empleados debido a las consecuencias financieras producto de la pandemia. Su historia comienza como un hijo de inmigrantes españoles en Londres, criado en una de las tantas familias de clase obrera del barrio de Pimlico, al suroeste de la capital inglesa. Su padre fue un entrenador muy conocido del fútbol español y él comenzó a jugar a una edad muy temprana, con 3 o 4 años. Al llegar a la adolescencia, demostraba cualidades especiales y recibió una invitación para unirse a la academia de los *Gunners*, donde fue campeón de la FA Youth Cup de 1988. Tenía un gran futuro. No obstante, no llegó a jugar con el primer equipo. "Mi experiencia en la Academia del Arsenal F.C. fue grandiosa, por entonces jugaba de delantero y formamos un gran dupla de ataque con Kevin Campbell; él iba de punta y yo de mediapunta. Teníamos un técnico muy exigente, pero ideal como formador como Pat Rice. Mucho después, unos 30 años más tarde, llegué a ser jefe suyo porque trabajó un tiempo como *scout* cuando dejó de ser asistente de Arséne... ¡qué vueltas da la vida! Me hicieron una oferta para firmar un contrato de larga duración, tras ganar la FA Youth Cup y ya entrenaba con el primer equipo, pero también había interés del Real Madrid y Barcelona. Elegí fichar por el Barça (pagando derechos de formación ellos al Arsenal) con 18 años, además de que decidí jugar por la selección española sub-20 en vez de la inglesa. Vi favorable jugar en el Barça en esos momentos, quizá no fue la decisión correcta, pero también es verdad que, tras solamente nueve partidos en el Barcelona B, me lesioné de gravedad y me tuve que operar; fueron varias cirugías que lastraron mi progresión", rememora Cagigao, quien también vistió las camisetas del Racing Santander y Southend United, antes de retirarse en el Club Lemos, una entidad con sede en Galicia, donde nacieron sus padres. Cuando las lesiones empezaron a atormentarlo y al notar que su carrera de futbolista no iba ser muy fructífera, Francis Cagigao buscó por otras vías seguir ligado a este deporte. Se graduó como director técnico y tuvo una experiencia laboral con el equipo sub-15 del Arsenal F.C., asesorado por Don Howe. Aunque su vida dio un pequeño giro cuando su exentrenador Pat Rice le presentó a Arsène Wenger, quien recién llegaba al club y le comentó a Cagigao su visión cosmopolita e innovadora sobre el reclutamiento de jugadores. Quería montar una de las redes de ojeadores más sofisticadas del fútbol mundial. "Mi primera reunión que Wenger fue tras una sesión de entrenamiento con el sub-15, yo estaba sacando mi título de entrenador en la FA y mi proyecto práctico lo hice en el Arsenal F.C., a la vez que era jugador/entrenador en España (mi último año de jugador). Tras observar mi sesión con Pat Rice, me ofrecieron un puesto en la nueva secretaría técnica. Yo en esos momentos quería ser entrenador. Por fortuna, llegaron a un acuerdo con mi club e hice las dos cosas la siguiente temporada", explica Francis, que por entonces tenía 29 años y comenzó a detectar talentos en España y Portugal, mientras aprovechaba para seguir ligado al Club Lemos.

Su trabajo para el Arsenal F.C. empezó a ser cada vez más exhaustivo, sobre todo porque Wenger se ganó el mote de cazatalentos y el *scouting* se convirtió en una de las piedras angulares del modelo económico del club. Ante mayores exigencias, Cagigao eligió apostar de lleno a su empleo dentro del departamento que le habían creado a Steve Rowley, quien encabezaba una creciente red de ojeadores que fue paulatinamente conquistando más territorio en Europa: Gilles Grimandi, quien fuera uno de los primeros jugadores fichados por Wenger, se retiró del fútbol en 2003 y se instaló en Francia y Suiza; mientras que Jürgen Kost se trasladó en 2001 a Alemania y la República Checa. Luego se unió Danny Karbassiyoon, un estadounidense que pasó como jugador por Highbury y fue enviado a supervisar talentos en toda la región de Norteamérica, Centroamérica y el Caribe; y también Sandro Orlandelli, quien en 2002, después de trabajar en las juveniles de São Paulo y Corinthians, pasó a ser el cazatalentos del Arsenal F.C. en Sudamérica, enfocándose lógicamente en Brasil y Argentina. Cuando Orlandelli se fue, ese puesto fue ocupado por dos personas: el brasileño Everton Gushiken y el argentino Jonathan Vidalle, ya que el club interpretó que necesitaba más ojos para supervisar al granero de futbolistas del mundo. No obstante, ninguno de ellos tomó tanta relevancia como la de Francis Cagigao, quien recorrió un largo camino y considera que desempeñó un papel principal para las finanzas del club: "Hice de todo. Estuve desde los inicios del proyecto de *scouting* global impulsado por Arsène y trabajé codo a codo con Steve Rowley durante muchos años. Fui ojeador, luego jefe de *scouting* en Europa, también en Sudamérica y hasta jefe global de reclutamiento. Llegué a ser secretario técnico muchos años. También fui a la vez analista de rivales del primer equipo en la UEFA Champions League, incluso cuando jugamos la final contra el Barça. Además, formé parte de comités técnicos de desarrollo y progresión de jugadores jóvenes hasta ser parte del comité téc-

nico general. Incluso técnico de apoyo en campo del fútbol base en varias épocas y, cuando se fue Wenger, Ivan Gazidis me pidió quedarme un par de años más para ayudar en la transición; nada fácil. Fuimos pioneros en *scouting* con una secretaría técnica novedosa y muy exitosa. El éxito de detectar talentos y proporcionar ventas claves en un momento delicado para el club influyó mucho en las finanzas. Mi trabajo y el de muchos ha sido importante para la economía, pero el gran artífice de todo esto es Arsène Wenger".

Sin dudas, su acierto más resonante fue descubrir a Cesc Fàbregas, a quien vio jugar por primera vez a los 15 años. Su talento era evidente, pero al investigarlo en profundidad descubrió que también su carácter, antecedentes personales y estilo de vida eran ideales para la filosofía *wengerista*. Era un jugador fabricado en La Masía, que podría sentirse como en casa al desembarcar en London Colney y, además, encajaba con la idea de adquirir jugadores europeos jóvenes a bajo costo. Fàbregas debutó con el primer equipo con 16 años y 177 días, y vistió el brazalete de capitán por primera vez cuando tenía 21 años y 204 días. Cagigao lo acompañó en sus primeros pasos, como lo hizo con cada uno de sus descubrimientos, y —según dice— sus experiencias personales fueron claves para brindar ese apoyo: "Fue importante tener la experiencia 'al revés' de jugadores como Cesc, Bellerín o muchos otros jóvenes. Yo fui un joven talentoso que, si bien acabó jugando profesionalmente 12 años, no llegó a aprovechar del todo su potencial y acabó teniendo una carrera por debajo de las expectativas, como muchos otros. Esto me ayudó como técnico y secretario técnico; supe conectar con la mentalidad de muchos jóvenes jugadores y también ayudar a otros a adaptarse mejor a la Premier League, auténticos 'fuera de serie' como Robin van Persie, Santi Cazorla, José Antonio Reyes y muchos otros que solamente precisaban algo más de información y apoyo".

Estos acuerdos le dieron a Cagigao un papel destacado entre los *scouts* y Wenger confiaba tanto en su criterio que pasó de supervisar posibles objetivos en Europa y Sudamérica, a tomar el cargo de Steve Rowley en 2017. En simultáneo, el Arsenal F.C. contrató a Sven Mislintat —famoso cazatalentos alemán que había trabajado 11 años en el Borussia Dortmund y edificó el plantel que ganó dos títulos de liga y jugó una final de la UEFA Champions League, bajo las órdenes de Jürgen Klopp—, para convertirse en el jefe de reclutamiento. Mislintat duró solamente un año, porque la salida de Wenger y la de Ivan Gazidis, CEO del club entre 2008 y 2o18, provocaron un movimiento de fichas inesperado y sus métodos no encajaban con las ideas de la nueva conducción del fútbol, que estaba encabezada por Raúl Sanllehi. Su trabajo, que debía ser coordinado con Huss Fahmy (director de operaciones futbolísticas), Jaeson

Rosenfeld (jefe de análisis) y Unai Emery (entrenador), empezó a empantanarse. Sanllehi y Vinai Venkatesham, sucesor de Gazidis, no le dieron a Mislintat el rol que quería y lo vieron regresar a Alemania, para convertirse en director deportivo del VfB Stuttgart.

En esas más de dos décadas en las que Francis Cagigao estuvo en el club, muchas cosas cambiaron en la detección del talento. Al principio, su trabajo consistía en presenciar partidos y confiar en su ojo experimentado, pero luego apareció el *Big Data* para darle un enfoque alternativo a su labor. "Se empezó a utilizar más la tecnología, más video aplicado al *scouting*; los reclutadores se apoyan en datos para filtrar y controlar el mercado. Aunque al final la esencia es la misma. Hay que tener el ojo entrenado, mucho entendimiento del juego, talento a la hora de detectar, y personalidad y convicción para insistir y recomendar. 'Requiere talento reconocer al talento', es una gran verdad en este gremio. El *Big Data*, o simplemente data o *stats*, como me gusta decir a mí, es un apoyo fundamental para ahorrar tiempo, filtrar con más efectividad y estructurar y calibrar en base a los perfiles específicos (algoritmos en terminología de números) que buscas como entidad, pero la esencia es el entendimiento del juego, el análisis y el ojo entrenado tras ese filtro inicial", profundiza Cagigao, quien dio su último gran golpe —antes de marcharse del Emirates Stadium— cuando cerró la contratación del brasileño Gabriel Martinelli, que pasó de un modesto club de la cuarta división de Brasil, a tener impacto inmediato en el Arsenal F.C. de Emery. Fue Everton Gushiken, uno de sus soldados, quien le habló de las cualidades de Martinelli y Cagigao no dudó en tomar un avión para observarlo por sí mismo. Mientras que Gushiken y Jonathan Vidalle se aseguraron de imponer la presencia del Arsenal F.C. en todos los partidos del Ituano Futebol Clube para que no se les escapara de las manos, Cagigao se encargó de convencer a Sanllehi de negociar una opción de exclusividad para atar a una de las joyas que no tardó en demostrar su potencial en el norte de Londres. Fue la frutilla del postre en una larga gestión que acabó a mediados de 2020, cuando el club prescindió de la gran mayoría de sus cazatalentos como medida para amenizar el impacto económico de la pandemia de COVID-19 y darle a la estructura un estilo más corporativo. Aunque retuvieron a algunos de los *scouts*, como al binomio sudamericano Gushiken-Vidalle, que trabajan en una región donde los jugadores han sumado facilidades para obtener permisos de trabajo después del *Brexit*, gracias a un nuevo sistema basado en puntos que comprende partidos en ligas nacionales, internacionales juveniles y competiciones continentales como la Copa Libertadores o la Sudamericana. Y tras el adiós de Cagigao, que fue contratado por la Asociación Nacional de Fútbol Profesional (ANFP) de Chile, se armó un departamento informalmente de-

nominado *Football Intelligence*, que empezó a ser coordinado por Jason Ayto. La intención fue directamente integrar esas áreas que trabajaban separadas para que brinden información a Edu Gaspar —futbolista del club en la época dorada de Wenger que se convirtió en el director deportivo en 2019— sobre los posibles objetivos. Con el tiempo, esa tensión que existía entre los reclutadores más antiguos y los miembros de *Arsenal Data Analytics* (lo que antes era *Stat DNA*) quedó resuelta porque todos los analistas que están al servicio del club ahora se sienten más cómodos con el uso de videos y datos para evaluar a los jugadores y producir informes; un golpe de timón para instalar una visión que se adapta mucho mejor a las exigencias del fútbol moderno y optimiza una labor que, algunas décadas atrás, solamente era posible si un grupo de personas estaba distribuida en distintos puntos del planeta. Aunque ese no fue el único ajuste de tuercas en el modelo económico de un club que nunca volvió a ser el mismo cuando dejó Highbury para mudarse otra vez.

LA MUDANZA AL EMIRATES STADIUM

Hay poco más de un kilómetro de distancia entre una y otra locación; es un trayecto de menos de 10 minutos a pie, aunque son mundos absolutamente distintos. Highbury, la casa del Arsenal F.C. durante casi un siglo, fue uno de los terrenos más elegantes y mágicos de Inglaterra. Ese vestíbulo —símbolo del *art déco*, con piso de mármol y el busto de Chapman—, que estaba envuelto en la famosa fachada de la East Stand que realzaba a las casas victorianas de sus alrededores, con los símbolos del club colocados entre los ventanales rojos y la paredes blancas, eran estructuras impregnadas de las historias más importantes de la institución. La clase se filtraba por los poros de una construcción que empezó a quedar anticuada ante el impacto de algunos factores. Primero, por el cambio de paradigma generado por la tragedia de Hillsborough, que redujo el aforo a 38 419 personas, cuando el récord de asistencia en Highbury llegó a ser de 73 295 a mediados de la gloriosa década del treinta y que, 50 años más tarde, albergó aproximadamente a 50 000 espectadores. Y después, por la magnitud que se había alcanzado con los éxitos deportivos de Arsène Wenger y la comercialización de una marca que llevaba su sello. En el norte de Londres sabían que era momento de dar el salto, sobre todo porque en un acuerdo temporal para ejercer la localía en Wembley durante los partidos de la UEFA Champions League 1998/99 y 1999/00, se registró un pico de concurrencia de 73 707 personas.

"Dejar Highbury y asistir a su desaparición resultó descorazonador. Pero no teníamos otra opción: el estadio antiguo podía albergar a 38 000 espectadores y en cada partido teníamos una lista de espera enorme. Highbury no bastaba. Éramos como una empresa obligada a rechazar clientes. Después de buscar un terreno cerca, decidimos cambiar de sede. Pensábamos invertir £ 220 millones en la construcción, pero acabamos pagando 428. El terreno sobre el que decidimos construir ya costaba 128 millones. Había que recolocar a las empresas que ocupaban el recinto. Y el precio del estadio ascendió muy rápidamente. En la época de la construcción, cada fila de asientos costaba 4000 libras. Y el nuevo estadio iba a ser para 60 000 espectadores", relata Wenger en su autobiografía. El Emirates Stadium, ese coloso en forma de elipse ubicado en Ashburton Grove, con sus vigas tridimensionales y un techo sostenido por tubos de acero y policarbonato para proteger a los espectadores sin interrumpir el flujo de aire, se transformó en la nueva casa, pero también en una mochila pesada.

Aunque su apertura fue en el 2006, la planificación para construirlo inició a finales de la década de los noventa y el Arsenal F.C. empezó a preparar el terreno a nivel financiero para hacer frente al proyecto en la temporada 2000/01. Primero, nació la firma *Arsenal Holdings PLC* para actuar como empresa matriz de otras empresas subsidiarias que tienen roles específicos. También se autorizó la emisión de 6217 acciones adicionales, de las cuales 2947 se vendieron a un grupo, Granada Media, quienes obtuvieron una participación del 5 % en la entidad como parte de un plan de dos etapas, con una inversión total de £ 77 millones destinados a las obras. De hecho en 2005, Granada Media adquirió la otra mitad de acciones no emitidas para elevar su participación al 9,99 %. Debido a un descuido en la primera parte del acuerdo, Granada tuvo que dejar una acción sin comprar para evitar llegar al 10 %, porque, de lo contrario, habría sido considerado un accionista mayoritario, según las reglas de la Premier League, y no podría tener acciones en ningún otro club; cuando también había adquirido un porcentaje del Liverpool FC. Esa única acción no emitida se vendió a la agrupación *Arsenal Supporters Trust*, con el apoyo de toda la Junta. Esto significó un ajuste en el porcentaje de la participación de cada accionista, ya que ahora se basaba en un total de 62 217 acciones, en lugar de 58 947.

Para ese entonces, David Dein ya había cedido su lugar de principal benefactor a su amigo Danny Fiszman y empezó a remar contra la corriente, ya que la mudanza era impulsada en contra de su voluntad. A Dein, un pionero en muchos aspectos comerciales en

el fútbol inglés, la opción que más le convencía era la de recurrir a un trato con Wembley para usar su capacidad. No estaba interesado en dejar Highbury, porque consideraba que embarcarse en semejante proyecto iba a perjudicar la capacidad financiera del Arsenal F.C. para invertir en jugadores en los mercados de traspasos y, por ende, iban a correr desde atrás en la pelea por los títulos con sus rivales directos. Pero otros miembros de la junta, en particular Fiszman y el histórico Ken Friar, querían buscar un lugar propio y que estuviera dentro del distrito londinense de Islington. Los resultados del Arsenal F.C. en las noches de Champions League en Wembley les sirvieron para sostener la idea de que era mejor crear un nuevo hogar, en lugar de buscar alojamiento. Además, era una época donde los ingresos de taquilla todavía eran demasiado significativos para el modelo económico del club, por lo que consideraban que un nuevo estadio podría achicar la brecha con los clubes más poderosos.

La relación de David Dein y Danny Fiszman, el hombre al que él le vendió gran parte de sus acciones, sufrió un quiebre porque el cambio de estadio era un hecho. Su ladero en la mudanza fue Kenneth John Friar, quien trabajó en el club durante 70 años y, en septiembre de 2020, se convirtió en presidente vitalicio. Ken Friar se educó de niño en el St. John's College, que poseía los terrenos donde se construyó Highbury, y comenzó a trabajar en el Arsenal F.C. a tiempo parcial cuando solo tenía 12 años. Cuando dejó la escuela en 1950 fue contratado para encargarse de la taquilla del club y se convirtió en secretario, tras el ascenso de Bob Wall a la Junta en 1973. Su imparable crecimiento tuvo un nuevo giro una década más tarde, al ser nombrado director general por el presidente Peter Hill-Wood, cargo que desempeñó hasta que empezó a concentrarse en el traslado al Emirates Stadium, donde luego quedó inmortalizado en una estatua que lo representa jugando al fútbol cuando era solamente un niño que pateaba su pelota; esa que quedó atascada debajo del coche de George Allison, quien le dio su primer empleo ocasional como mensajero entre la recepción y la taquilla en días de partido. Aquel pequeño terminó convirtiéndose en una personalidad muy fuerte dentro de la estructura de la institución y una figura importante en la nueva mudanza. Ken Friar vio cómo los informes mecanografiados pasaron a escribirse en cinco minutos, o esos *tickets* que se mandaban a producir a una imprenta —y eran chequeados físicamente con el plano de los asientos—, se empezaron a elaborar puertas adentro con tecnología especial. Pasó de esos primeros días en que no había una gran cantidad de accionistas ni grandes operaciones comerciales, al acuerdo de patrocinio de JVC en la camiseta, por más de £ 100 000 al año, y otros tratos mucho más jugosos. Y tal como le contó a Nick Ames en una

entrevista para el libro *So Paddy got up - an Arsenal anthology*, se abocó de lleno al trabajo de llevar al Arsenal F.C. a su nuevo hogar: "Recuerdo que trabajábamos más de 80 horas a la semana con regularidad, durante casi seis años, cuando estábamos trabajando en el nuevo estadio. Recuerdo que Danny me preguntó una vez: '¿Te sientes cansado?' Le dije: 'Sí, un poquito', y luego me dijo que habíamos trabajado 87 horas esa semana. Así que, en particular, fue un momento muy desafiante. Estábamos comenzando las reuniones en las oficinas de los abogados a las 8 de la mañana y a veces ponía la llave en la cerradura de mi casa a las 6 de la mañana del día siguiente".

Aunque los enredos en los despachos no eran la única dificultad, el Arsenal F.C. también empezó a tener problemas para que los bancos les dieran el efectivo necesario para concretar el sueño de la nueva casa. Al tiempo que el equipo de Arsène Wenger se coronaba campeón invicto en la temporada 2003/04, el proyecto estaba en suspenso porque no se conseguían los avales necesarios. En ese punto, el protagonista fue Keith Edelman, quien tomó el puesto de director de operaciones que era de Ken Friar. Edelman se transformó en el responsable de todas las actividades comerciales y administrativas de la entidad entre 2000 y 2008, incluido el rediseño del escudo que empezó a utilizarse a partir del 2002. Fue el artífice del trato en dos partes que se hizo con Granada Media, pero principalmente encabezó los acuerdos de patrocinio de Nike, valorado en £ 130 millones durante 10 años, y con Emirates Airlines por más de £ 100 millones, donde se incluían los derechos del nombre de la nueva cancha. Aquellos contratos a largo plazo sirvieron como cobertura para satisfacer a los bancos y desarrollar el nuevo estadio, pero el club entró en una dinámica peligrosa y pocas veces vista. El Arsenal F.C. había tenido sus dificultades financieras a fines del siglo XIX y principios del XX, pero llevaba largas décadas de consolidación y crecimiento sostenido. A otras instituciones les había tocado atravesar turbulencias. Justamente, la llegada de Roman Abramovich salvó al Chelsea y el Liverpool estuvo al borde del abismo antes de que el Fenway Sports Group se hiciera cargo de Anfield. Pero el Arsenal F.C. era diferente; se había desarrollado como un club conservador y ese apodo de Bank of England (Banco de Inglaterra), que nació en la década de 1930, todavía tenía vigencia, pese a que ese entorno de propietarios familiares, sensibles y reacios al riesgo había desaparecido por completo. En la nueva conducción habían optado por hipotecar los uniformes, como también los ingresos de las transmisiones del Reino Unido y varias parcelas de tierra del campo de entrenamiento de London Colney. Los *Gunners* llegaron al punto de rezar para que el mercado inmobiliario se mantuviera estable y las tasas de interés fueran manejables

para seguir adelante con su plan, ya que Highbury se convirtió en un complejo de apartamentos. "Para construir el nuevo estadio necesitábamos ingresos constantes y la transformación de Highbury en viviendas fue una forma de financiar el proyecto del Emirates. En esa época, nos habíamos convertido en la empresa inmobiliaria más grande de Inglaterra. Cuando la crisis del sector sacudió Londres en 2008, se puso difícil vender los apartamentos y la situación se volvió tan crítica que, en ocasiones, tuvimos que vender más barato y sacar dinero procedente del fútbol para financiar la empresa inmobiliaria. Cuando pasó la crisis, vendimos los apartamentos, los terrenos que teníamos en los alrededores y conseguimos superar el bache", rememora Wenger en su autobiografía. Al momento de la mudanza, el estratega francés llevaba una década en el club y había extendido su contrato por cinco años más. Su trabajo iba a ser determinante para sostener al Arsenal F.C. en el más alto nivel de la Premier League; mientras en las oficinas se desataba una batalla de dos pesos pesados para quedarse con el mando.

KROENKE VS. USMÁNOV

A David Dein realmente le preocupaba que la mudanza al Emirates Stadium fuera a condicionar de forma negativa al Arsenal F.C., al momento de competir con el resto de los clubes animadores de la Premier League. Sin embargo, su idea de utilizar Wembley jamás tuvo asidero y el proyecto del nuevo estadio se materializó rápidamente. Los primeros minutos de fútbol en la nueva cancha fueron el 22 de julio de 2006, con la realización del partido homenaje a Dennis Bergkamp, quien anunció su retiro tras la derrota ante el Barça en la final de la UEFA Champions League disputada en París. Aunque su estreno a nivel competitivo fue en un partido frente al Aston Villa correspondiente a la jornada inaugural de una Premier League 2006/07 que tenía al Chelsea F.C. como defensor del título. El desembarco del multimillonario ruso Roman Abramovich en Londres tuvo un golpe de impacto inmediato y su equipo se proclamó bicampeón del fútbol inglés, justo después de la histórica gesta de Los Invencibles. Un nuevo contendiente había surgido. Aquellos años en los que la batalla era mano a mano entre Arsène Wenger y Alex Ferguson habían quedado atrás. Y en septiembre del 2008, un grupo inversor de Emiratos Árabes Unidos (EAU), con Sheikh Mansour bin Zayed Al-Nahyan como máximo accionista, compró el Manchester City. Era otro peldaño más en una montaña cada vez más difícil de escalar. La competencia no tardó en tornarse desigual, porque, más allá de que estos dos propietarios estaban dispuestos a despilfarrar miles de millones de libras para convertir a sus clubes en campeones, el Arsenal F.C. tenía que pagar un alto precio por cambiar de estadio. No era un contexto para nada sencillo. Mientras afuera había instituciones beneficiándose de las inyecciones económicas de sus nuevos dueños, en los despachos estudiaban cada movimiento financiero, porque esos recursos estaban atados al cumplimiento con los préstamos que hicieron posible la construcción del nuevo hogar sin ayuda del Estado o de un benefactor de turno. Con préstamos bancarios, bonos a largo plazo y acuerdos de patrocinio, se había logrado sostener la estructura, pero el riesgo estaba latente. Una idea comenzó a girar en la cabeza de David Dein. Tenía que conseguir su propia "gallina de los huevos de oro", para cubrir las necesidades que surgieran durante ese período de turbulencia que se había iniciado, tras la mudanza al Emirates Stadium y el surgimiento de nuevos oponentes. Aquella posibilidad llegó a sus manos desde los Estados Unidos, un país con una concepción comercial del deporte que fascinaba a Dein, por lo que no dudó en persuadir a Stan Kroenke para unirse al club.

Su vínculo nació al mismo tiempo que el Arsenal F.C. se preparaba para irse de Highbury. Un ejecutivo de la firma Kroenke Sports & Entertainment (KSE), Jeff Plush, quien trabajaba específicamente en el desarrollo de los Colorado Rapids en la Major League Soccer (MLS), pensó que sería positivo si la franquicia de fútbol del *holding* de la familia Kroenke —dueños también de Los Angeles Rams (NFL), Denver Nuggets (NBA) y Colorado Avalanche (NHL)— se asociaba con un club europeo, idealmente en la Premier League. Plush usó de puente a Dick Law, que hasta ese momento había trabajado con el Arsenal F.C. en algunas transferencias en Sudamérica, para reunirse con David Dein y luego con el director comercial Adrian Ford. Sus diálogos se prolongaron durante varios meses y, finalmente, Stan Kroenke viajó a Londres para conocer a Dein cara a cara, en las oficinas del club. Sus conversaciones resultaron tan fructíferas, que Kroenke compró las acciones de Granada Media (9,9 %) a cambio de £ 65 millones en abril del 2007, y el por entonces vicepresidente del Arsenal F.C. cavó su propia tumba. El desembarco del magnate norteamericano fue recibido con hostilidad, tanto por los fanáticos como por otros accionistas y también por el presidente Peter Hill-Wood.

Aunque David Dein fue inmediatamente destituido de la Junta Directiva, no se alejó por completo del club. Y Kroenke no detuvo su plan. Un mes después, convencido de lo atractivo que resultaba ser parte de un histórico club del fútbol inglés embarcado en un proyecto inmobiliario como era el traslado al Emirates Stadium —y

siendo Londres la ciudad a la que él considera la capital financiera del mundo—, aumentó su participación al 12,2 %, aprovechándose de que Danny Fizsmann le vendió 659 acciones para redondear las suyas a exactamente 15 000. Pero en su afán de convertirse en el principal benefactor de la institución, Stan Kroenke se encontró con otro empresario dispuesto a pelear por el trono, un magnate que también descubrió las mieles de una de las entidades más laureadas de Inglaterra a través de Dein. Al ser expulsado, el exvicepresidente le vendió ese 14,5 % de las acciones que le pertenecían al magnate ruso de origen uzbeko Alisher Usmánov, a cambio de £ 75 millones. Pero esa transacción estuvo lejos de aislarlo del Arsenal F.C., ya que se convirtió en el presidente de una firma denominada Red & White Holdings (R&W) que Usmánov fundó con su socio comercial Farhad Moshiri para comprar activamente acciones en el mercado abierto. Al tiempo que Kroenke adquirió ese pequeño porcentaje que le cedió Fiszmann, Alisher Usmánov alcanzó un 21 % de participación. En septiembre de 2008, en respuesta al movimiento que hizo David Dein, la Junta del club incorporó a Kroenke. Fue poco antes de que todos los miembros acordaran un bloqueo en la venta de sus acciones, excepto a "personas autorizadas", como familiares cercanos; una medida que se extendió hasta octubre de 2012.

Dein terminó dándose por vencido y renunció a su puesto en R&W, porque notó que la Junta le daba la espalda al magnate ruso que construyó su riqueza con negocios vinculados con el metal y la minería. Definitivamente, se despidió del Arsenal F.C., pero no se alejó del fútbol. Continuó como embajador de la Premier League y fundó The Twinning Project, un programa dedicado a dar discursos motivadores en escuelas y prisiones en el Reino Unido, y en conferencias de fútbol a nivel mundial. También lideró la candidatura de Inglaterra para albergar la Copa Mundial de la FIFA que terminó desarrollándose en Rusia en 2018. Su amistad con Arsène Wenger traspasó las fronteras del club y, pese a que dejaron de trabajar juntos, no dejaron de verse mientras Wenger se las ingeniaba para aislarse de esta vorágine en los despachos, sostener al equipo en el *Top 4* de la Premier League e incluso para desechar algunas ofertas atractivas para continuar su carrera en otro sitio. "Sabía que, económicamente, estábamos atados de pies y manos. Y que teníamos que reducir gastos, mirar hasta el último penique y enfrentarnos al mismo tiempo a clubes con muchísimos más medios que nunca. Fue la época más delicada, la más peligrosa, la que más expuso al club. Durante siete años había que pensar en sobrevivir. Debíamos gestionar el club con el máximo rigor y sacar lo mejor del equipo. Durante esta época, paradójicamente, y aunque los resultados sean menos evidentes, trabajé más que nunca. Dejé de lado mis ambiciones personales, pues muchos otros clubes me hicieron propuestas y yo las rechacé todas, incluso las más atractivas. Me contactaron la Juventus, el Real Madrid, el PSG, el Bayern, la selección francesa, la inglesa... Con la perspectiva del tiempo, en general, me alegro de haber sabido decir que no a más gloria, a más dinero. Estoy contento de haberme dejado guiar solo por la idea de servir al club con lealtad. Los seguidores del Arsenal pueden tener una cosa clara: había tejido mi alma con los colores rojo y blanco", rememora el DT francés, en su autobiografía titulada *Arsène Wenger, My Life and Lessons in Red and White.*

Su trabajo fue sustancial para que los balances cerraran como estaba previsto y el traslado al Emirates Stadium fuera satisfactorio. Para cubrir la deuda, se había planificado que el Arsenal F.C. tenía que clasificar a mínimo tres de cada cinco ediciones de la UEFA Champions League, además de alcanzar un promedio de asistencia de 54 000 espectadores por partido. Arsène Wenger no solamente garantizó el acceso a la máxima competición de clubes de Europa cada año, sino que la espectacularidad de su estilo de juego mantenía el aforo de 60 000 personas siempre a tope. Había temporadas en las que parecía que el equipo estaba al borde del abismo, pero alcanzaba el objetivo y en las oficinas se celebraba como si hubiera ganado un campeonato, porque era crucial para el modelo económico que había adoptado un club en el que Kroenke y Usmanov empezaron gradualmente a comprar más y más acciones para intentar asumir el control.

La batalla, finalmente, la ganó el empresario estadounidense. A principios de abril de 2011, KSE tenía el 29,99 % del Arsenal F.C. —debían estar por debajo del 30 % para no verse obligados a hacer una oferta general por todas las acciones— y *Red & White* poseía un 27 % cosechado con acciones que no pertenecían a la Junta. Ambos bandos estaban preparados para ejercer una oferta pública de adquisición obligatoria, pero claramente Kroenke tenía mucho más apoyo de los otros accionistas importantes. Danny Fiszman sabía —a principios de ese año— que estaba muy enfermo y su familia nunca había mostrado interés en querer involucrarse con la gestión del club, por lo que era cuestión de inclinar la balanza a favor de uno de los dos multimillonarios que estaban compitiendo por comprar la entidad. Y así fue como, el 11 de abril de 2011, Stan Kroenke tomó el control de Arsenal Holdings PLC y se convirtió en la primera persona en la historia del club en poseer la mayoría de las acciones al quedarse con poco más del 62 % de la participación. Dos días después del anuncio, Danny Fiszman murió de cáncer de garganta.

Usmánov anunció inmediatamente que su parte no estaba en venta y se mantuvo durante muchos años como benefactor, con

una participación de poco más del 30 %. En febrero del 2012, llegó a comprar acciones que estaban en poder del club de fútbol escocés Glasgow Rangers F.C. desde principios del siglo XX y, meses más tarde, escribió una carta abierta a la Junta para criticar la falta de ambición y modelo financiero que habían adoptado: gastar solamente el dinero que el club generaba. "Esta política está provocando la pérdida de nuestros mejores jugadores, a menudo frente a nuestros principales competidores, e incluso hace que los propios jugadores se cuestionen su futuro en el club y las ambiciones del club. La situación con nuestro capitán y destacado intérprete de la temporada pasada, Robin van Persie, resume esto. Una vez más nos enfrentamos a perder a nuestro verdadero jugador estrella en el club, porque no podemos asegurarle la dirección futura y darle confianza en que podemos ganar trofeos", sentenció en aquel escrito difundido por los medios más importantes del mundo. Su ataque al autofinanciamiento que pregonaban los Kroenke, una práctica muy poco común en la Premier League, era constante. La plantilla de Wenger veía salir a sus mejores hombres cada verano para equilibrar las cuentas. Cuando Patrick Vieira emigró a la Juventus a mediados del 2005, inició un éxodo que tuvo una serie de partidas muy dolorosas. Al mercado siguiente, justo cuando se retiró Dennis Bergkamp, se fueron: Robert Pirès (Villarreal CF), Ashley Cole (Chelsea) y José Antonio Reyes (Real Madrid). Después fue el turno de Thierry Henry (FC Barcelona) y Freddie Ljungberg (West Ham). Y la sangría no se detuvo con la partida de Los Invencibles, porque Emmanuel Adebayor y Kolo Touré emigraron al Manchester City, en el verano europeo de 2009, y Gaël Clichy y Samir Nasri se les unieron en 2011, al mismo tiempo que Cesc Fàbregas regresaba al FC Barcelona. Ese adiós de Van Persie, que fichó por el Manchester United y se consagró campeón de la Premier League en su llegada a Old Trafford, le dio a Usmánov los motivos que necesitaba para tratar de desestabilizar a Stan Kroenke y su hijo Josh, quien se unió a la Junta en diciembre de 2013.

A mediados de 2014, aquellos acuerdos de patrocinio —que se habían cerrado a muy largo plazo— se terminaron; lo que le permitió al Arsenal F.C. conseguir algunos tratos más rentables —PUMA reemplazó a Nike y luego vino Adidas, por ejemplo— para incrementar sus reservas de dinero. También hubo una serie de eventos no tan fáciles de predecir, cuando inició el proyecto que terminó conspirando a favor del club, como el meteórico crecimiento en los ingresos por los derechos de televisión en el fútbol inglés. Y no solamente cerraron mejores acuerdos y se beneficiaron de la expansión de la televisación de la Premier League, el Emirates Stadium dio los frutos que el club esperaba: ningún otro equipo vio sus ingresos de taquilla proliferar tanto en el período correspondiente a los primeros 10 años desde la mudanza (2006-2016). Los ingresos generados por la venta de entradas se duplicaron en el primer año (107 %) y se mantuvieron muy altos desde entonces. Un informe titulado *Football Money League* publicado por Deloitte en 2016, justo una década después de concretarse el traslado al nuevo estadio, colocaba al Arsenal F.C. como el club europeo que más dinero generaba en los días de partido, con un ingreso de £ 101,84 millones registrado el año anterior, muy por delante de gigantes como Real Madrid (100,12 millones), Barcelona (90,17 millones) y el Manchester United (87,96 millones). Todo el mundo quería estar en el refinado, ostentoso y cada vez más exclusivo estadio que los *Gunners* habían construido en Ashburton Grove, sin importar que tuviera el abono de temporada más caro de toda Inglaterra (£ 2013 en ese entonces). Pero esos niveles de concurrencia también tenían su costado negativo y la pésima relación entre la hinchada y los Kroenke, ya sea por el elevado precio de los *tickets* o por la falta de inversión, empezó a manifestarse cuando los resultados del equipo empezaron a ser mediocres en comparación con sus principales oponentes. Los fanáticos no podían concebir que Stan Kroenke tuviera la capacidad financiera de adquirir el famoso rancho tejano de los Waggoner por una cifra cercana a £ 500 millones en febrero del 2016, cuando el club —que era de su propiedad— se desmoronaba en su afán de competir por la cima de la Premier League y los refuerzos para el primer equipo de la ventana de transferencias previa habían sido solamente el experimentado arquero checo Peter Čech y el mediocentro egipcio Mohamed Elneny, fichados mediante una polémica inversión de solo £ 26 millones. Fue un tanto decepcionante para los aficionados, que realmente pensaban que la entidad se encontraba en condiciones de gastar más dinero en jugadores después de que figuras como Alexis Sánchez y Mesut Özil habían sido contratados en los mercados anteriores, gracias al buen trabajo realizado por Ivan Gazidis y Dick Law; que empezaron a trabajar con Arsène Wenger cuando David Dein se marchó del club. "Fue muy importante para mí. Vivimos juntos la transformación del mercado de los traspasos. Y después, gracias a las medidas de *fair play* económico puestas en práctica en 2010 y que impedían a los clubes pagar con dinero que no tenían, logramos luchar con las mismas armas que los demás equipos. [...] Hemos practicado y defendido el *fair play* financiero, antes de que fuera norma generalizada", apunta Wenger en su autobiografía. Además de un prestigioso entrenador, es académicamente un economista y eso ha influido notablemente en su postura en cada mercado de transferencias.

Cuando tenía a su lado a Dein, contaba con un ladero que podía tomar la decisión de pujar un poco más para conseguir un jugador

determinado. Pero en la época de Gazidis y Law, el club se volvió más cauteloso en los traspasos y al estratega francés le gustaba tener la última palabra en cada trato para cuidar la economía del club. Sucedió en el verano de 2014, cuando Ivan Gazidis intentó presionar para fichar un defensor central, pero no se pudo encontrar ninguno que Wenger quisiera y el equipo se quedó corto en defensa esa temporada, lo que despertó las críticas de Alisher Usmánov. "Kroenke rara vez hablaba en público, pero también tenía un profundo respeto por Wenger y la pareja se lleva muy bien. Sin embargo, Wenger se quebró cuando, en noviembre de 2014, Usmánov condenó públicamente al Arsenal: el magnate uzbeko afirmaba que se estaban quedando atrás, ya no eran competitivos y Wenger no podía aceptar las críticas. Wenger tiene una relación cordial y amistosa con Usmánov; se han reunido en varias ocasiones, Usmánov ha sido invitado al palco de directores del Arsenal y el magnate tiene su propio palco ejecutivo en el estadio. Sin embargo, nada de eso impidió que Wenger se acercara a Usmánov, ya que lo acusó de ser un forastero virtual y de no respetar los valores del club. 'En primer lugar, los 18 años que llevo aquí, he demostrado que puedo aceptar las críticas. Todo el mundo tiene derecho a opinar. Dicho esto, tenemos valores en este club. La primera es cuando atravesamos un momento difícil, mostramos solidaridad. Eso es muy importante. La segunda es que, cuando tienen algo que decirse, lo decimos cara a cara. No necesitamos ir a los periódicos. No me lo tomo como algo personal. Es una opinión que respeto, pero cuando eres de este club, eres de este club. Estás dentro o fuera, no puedes ser ambas cosas'. Es posible que Usmánov haya sido el segundo mayor accionista del club, pero el entrenador se sintió capaz de responder de una manera brutalmente franca. También demuestra cuán seguro se sentía Wenger en su papel, ya que, después de todo, hay pocos otros clubes, y mucho menos industrias, donde un mánager podría atacar tan abiertamente a un accionista importante", analiza el periodista John Cross en su libro *The Inside Story of Arsenal Under Wenger*. En mayo de 2017, Stan Kroenke rechazó una oferta que Usmánov le hizo para tomar el control del Arsenal F.C. y la empresa *Kroenke Sports & Entertainment* (KSE) lanzó un comunicado para dejar asentado que no aceptaría ninguna oferta futura y que su compromiso con la entidad era a largo plazo. Más de un año después, en agosto de 2018, fue Alisher Usmánov quien aceptó una oferta de £ 550 millones por parte de Kroenke y cedió su participación al multimillonario estadounidense, quien se convirtió en el dueño absoluto de un club que tuvo que abrocharse los cinturones para afrontar la turbulencia generada por el adiós de Arsène Wenger y el impacto económico de un virus que azotó al mundo entero.

LA CLASE ES PERMANENTE

Cuando Ivan Gazidis se marchó del Arsenal F.C., después de una década como CEO del club, lo hizo probablemente con una espina clavada por no poder despertar a un gigante dormido. Su labor como director ejecutivo consistió en reformar una estructura obsoleta que se centralizaba demasiado en la figura de Arsène Wenger, quien se despidió después de un magnífico ciclo de 22 años, en abril de 2018. Ayudó a los Kroenke a convertir a la institución del norte de Londres en una empresa rentable, capaz de cotizar en la bolsa e incrementar su facturación, pero no logró el crecimiento deportivo que se esperaba. Había llegado con un currículum impresionante, siendo uno de los directivos fundadores de la Major League Soccer (MLS), supervisando todas las decisiones estratégicas y comerciales del fútbol estadounidense, y también había trabajado en la Federación Mexicana de Fútbol (FMF) y en la CONCACAF. Stan Kroenke lo eligió para ser sucesor de Keith Edelman, aunque cuando puso fin a su ciclo de 10 años en el Emirates Stadium, se sintió como el fin a una era de estancamiento y desconcierto. Pero Gazidis se vio seducido por una jugosa propuesta de la firma Elliot Management, propietaria del AC Milan, y probablemente se marchó de la capital inglesa con la espina clavada de no poder imponer su visión en una institución donde Kroenke se disputaba el poder con Usmánov y Wenger tenía una enorme influencia en las decisiones fuera del campo. Arsène Wenger no trabajó como un simple director técnico. Al ocupar el rol de mánager, tenía una participación altamente activa en las transferencias y la negociación de los contratos, primero asistido por David Dein y luego el binomio Gazidis-Law. Su salida dio inicio a un lógico período de reestructuración y, así como Unai Emery llegó para convertirse en el nuevo DT, se intentó cubrir las otras funciones con un grupo de trabajo integrado por Raúl Sanllehi (jefe de relaciones futbolísticas), Sven Mislintat (director de *scouting*) y Huss Fahmy (sucesor de Dick Law en la negociación de contratos); algo que no salió para nada bien.

Wenger ya no era el chaleco antibalas del Arsenal F.C. y sin esa figura omnipresente haciéndole sombra —sumado a la antipatía de un propietario como Stan Kroenke—, el trabajo de Ivan Gazidis y la gente que él mismo había puesto a su cargo empezaron a quedar expuestos. Esa incompetencia administrativa hizo que el club saliera definitivamente de la discusión por el título y luego de los puestos de clasificación a competiciones europeas. Incluso, si se evalúa el impacto de Ivan Gazidis como CEO del club desde una perspectiva esencialmente comercial, su trabajo también es

bastante discutible, ya que los ingresos aumentaron, pero en gran parte esto tuvo que ver con la afluencia general de dinero que tuvo el fútbol inglés. Según un informe que publicó el sitio especializado *Swiss Ramble*, en agosto del 2018, los aumentos de ingresos del Arsenal F.C. en la gestión de Gazidis fueron el segundo crecimiento porcentual más bajo del *Big Six*. "Los ingresos comerciales, donde se esperaría que Gazidis tuviera la mayor influencia, han crecido en £ 69 millones, el segundo más bajo de los seis grandes durante este período, solo por delante de los £ 44 millones del Tottenham", reza este documento; lo que evidentemente expone la calidad de su mandato.

Todos estos movimientos han generado una notable inestabilidad en el primer equipo, aunque el Arsenal F.C. terminó despojándose de varios intérpretes ineficientes y rediseñó su estructura y sus finanzas, al tiempo que explotó una pandemia que golpeó con fuerza a la industria del fútbol mundial y sacó a la luz los vicios y virtudes de la gestión de todos los clubes del planeta. Mientras Mikel Arteta se esforzaba por encarrilar una temporada interrumpida por el coronavirus, en las oficinas tuvieron que tomar algunas decisiones para reacomodar el rumbo a nivel económico. Una de esas medidas fue el nombramiento de Tim Lewis como miembro de la Junta, en un rol de director no ejecutivo, a partir del 1 de julio de 2020. Lewis, fanático de toda la vida del Arsenal y socio del bufete de abogados Clifford Chance con sede en Londres, había asesorado legalmente a Stan Kroenke desde aquella compra inicial de acciones en 2007, hasta que se convirtió en socio mayoritario en 2011. Su nombramiento apuntó a supervisar varios asuntos del club desde cerca y auditar los gastos en distintos departamentos, lo que derivó en un despido de 55 empleados. La conexión de Tim Lewis con los Kroenke le dio otra fortaleza a la Junta Directiva y allanó el terreno para ordenar el trabajo en los despachos, principalmente en el área deportiva.

Otro de los movimientos más importantes que se hicieron durante esa época pandémica fue que *Kroenke Sports & Entertainment* (KSE), la empresa de los dueños, se hizo cargo de la refinanciación de la deuda que todavía tenía el Arsenal F.C. por la construcción del nuevo estadio. El club emitió £ 260 millones en bonos en 2006 y, desde entonces, había realizado reembolsos anuales cada año, aunque el COVID-19 impulsó a los Kroenke a saldar el dinero que quedaba pendiente para generar un plan de pagos consigo mismos, con tasas de interés más favorables. Al hacerlo antes de los términos del acuerdo original (estaba estipulado que fuese en los años 2029 y 2031), también tuvieron que pagar multas cercanas a £ 40 millones, pero en contrapartida iban a tener mayor flexibilidad para manejar las finanzas del club en un período turbulento causado por la caída de ingresos que generó el coronavirus y la incapacidad del equipo de ser un participante asiduo de la UEFA Champions League. Este cóctel también llevó a un recorte salarial del 12,5 % para el plantel en el que Mikel Arteta jugó un papel fundamental, porque tuvo que persuadir a los jugadores de que era una decisión correcta. En ese punto, Arteta había sido promovido de entrenador del primer equipo a mánager, lo que le otorgaba muchas más responsabilidades. Ese fue un cambio radical dentro de la estructura, volviendo a un modelo de gestión más tradicional, ya que se recuperó esa función que Wenger había ocupado durante tantos años. Y, con la marcha de Sanllehi, Vinai Venkatesham y Edu Gaspar asumieron papeles de mayor importancia.

Para Edu, volver al Arsenal F.C. significó un regreso a su segunda casa. De sus días de futbolista, los mejores recuerdos son en Highbury: ganó dos veces la Premier League, dos FA Cup y quedó inmortalizado como uno de Los Invencibles. Su llegada fue iniciativa de Raúl Sanllehi, quien consideró necesario sumar un director del área al rompecabezas que empezó a construir Ivan Gazidis, tras la salida de Wenger; algo que molestó mucho a Sven Mislintat, quien creía que podía desempeñar ese papel, pero cuyos criterios de reclutamiento no congeniaban con los de sus pares y por eso decidió dejar el club, a un año de su contratación. Por su trabajo en el Corinthians y la Confederación Brasileña de Fútbol (CBF), además de sus antiguos vínculos con la entidad, Edu Gaspar fue el elegido para encabezar una planificación largoplacista del equipo y la construcción de la filosofía deportiva. Al irse Sanllehi, Edu y Mikel Arteta quedaron como máximos responsables en la conducción del primer equipo, trabajando en consonancia con Per Mertesacker como jefe de la academia, Vinai Venkatesham en el rol de director ejecutivo y la incorporación de Richard Garlick como nuevo director de operaciones futbolísticas. Garlick, abogado especializado en derecho deportivo que ocupó cargos importantes en West Bromwich Albion y la Premier League, se transformó en el nuevo especialista en contratos. Su nombramiento estaba programado para el cierre de la temporada 2020/21, pero se precipitó cuando falló el proyecto de la Superliga Europea. El Arsenal F.C. fue uno de los seis clubes ingleses que impulsó la creación de un certamen continental que colapsó a los pocos días de ser anunciado, tras una feroz reacción de los fanáticos. El club se había unido a las entidades más poderosas de Europa para no quedar fuera de una iniciativa millonaria, pero tuvo que volver sobre sus pasos cuando los aficionados mostraron su descontento. “Nunca fue nuestra intención causar tanta angustia; sin embargo, cuando llegó la invitación para unirnos a la Superliga, sabiendo que no había garantías, no queríamos quedarnos atrás, para asegurarnos de proteger al Arsenal y su

futuro. Como resultado de escucharlos a ustedes y a la comunidad de fútbol en general durante los últimos días, nos retiramos de la propuesta de la Superliga. Cometimos un error y nos disculpamos por ello", decía un comunicado oficial dirigido a los *Gooners*.

Hubo muchas críticas hacia la conducción del club, por este intento disruptivo de unirse a un proyecto del que Real Madrid, Barcelona y Juventus no se bajaron de inmediato; incluso Arsène Wenger, ya en su rol como Jefe de desarrollo global de la FIFA, expresó que la iniciativa era capaz de destruir a la Premier League y al resto de las ligas nacionales. Pero a los hinchas del Arsenal F.C. les preocupaba más el rumbo de un club que tenía que recurrir a estas artimañas para no quedar aislado de la élite del fútbol europeo; porque había fracasado en su objetivo de clasificar a las principales competiciones de la UEFA —por primera vez en 26 años—, al finalizar en el 8° puesto en la tabla de posiciones de la Premier League 2020/21. Ese golpe de realidad deportivo puso nuevamente en el ojo de la tormenta a un Stan Kroenke que, durante muchos años, fue enjuiciado por la parsimonia con la que su institución actuaba en los mercados de transferencias. Aunque al magnate estadounidense no le tembló el pulso para reacomodar las piezas y dio un mensaje de compromiso con la causa cuando rechazó una oferta £ 1,8 billones que, en mayo de 2021, le hizo el sueco Daniel Ek, fundador de la empresa de servicios multimedia Spotify, para convertirse en el nuevo propietario de un equipo al que sigue desde pequeño por su compatriota Anders Limpar, quien fuera una de las estrellas durante el ciclo de George Graham. Los Kroenke rechazaron dicho ofrecimiento económico e hicieron un gasto neto de £ 106,3 millones en el mercado de transferencias siguiente para respaldar la depuración de una plantilla que vio salir a sus jugadores veteranos con contratos muy altos, para reemplazarlos por jóvenes menores de 23 años con valor de reventa. En este punto, Edu Gaspar pareció aprender de esas antiguas operaciones impulsadas por su amigo Kia Joorabchian, el agente nacido en Irán que tiene como clientes a David Luiz, Cedric Soares y Willian, quienes pasaron con más pena que gloria por el Emirates Stadium. La decisión de otorgar a este tipo de futbolistas unos contratos muy costosos y de largo plazo no resultaron una estrategia coherente para el futuro de un Arsenal F.C. que, durante varios períodos, sobre todo después de las salidas de David Dein y Arsène Wenger, atravesó muchas modificaciones en el área deportiva y le costó consolidar un grupo de trabajo que garantizara un modelo de gestión efectivo. Esas frustraciones que alguna vez sintieron los fanáticos, por ver marcharse cada año a máximas figuras para darle sostén a las finanzas, ya son cosa del pasado; las inversiones empiezan a manifestarse en cada mercado y la plantilla suma paulatinamente más talentos jóvenes o de pri-

mera clase. Puede que no se vean los frutos en el campo de juego de manera inmediata; pero es cuestión de soportar las tormentas —sin perder la compostura— y encontrar el equilibrio en las oficinas del Emirates Stadium para que el autofinanciamiento no provoque limitaciones en la confección de un equipo competitivo. Los mercados de transferencias serán cada vez más frenéticos; la industria del fútbol ha inflado los precios y salarios de los jugadores y entrenadores a niveles insospechados, pero es cuestión de dar en la tecla en el plano estratégico para surfear esa ola y conseguir los mejores acuerdos.

Después de que Arsène Wenger tuviera tanta influencia en las decisiones financieras y hubiera liderado las negociaciones de traspasos durante tantos años, es normal que la Junta se haya sentido un poco perdida al principio y que al club le haya tomado algunas ventanas aprender cuáles son los procedimientos que mejor encajan con su modelo económico. Haberse despojado de algunos vicios muy negativos —como repartir sueldos extravagantes— y enfocarse en jugadores más propensos a blindar su valor en el mercado (que se incorporan a través de pagos escalonados o con bonus por objetivos, y mayormente tienen un año adicional como opción en sus contratos), es un ejemplo de que los directivos empezaron a comprender cuál es la mejor ruta para conseguir el éxito futuro, de una manera sostenible. No es necesario que venga un magnate o jeque a despilfarrar su fortuna para encontrar un atajo hacia la gloria; no está en el ADN de una institución que supo convertirse en una marca global, sin que el dinero fuese una condición primaria y dando los pasos correctos en los momentos indicados. La autosostenibilidad financiera propone un camino más sinuoso hacia la victoria, pero romper dicho molde sería alejar al Arsenal F.C. de su esencia, de esa magnífica historia que empezó en las fábricas de armamentos de Londres y, paulatinamente, se extendió al mundo. Un club no es especial por ser rico; todavía son las acciones y la cultura deportiva las que definen la grandeza. Cualquier estado financiero es temporal; la clase es permanente.

CAPÍTULO VI

ARSENAL TILL I DIE

Desde la comodidad de un sofá en Buenos Aires, en un húmedo y caluroso lunes de noviembre, me tomo unos segundos para reflexionar sobre mi fanatismo a larga distancia. Llevo puesta una camiseta del Arsenal Football Club y delante de mis ojos hay una taza que tiene el escudo del club comprada en *The Armoury*, la tienda que está situada del lado oeste del Emirates Stadium, cerca de Holloway Road. Es uno de los souvenirs que tengo de la primera vez que estuve en Londres, aunque no el único objeto que expresa mi amor por el club. Todo está muy visible, cualquier persona que ingresa a mi departamento necesita solamente un par de golpes de vista —y un poco de cultura futbolística, claro— para identificar cuál es el equipo que me representa. Hay un cuadro de Arsène Wenger al lado de la puerta: son decenas de palabras superpuestas que hacen referencia a su legado y conforman su rostro. En la pared detrás del sofá, hay una impactante fotografía panorámica que muestra a 62 000 aficionados bajo las luces de Highbury en el segundo partido de la historia de la institución que se jugó con iluminación, una victoria por 3-2 en un amistoso ante Glasgow Rangers, disputado el 17 de octubre de 1951. Ocasionalmente, una bufanda cuelga de uno de los extremos del retrato para ambientar ese espacio que suelo utilizar para grabar un podcast dedicado a los *Gunners*. Lo hago cada semana, está en mi rutina. A veces es necesario posponer, interrumpir o cancelar otras actividades para grabar los episodios que forman parte de un proyecto llamado Arsenal en América, que nació a mediados de 2014 y ha pasado por

diferentes etapas —fue un blog en el sitio de noticias Infobae.com e hicimos transmisiones de partidos de la UEFA Champions League, entre otras cosas—, pero que siempre tuvo la misma esencia: un espacio para los fanáticos *gunners* de habla hispana, con análisis y opiniones argumentadas, sin críticas infundadas ni comentarios ofensivos. Es una comunidad que crece cada año porque, además de compartir la misma pasión, hemos asumido un compromiso con cada uno de los hinchas que está a la expectativa de nuestro contenido. Mayormente, son personas distribuidas en todo el mundo, principalmente en Latinoamérica, que están físicamente lejos del Emirates Stadium, pero adoran al Arsenal F.C. y expresan su sentimiento con una activa participación en todas las plataformas que componen el proyecto.

Es realmente fenomenal pensar que un club de fútbol que nació a fines del siglo XIX por iniciativa de trabajadores de una fábrica, que durante sus primeros años ayudó a desarrollar un sentido de pertenencia de la clase trabajadora de un distrito de Londres, ha llegado lo suficientemente lejos como para tener millones de partidarios sobre la faz de la Tierra conectados entre sí. Una noche, en el elegante distrito conocido como Medienhafen (puerto de los medios de comunicación) en Düsseldorf, una de las zonas más modernas y elegantes de esta ciudad de Alemania, comprendí la magnitud que había alcanzado el club que en ese entonces atravesaba sus últimas temporadas con Arsène Wenger. Era un viaje de trabajo en vísperas de la Supercopa del fútbol germano. Después de la cena, bebimos un trago con algunos colegas en el bar del hotel. Éramos cinco o seis periodistas de distintas nacionalidades sentados a orillas del río Rin, e inevitablemente comenzamos a hablar del deporte que nos había llevado hasta allí. No tardé mucho en poner al Arsenal F.C. en la discusión. Inmediatamente, un colega de Singapur llamado Kenneth confesó que también era fanático de los *Gunners*. Nuestros ojos se abrieron en simultáneo y se nos dibujó una sonrisa en el rostro. Al día siguiente, mientras hablábamos sobre algunas noticias vinculadas al equipo, nos enteramos de que Watson, un famoso periodista de TV en Kenia, también era de los nuestros. Jamás nos habíamos visto, éramos tres personas de distintos continentes, pero nos mantuvimos muy cercanos durante esa experiencia que compartimos en Europa. Por una cuestión idiomática y cultural, pasé más tiempo con los otros invitados de Latinoamérica, aunque siempre tenía un momento para cruzar algún comentario con Kenneth y Watson sobre el Arsenal de Arsène Wenger. No volví a verlos, apenas cruzamos algunos mensajes en redes sociales al regresar, pero me ayudaron a entender que somos muchas personas en distintos rincones del planeta que tenemos un vínculo casi idéntico al que construyeron hace más de

100 años esos habitantes aledaños a la fábrica de armamentos que afianzaron una identidad dentro de un punto específico en la capital de Inglaterra.

DE LA FÁBRICA A LOS ESTADIOS

Antes de ese traslado a Highbury que se impulsó, acertadamente, por iniciativa del empresario Henry Norris a principios del siglo XX, al Arsenal F.C. no le resultó nada sencillo construir una base de fanáticos sólida. Esa mudanza al norte de Londres fue vital para el club, porque durante las dos décadas anteriores en Plumstead no había logrado tener un número constante de seguidores ni un crecimiento armónico en los aforos. Si bien había demostrado una innata capacidad para atraer multitudes, porque incluso antes de entrar al profesionalismo ya convocaba más espectadores que varios de los equipos de la Football League, también tuvo que superar varios contratiempos. Uno de los motivos por los que el Woolwich Arsenal F.C. atraía más gente que los fundadores de la primera liga de fútbol del mundo, más allá del factor geográfico, era porque Jack Humble y el resto de los administradores se encargaban de organizar algunas acciones orientadas a generar ingresos económicos para solventar gastos, pero también con el fin de construir un vínculo con las personas de la comunidad. Esa costumbre se mantuvo incluso con el equipo ya dentro de la Segunda División. Por ejemplo, durante el fin de semana de Pascua de 1894, en la primera campaña de la entidad dentro del profesionalismo, hubo una serie de atracciones paralelas al duelo del sábado contra Notts County, finalista de la FA Cup de ese curso y eventual ganador del prestigioso trofeo. Más allá de las 13 000 personas que presenciaron el partido de la Football League en el Manor Ground, también hubo otros cinco cotejos entre el Viernes Santo, el sábado y el Lunes de Pascua que tuvieron mucha aceptación entre los habitantes de Plumstead. Hubo incluso un clásico ante Millwall Athletic, el rival londinense por excelencia en esos años, donde acudieron 20 000 personas. Muchos hombres se tomaban tiempo libre en el trabajo para ver al equipo, al punto que el Director General de Fábricas de Armas emitió una advertencia pública en diciembre de 1895 en la que amenazaba con tomar medidas graves si algún trabajador se ausentaba de su turno laboral para ver un partido. "En los inicios del club, la base de aficionados surgió del mismo nido que los jugadores: los talleres de la armería de Dial Square y la fábrica del Royal Arsenal East, frente a la estación de Plumstead. Plumstead era en gran medida una ciudad de guarnición, por lo que los soldados de escuadra y los trabajadores de la munición constituían en gran medida las gradas de Manor Ground: hombres duros que vivían vidas duras [...] Los hinchas llevaban su camaradería de fábrica al estadio. Los periodistas contemporáneos solían quejarse amargamente del lenguaje soez que adoptaban los hinchas del Woolwich Arsenal F.C., muy impropio de la Inglaterra victoriana. En escenas muy alejadas del entorno actual, más gentil y de clase media, la temporada 1892/93 vio cómo se abandonaba un partido del Woolwich Arsenal y otro se interrumpía gravemente porque los hinchas entraban en el campo para agredir a los desafortunados árbitros. La falta de instalaciones adecuadas en el Manor Ground a menudo significaba que los hombres se limitaban a orinar en las gradas. Este híbrido de crudeza, junto con la escasa accesibilidad del campo en transporte público, llevó a un periodista del Liverpool Star a referirse a los partidos del Woolwich Arsenal F.C. como 'el viaje anual al infierno'. Los informes sobre el consumo excesivo de alcohol entre los aficionados y los jugadores después de los partidos en casa se convirtieron en folclore en el Royal Oak, la hostelería en la que se fundó el club. En los primeros años del club, en los que el fútbol seguía siendo un deporte centrado en el norte, el Woolwich Arsenal F.C. y sus aficionados eran considerados el hijastro no deseado del fútbol inglés. A los ojos de la prensa deportiva victoriana, se trataba de un equipo de brutos que jugaba un fútbol físico poco atractivo, ante una turba grosera de trabajadores de clase media", describe Tim Stillman en el libro *So Paddy got up - an Arsenal anthology*, sobre los seguidores de esa época.

Cuando el club empezó a experimentar un aumento exponencial en sus aforos, lo que motivó un aumento de casi el 50% en los precios de los abonos de la temporada, sufrió el golpe provocado por la segunda guerra Bóer (1899-1902). Ya la afluencia de público decayó a partir de la temporada 1898/99, porque a los empleados se les impuso, a partir de abril de 1898, un régimen de horas extraordinarias obligatorias para cubrir las demandas de fabricación de municiones para las Fuerzas Armadas Británicas, de cara al conflicto bélico que tuvo lugar al nordeste de Sudáfrica. Muchos de los seguidores *gunner*s tuvieron que trabajar los sábados por la tarde, lo que vació las gradas de Manor Ground. Hasta ese entonces, solían trabajar medio día para luego reunirse en los *pubs* e ir al estadio. No se vieron mejoras hasta la temporada 1902/03, justo antes del ascenso a la máxima categoría. Si bien el Woolwich Arsenal F.C. finalizó 10° en el campeonato y quedó eliminado de la FA Cup en la primera ronda de esa temporada 1904/05, su estreno en la élite hizo que muchos lugareños del sureste de Londres y el norte de

Kent pudieran ver jugar a los mejores equipos del país por primera vez. A excepción de Bristol City, que estaba en la Segunda División, no había otros elencos de la región en el sistema de la Football League. Eso explica la gran cantidad de público registrada en ese curso, pese a que los resultados deportivos no fueron excepcionales, incluso fuera de casa. En muchas ocasiones, miles de fanáticos viajaron al norte del país, causando estragos en los ferrocarriles con los fuegos artificiales y bengalas que eran suministrados por los trabajadores de la Fábrica de Torpedos del Royal Arsenal. Hubo aproximadamente 400 000 aficionados que apoyaron al equipo dirigido por Phil Kelso a lo largo de esa temporada, con un promedio de asistencia de 22 882 hinchas por partido y una impactante concurrencia de 36 000 personas para el duelo ante Aston Villa (campeones de Liga y Copa en 1871), que se disputó en Manor Ground el 8 de octubre de 1904. Ese fue el punto máximo de convocatoria dentro de una época con altibajos. "En la temporada 1904/05 asistieron a los partidos de la Liga cinco veces más personas que en la temporada 1898/99. En los primeros cinco años en Plumstead, la asistencia media a los partidos en casa se mantuvo en niveles de entre 6000 y 7000 personas. Bajó a entre 4000 y 5000 durante los tres años siguientes y luego empezó a subir hasta alcanzar su máximo en la temporada 1904/05. El resto de los años se produjo un declive gradual, con la excepción de 1906 y 1910, siendo el último año en Plumstead especialmente deprimente, tanto dentro como fuera del campo. Esto se resolvió con el traslado a Highbury. Sin embargo, al principio, al disminuir la presión del aumento de la producción para el esfuerzo bélico a partir de finales de 1900, la afluencia de público al campo de fútbol aumentó gradualmente. A partir de 1902/03, el equipo tuvo un alto nivel y logró el ascenso desde la Segunda División en la temporada siguiente. Como resultado, vemos que la mayor media anual y la mayor entrada en el estadio se produjeron en la primera temporada del club en la máxima categoría. En el período 1904-1908 se produjo el mayor éxito del equipo en el Manor Ground, lo que se reflejó en el número de espectadores. El Arsenal alcanzó dos veces la semifinal de la FA Cup y se situó regularmente en la mitad superior de la división. De hecho, en octubre de 1906, el Woolwich Arsenal F.C. era líder de la Primera División, tras un excelente comienzo de temporada: siete victorias, una derrota y un empate en los primeros nueve partidos. El aumento del número de espectadores se compensó físicamente incrementando las gradas, y el club planeó reconstruir las gradas norte y sur tras el ascenso a la Primera División, lo que dio al campo una capacidad supuesta de 35 000 espectadores, 15 000 más que el total anterior. Sin embargo, la única obra material que aumentó el aforo fue *Spion Kop*", explican Tony Attwood, Andy Kelly y

Mark Andrews en su libro titulado *Woolwich Arsenal: 1893-1915: The Club That Changed Football*. Ese sector, inaugurado en 1904 en Manor Ground, fue la primera tribuna en Inglaterra en ser apodada como *Spion Kop*, que significa *vigía* en afrikáans y hacía referencia a una colina en Sudáfrica donde 322 soldados británicos murieron durante la segunda guerra Bóer. Ese mote con el que se conoció a la alta tribuna en pendiente ubicada en la esquina noreste del campo de juego del Woolwich Arsenal F.C., se convirtió en un nombre muy común para las gradas de fútbol e inspiró a varios clubes; incluso el Liverpool F.C. inauguró la suya dos años después y *The Kop* es actualmente uno de los sectores más emblemáticos de Anfield.

La mudanza a Highbury ocurrió en el momento indicado. En ese punto, el sentido de pertenencia que forjaron las clases trabajadoras de las fábricas empezó a diluirse, porque los empleos dejaron de ser una certeza continua, además de que el Woolwich Arsenal F.C. dejó de ser el único equipo profesional de Londres, algo que en algún punto había funcionado como incentivo para sumar fanáticos. Empezaron a escasear los hinchas partidarios, empezó a ser más común que los seguidores del fútbol apoyaran a los equipos más exitosos. La oferta era mayor. Había otros cuatro clubes de la capital de Inglaterra en la Football League, incluso el Chelsea consiguió rápidamente un lugar en la Primera División, mientras que Tottenham, Fulham y Clapton Orient militaban en la Segunda. También había equipos como Millwall o Crystal Palace, que tenían gran prestigio, pese a jugar en la Southern League. Era difícil crear fidelidad en medio de problemas financieros que impidieron al club conservar a sus mejores jugadores, lo que derivó en un 18° puesto en la temporada 1909/10. Muchos londinenses habían elegido viajar a Plumstead cuando el Arsenal F.C. era el único club de Londres en la élite, pero este apoyo se perdió cuando los otros conjuntos londinenses empezaron a ofrecer espectáculos similares e incluso en escenarios mejores. “El viaje en tren desde Charing Cross, Cannon Street o London Bridge hasta Plumstead para asistir a un partido del Woolwich Arsenal F.C. era tortuosamente lento, ya que la línea South East y Chatham paraba en todas las estaciones. Asimismo, el viaje en tranvía desde el centro de Londres era 30 minutos mayor que el necesario para llegar al rival más cercano, el Millwall. En comparación, todos los demás campos londinenses eran relativamente fáciles de alcanzar, y el Chelsea y el Tottenham ofrecían instalaciones muy superiores. Esta pérdida de apoyo se puso de manifiesto fácilmente al comparar el tamaño de las multitudes que vieron los dos partidos de la temporada 1911/12 contra el Tottenham. El partido en casa del Tottenham fue visto por 47 109 personas, mientras que solo 15 000 presenciaron el encuentro del *Boxing Day* en Plumstead”, explican Attwood, Kelly y Andrews en su citada obra. Por lo tanto, esas victorias que habían atraído a la gente al Manor Ground podían encontrarse de forma mucho más cómoda en otro lugar, lo que provocó una merma en la afluencia de público.

Los *Gunners*, que habían nacido definitivamente como un equipo para la clase trabajadora y gran parte del apoyo que recibían era de los empleados de la fábrica de armamentos de Royal Arsenal —por la proximidad del campo de juego con los talleres de municiones—, también tenían mucho apoyo militar. Independientemente de que los soldados fueran del sureste de Londres o no, muchos estaban destinados, en algún momento, a pasar por Woolwich y sus alrededores debido al gran número de unidades militares de la zona. Aunque esa base de fanáticos empezó a tambalear ante los malos resultados y el cambio de paradigma que sufrió el fanatismo en esa época. Con la mudanza al norte de Londres, el club encontró su vía de escape a las problemáticas que habían puesto en jaque su legitimidad ante el público. Al llegar a Highbury, el Arsenal F.C. encontró su lugar en el mundo.

EL ORGULLO DE LONDRES

Si Henry Norris decidió dejar su comodidad en Fulham para asumir las riendas de un club que estaba al borde de la bancarrota, era porque había visibilizado brotes verdes, pese a esos orígenes rudimentarios. Junto a William Hall, en un acto de inaudita benevolencia, se hicieron cargo desinteresadamente de las deudas del Woolwich Arsenal F.C. sin imponer condiciones, incluso sin poder convencer a las autoridades de la Football League de fusionar ambas instituciones, ni a George Leavey de mudar al equipo a Craven Cottage. Probablemente, Norris y Hall vieron que ese elenco surgido de la fábrica de armamentos era capaz de evolucionar a gran escala, que podría transformarse en un club de alto nivel, si lograban encontrar el sitio correcto para desarrollar su potencial. Hasta ese entonces, a nivel deportivo, los *Gunners* todavía no habían florecido. Tenían prestigio por ser el primer club del sur de Inglaterra en competir a nivel profesional, también habían llegado a ser líderes del campeonato de Primera División y tenían experiencia en instancias definitorias de la FA Cup, pero no habían logrado ningún trofeo. Incluso, cuando la decisión de la mudanza ya era un secreto a voces, el Arsenal F.C. acabó la temporada 1912/13 en el último lugar de la tabla de posiciones —con 18 puntos en 38

partidos (tuvo una racha de 23 partidos sin ganar)— y descendió por única vez en su historia. El promedio de asistencia en ese curso fue de 9357 espectadores, la base de fanáticos era endeble: solamente 3000 personas presenciaron la jornada de cierre en la que se consumó la pérdida de categoría. La recaudación fue tan mala, que los directivos tuvieron que poner de su bolsillo las £ 250 que iban a entregarle a Joe Shaw, un antiguo servidor del club. Lo que al principio parecía un estancamiento, era más bien un retroceso, aunque sirvió para tomar impulso. Era hora de abandonar el Manor Ground de Plumstead para recuperar el apoyo del público, como también para cultivar un nuevo aura y volver a tener una gran influencia en los fanáticos del fútbol.

Después de recorrer varios rincones de Londres, Henry Norris ejerció su potestad de máximo benefactor y eligió trasplantar al club hacia el norte de la capital de Inglaterra. A partir de febrero de 1913, la prensa empezó a informar sobre las visitas de Norris a Gillespie Road, donde existía un solo sitio capaz de ser transformado en un estadio: el terreno con instalaciones deportivas que era propiedad del St. John's College. En marzo, unos días después del rechazo de la Football League a una demanda por parte del Tottenham Hotspurs para frenar la mudanza, lo que podría tomarse como uno de los primeros síntomas de enemistad entre ambos clubes, Norris confirmó la locación exacta y los tiempos del traslado a Islington, donde también hubo intentos de boicot. "En el Islington de 1913 las emociones se calentaron. Los residentes empezaron a preocuparse por la posibilidad de que los hooligans y matones del fútbol llegaran a su zona, acusando a los aficionados al fútbol de los más escandalosos delitos y malos comportamientos. De hecho, fueron tan fuertes estas acusaciones que los aficionados al fútbol de todo el país empezaron a responder a ellas, y durante algún tiempo el Athletic News se llenó de denuncias contra los residentes de Islington. No consta si los residentes de Islington se dieron cuenta de esta reacción, pero lo cierto es que no contribuyó a elevar el perfil positivo de la zona. El 4 de abril, el Comité de Defensa de Highbury logró que se escuchara un debate en una reunión del Consejo de Islington, y el consejo votó a favor de hacer todo lo posible para impedir que el Arsenal viniera a Islington. Mientras tanto, la petición del Comité de Defensa al colegio sobre el arrendamiento de sus terrenos al Woolwich Arsenal F.C. fue contrarrestada por los comerciantes locales, que tomaron represalias con su propia petición en la que celebraban el traslado como una forma de impulsar el comercio. Una vez terminada la temporada y con el Woolwich Arsenal descendido a la Segunda División, Henry Norris dedicó todo su tiempo al traslado y tuvo poco que ver con el funcionamiento del club en sus antiguas instalaciones de Plumstead. Ni siquiera asistió a la última reunión del influyente comité de recaudación de fondos. Aunque no lo sabemos con seguridad, parece poco probable que Norris estuviera en el último partido en Plumstead", revelan en *Woolwich Arsenal: 1893-1915: The Club That Changed Football.*

Norris tuvo que destrabar estos conflictos con los vecinos para que finalmente la institución pudiera reubicarse en su nuevo hogar, como también tuvo que lidiar con la hostilidad de los seguidores del Tottenham y el resto de los clubes de Londres. "Los representantes del Leyton Orient, los Spurs y el Chelsea se apresuraron a protestar, 'en los términos más enérgicos posibles', por la propuesta de Norris de trasladar el Woolwich Arsenal a Highbury. Les aterrorizaba que otro club londinense erosionara su tradicional base de aficionados. El Tottenham Herald publicó una viñeta en la que se retrataba a Norris como el equivalente al sabueso de los Baskerville, merodeando por los corrales, con un enorme collar de púas, dispuesto a despedazar al gallo del Tottenham y a robar su comida. Se creó una investigación de la FA para inspeccionar todo este asunto. Norris consiguió abarrotar la comisión con sus compañeros y les proporcionó algunos datos útiles. Birmingham, con una población de 400 000 habitantes, y Sheffield, con 250 000, albergaban dos equipos de primera división cada uno. ¿Por qué no podría un Londres en constante expansión, con dos millones de habitantes, albergar cuatro? Como era de esperar, el comité dictaminó que la oposición no tenía 'derecho a interferir'. El Tottenham Herald puso un anuncio en el que rogaba a sus aficionados: '[...] no vayan a apoyar a los intrusos de Norris en Woolwich. No tienen derecho a estar aquí'", apunta Jon Spurling en su libro titulado *Highbury: The Story of Arsenal In N5*. El famoso benefactor de los *Gunners* tuvo que utilizar sus habilidades políticas y su ingenio *lobbista* para controlar este asunto y cumplir su cometido. Lejos de entrar en las disputas, prefirió poner el foco en la mudanza y mostrarse conciliador, sobre todo con los residentes de Islington. Incluso, el club publicó un anuncio en varios periódicos locales, invitando a los vecinos a escribir y sugerir nombres para el nuevo estadio. Aunque, probablemente, fue uno de sus métodos para generar buen clima y un presunto diálogo constructivo con los potenciales nuevos seguidores, ya que estos consejos fueron ignorados.

El último partido en Plumstead, que significó el descenso a Segunda División, se jugó el 26 de abril de 1913; mientras que el estreno en Highbury fue el 6 de septiembre de ese año, es decir, cuatro meses y medio más tarde. Aunque el estadio no estaba completamente terminado, en esa jornada inaugural de la temporada 1913/14 hubo asistencia de más de 20 000 personas, y el promedio total en ese curso —donde Woolwich Arsenal F.C. terminó 3°

en el torneo— fue de 22 974 espectadores. Era la mayor cantidad de aforo que el club había experimentado en aproximadamente cinco años. Los *Gunners* se habían beneficiado de las conexiones de transporte de la zona para incrementar notablemente su popularidad. Highbury se transformó en tierra fértil para un club que echó raíces en el norte de Londres, sumó cada vez más seguidores y empezó a construir una nueva base de fanáticos bajo el desarrollo de una cultura ganadora que respetaba las formas. Después de conseguir un pleno de victorias en las primeras tres fechas, llegó el partido ante Hull City del 20 de septiembre de 1913, donde el lema *Victoria Concordia Crescit* apareció por primera vez en el panfleto que se entregaba a los concurrentes al estadio en los días de partido. Esas palabras en latín que significan "La victoria crece a través de la armonía" tomaron cada vez mayor relevancia y se convirtieron, con el correr del tiempo, en una referencia, tanto para los hinchas como para la propia entidad que había conquistado su zona: la estación de metro que se llamaba Gillespie Road pasó a llamarse Arsenal a partir de 1932. Fue una idea del revolucionario entrenador Herbert Chapman para elevar el perfil del club y sacar todavía más rédito a las facilidades de transporte que impulsaron el nivel de popularidad y, además, ayudaron a la metamorfosis en el público. "El traslado a Highbury, en el norte de Londres, hizo que el club empezara a desprenderse de sus orígenes rudos. Gracias a las mejores conexiones de transporte con el West End, el club pudo atraer a seguidores de Holborn, King's Cross, Hackney y Finchley. Cuando el gran pionero Herbert Chapman comenzó a dirigir la mejora de Highbury en la década de 1930, pudo alterar aún más el genoma del público de los días de partido. Con la construcción de la palaciega tribuna East Stand en 1936 —repleta de salones de mármol, el restaurante del club, oficinas con paneles de roble y un comisario que se quitaba el sombrero para recibir a los asistentes—, el club pudo atraer a los grandes y buenos de la sociedad londinense a los días de partido. En la década de 1930, el actor de Hollywood Buster Keaton era un habitual de la hospitalidad corporativa del Arsenal. En la grada superior de la tribuna, Keaton incluso se colocó una representación en hormigón de un telón de teatro. Las alusiones a la clase y al *status* eran claras y Highbury abría sus puertas a la clase media alta. Semejante lujo habría sido, literalmente, una quimera para los municionistas que se situaban en la tubería de desagüe del sur para ver los partidos del Woolwich Arsenal F.C. [...] A medida que Islington empezaba a experimentar una afluencia de comunidades italianas y grecochipriotas que establecían negocios locales, la influencia mediterránea comenzó a notarse en la experiencia del día de partido", apunta Stillman en *So Paddy got up - an Arsenal anthology*.

Con las conexiones de transportes y el cambio de e*statu*s entre el público, sumado a que Chapman colaboró también con la tarea de sumar más devotos por sus éxitos deportivos, el Arsenal F.C. se transformó en el orgullo de Londres ante el mundo. Su maravillosa labor permitió la conquista de 12 trofeos en ocho temporadas. Y no solamente era la primera vez que una copa caía en manos de un club del sur de Inglaterra, sino que jamás se había visto un fútbol tan entretenido en todo el país. La primera media docena de esos títulos se consiguieron bajo las órdenes de un Herbert Chapman que impuso una filosofía de juego atractiva que deslumbró al público en Highbury durante décadas. Las calles del norte de Londres se abarrotaban de gente en cada celebración, incluso aquellos ciudadanos que al principio querían mandar a Henry Norris y a su club de regreso a Plumstead empezaron a ser partícipes de los desfiles de los jugadores con los trofeos. En medio de esa gloriosa etapa, se registró la mayor cantidad de espectadores en los más de 90 años que duró la estadía en Highbury. No fue concretamente en el ciclo de Herbert Chapman, sino al año siguiente de su fallecimiento, en el primero de los 13 años que estuvo en el cargo George Allison, su sucesor. El 9 de marzo de 1935, en uno de los últimos partidos de la temporada 1934/35, el Arsenal F.C. enfrentó al Sunderland ante 73 295 fanáticos. Nadie quiso perderse el duelo entre los dos mejores equipos de la Primera División, ya que los *Gunners* eran los líderes del campeonato y su rival de turno estaba solamente dos puntos por detrás en la tabla de posiciones. Muchos en las gradas se sintieron decepcionados porque todo terminó en un empate sin goles. Aunque ese punto fue importante para el equipo de Allison, que venía de imponerse a sus vecinos del Tottenham por 6-0 en White Hart Lane y necesitaba salir ileso del choque en casa ante su escolta para mantenerse en la cima y dar un paso más hacia lo que fue la obtención de su tercer trofeo de liga consecutivo. Hasta ese entonces, se habían visto más de 70 000 aficionados en Highbury en solamente dos oportunidades: el 24 de febrero de 1926, en una victoria por 2-0 en la FA Cup frente a Aston Villa (71 446); y más de ocho años después, el 20 de octubre de 1934, en un abultado triunfo liguero por 5-1 ante los Spurs (70 544).

Ese período entre la Primera Guerra Mundial y la Segunda fue, decididamente, el de mayor esplendor en los aforos del Arsenal F.C., ya que su público no solamente experimentó auge en casa, sino que también influyó en algunos de los récords de asistencia de los otros grandes equipos del país. El 12 de octubre de 1935, siete meses después de que colmaron Highbury para ver el 0-0 ante Sunderland, muchos fanáticos *gunner*s estuvieron entre los 82 905 aficionados que presenciaron el 1-1 ante Chelsea en Stamford Bridge. Años más tarde, también contribuyeron con su concurrencia

en el récord de espectadores en un partido en condición de local del Manchester United: 83 260 personas vieron su duelo ante el Arsenal F.C. que se disputó el 17 de enero de 1948 en Maine Road, la antigua casa del Manchester City, ya que durante ese período el Old Trafford estaba siendo reconstruido porque había sufrido daños significativos en un bombardeo durante la Segunda Guerra Mundial. Fue un curso donde ambos clubes marcaron el pulso en el fútbol inglés. Con Tom Whittaker como mánager, el Arsenal F.C. logró su primera conquista liguera de la posguerra y el United, que terminó como su escolta en el campeonato, levantó la FA Cup. Whittaker, sucesor de Allison, volvió a ganar la Liga en la temporada 1952/53 y también se consagró campeón de la FA Cup 1949/50. Durante el período entre guerras, e incluso en la primera década posterior al segundo conflicto bélico, tuvo lugar una de las etapas más pacíficas de la historia del fútbol inglés. Ya no existía el primitivismo de fines del siglo XIX, la profesionalización había alcanzado un nivel muy alto. Por otra parte, la clase trabajadora ocupaba un lugar más respetable dentro de la escala social y la clase media también empezó a asistir con más frecuencia a los partidos, lo que provocó que, paulatinamente, los espectadores en Gran Bretaña tuvieran una postura mucho más civilizada. Los clubes empezaron, a su vez, a ofrecer mejores instalaciones y métodos policiales más estrictos y rigurosos para un correcto desarrollo de los eventos a gran escala. El vandalismo en el fútbol existía, como había existido siempre, pero estaba en su etapa más moderada y muy lejos de ser el fenómeno social en el que se convirtió un par de décadas más adelante.

‘THE HERD’: EL AUGE DE LOS HOOLIGANS

Después de ser campeón de la Liga por segunda vez con Tom Whittaker, el Arsenal F.C. atravesó uno de los peores momentos deportivos de su historia. Fueron 17 años sin ganar ni un solo trofeo y casi una década sin alcanzar ni siquiera el podio en el torneo. Ese equipo terminó 3° por detrás de Manchester United y Wolverhampton Wanderers en la Primera División 1958/59, con George Swindin como mánager, y fue el último que vieron los fanáticos en los primeros lugares de la tabla de posiciones en mucho tiempo. El ciclo de Billy Wright, de filosofía futbolística incierta, generó muy poco entusiasmo en un público que había crecido notablemente desde el desembarco en Highbury, pero no se sentía representado por un elenco de tácticas improvisadas. El 5 de mayo de 1966, a dos meses de disputarse la Copa Mundial de la FIFA en Inglaterra, el Arsenal F.C. registró su peor aforo en el norte de Londres: 4 554 espectadores estuvieron en las gradas para ver el partido ante Leeds United, que se quedó con una victoria por 3-0, gracias a dos goles de Jim Storrir y uno de Jimmy Greenhoff. La entidad de Yorkshire era escolta de un Liverpool que ya se había asegurado matemáticamente el título y, con ese triunfo, consiguió el paso definitivo hacia el subcampeonato. Todo lo contrario a un conjunto *gunner* que finalizó su campaña estancado en la mitad de la tabla, ya que dos días después se impuso al Leicester City por 1-0 y finalizó en el 14º puesto de la clasificación final de la First Division 1965/66. Pese a que la fiebre mundialista crecía en Reino Unido, en el norte de Londres había un microclima especial. De un lado estaba Billy Wright intentando no ser despedido, mientras que en la vereda opuesta se encontraba un Bill Nicholson que se transformó en el artífice de la época más fructífera del Tottenham Hotspur. En esa década del sesenta, que fue tortuosa para los fanáticos del Arsenal F.C. por el éxito de su máximo rival, fue también cuando la presencia de diversas culturas, sobre todo de influencia latina y helénica que son más efusivas, le dio más color y vocalización a las gradas. Las multitudes de fútbol se volvieron más bulliciosas en general, lo que dio inicio a una etapa turbulenta para todos los amantes del fútbol en Inglaterra, una nación empobrecida en la que el pueblo intentaba usar este deporte como cable a tierra. El público empezó a ganar un protagonismo tóxico e inopinado; había cada vez más espacio a esos hinchas sanguinarios que canalizaron sus frustraciones e instintos más salvajes a través de la violencia en las canchas. Había cambiado el público: de los trajes oscuros y los sombreros de tela, se pasó a la vestimenta de jean típica de un cultura juvenil que llevó al fútbol la moda que tenía sus raíces en el *rock 'n' roll* que había nacido en los años cincuenta. Aunque Highbury era uno de los estadios más moderados, era notorio que ya no era un sitio para los hombres de la clase trabajadora que iban a beber, fumar e insultar, ni tampoco de la aristocracia de la sociedad londinense. Los estadios se transformaron en la válvula de escape para algunos grupos violentos.

A medida que la brutalidad iba en ascenso, el Arsenal F.C. empezó a saborear otra vez la victoria y consiguió ganar su primer campeonato liguero en 18 años con un triunfo en el estadio del Tottenham, su archienemigo del norte de Londres, en la última fecha de la temporada 1970/71. El triunfo por 1-0 en White Hart Lane —con gol de Ray Kennedy— fue el punto culminante de una magnífica campaña que incluyó una racha de nueve victorias consecutivas entre marzo y abril. Esa jornada, el público tomó un gran protago-

nismo. "En los últimos segundos del tiempo que el árbitro Kevin Howley, que dirigía su último partido, había añadido, el Tottenham ganó un córner. Mientras los seguidores del Arsenal silbaban el final, Wilson lo arrancó del oscuro cielo nocturno y cayó al suelo agarrándose el balón al pecho. Y poco después, mientras, entre otros, John Radford se llevaba por delante a un jugador de los Spurs en la posición de lateral derecho del Arsenal, el árbitro puso fin a uno de los mayores y más intensos enfrentamientos por el título. Los *Gooners* invadieron el terreno de juego, dando palmadas en la espalda a sus héroes, y saltando de alegría bailaron por todo el campo de White Hart Lane, que rápidamente se convirtió en un mar de rojo y blanco ondulado. Todos los jugadores del Arsenal tardaron poco más de veinte minutos en volver a los vestuarios, donde Bill Nicholson se encargó de colocar una caja de champán para los jugadores y el personal del Arsenal, algo que Bertie Mee agradeció. Mientras los jugadores disfrutaban de su logro, Mee, Howe y el fisioterapeuta George Wright dejaron rápidamente atrás el lunes y pusieron su concentración en el sábado, en Wembley y en la final de la Copa", cuenta David Fensome en su libro *Good Old Arsenal!: The Making of Modern Arsenal - Volume 1 - 1966-1973*. Cinco días más tarde, también ganaron la FA Cup en Wembley, imponiéndose al Liverpool en tiempo extra (2-1).

Esas invasiones al campo de juego eran la cara agradable del fenómeno social que surgía desde las tribunas, y fue una práctica que se repitió en Highbury en algunas oportunidades, sobre todo en grandes noches europeas. Incluso en las derrotas, como en ese partido de cuartos de final de la Copa de Europa ante el Ajax de Johan Cruyff, disputado el 22 de marzo de 1972. Era la primera vez que el equipo jugaba la máxima competencia de clubes del continente después del "doblete" y los holandeses querían revancha de su caída por 3-0 en Londres dos años antes, en las semifinales de la Inter-Cities Fairs Cup. La multitud de 56 145 personas se hizo sentir, sobre todo la estridente tribuna *North Bank*, tal cual había sucedido en la final en la que se remontó el resultado ante Anderlecht para alzar el trofeo internacional. Pero esta vez el Ajax había llegado a territorio británico con una ventaja de 2-1 del partido de ida y los espectadores vieron al elenco de Mee perder por 1-0, con un gol de George Graham en contra de su propia portería. Ver al público dentro del césped empezó a ser cada vez menos frecuente por cuestiones de seguridad, pero desde la fiebre en las gradas que había en esa época, también surgieron algunas costumbres que trascendieron en el tiempo, como la tradición del lazo amarillo en los partidos definitorios jugados en Wembley, principalmente de la FA Cup. Se cree que la canción *She wore a Yellow Ribbon* (Ella usaba un lazo amarillo) viene, originalmente, de poema que escribió

George A. Norton en 1917, que cuenta la historia de una muchacha que espera a que su pareja regrese a casa de la guerra. Años más tarde, fue adaptada e interpretada por Andrews Sisters en la película de John Wayne de 1949, titulada *She wore a Yellow Ribbon*. Los seguidores en Highbury empezaron a entonar la melodía a partir de la década del cincuenta, pero se hizo popular a finales de los setenta cuando el club jugó tres finales consecutivas de la FA Cup (1978 , 1979 y 1980), imponiéndose al Manchester United en la segunda. Aquel conjunto dirigido por Terry Neill vistió de amarillo en esas definiciones, igual que cuando venció al Liverpool en 1971, por lo que se transformó en una canción muy representativa de las grandes citas en Wembley desde entonces. También en esos tiempos nació un apodo para los fanáticos del Arsenal F.C. que no tiene un origen muy claro, pero quedó para la posteridad. Se cree que el término *Gooners* nació en la década de los setenta y hay diferentes versiones sobre su intrincado origen, la única certeza es que ha quedado como una marca registrada para los seguidores de la institución. Hay quienes sostienen que es una simple deformación de *Gunners* (Cañoneros), un sobrenombre que la entidad arrastra desde su nacimiento, ya que sus raíces tienen un estrecho vínculo con este armamento. Aunque hay otros que se apoyan en el relato de una canción titulada The Original *Gooner* (El *Gooner* original) de una banda de culto del Arsenal F.C. llamada Riders of the Night. Este grupo musical invitó al estudio de grabación a un hincha conocido popularmente como Lee *Gooner*, quien se ha jactado de ser el primero en ser llamado así. En aquella sesión lo hicieron hablar sobre los orígenes del término *Gooner* y luego le agregaron una melodía electrónica a su relato para crear uno de sus sencillos más famosos. Lee cuenta un episodio ocurrido a fines de los setenta en un bar que estaba lleno de fanáticos del Tottenham, que empezaron a llamarlo *Goon*, que es una palabra con connotación peyorativa del idioma inglés, comúnmente utilizada para referirse a personas tontas o estúpidas. A su vez, todavía en la cultura inglesa estaba muy latente un programa de comedia radial de la BBC que se llamó *The Goon Show*, que si bien fue transmitido por última vez en 1960, el elenco se reunió para un espectáculo final en 1972 y su absurdo sentido del humor ha influido en muchos comediantes que vinieron después. Al llegar a la década de los ochenta, los aficionados del Arsenal F.C. ya habían incorporado ese apodo degradante y lo redefinieron como propio. Empezó a escucharse con frecuencia en Highbury, principalmente para referirse a las facciones más violentas, pero, con el paso del tiempo, fue acuñado por todos los seguidores.

A partir de ahí, las batallas campales en días de partido se transformaron paulatinamente en moneda corriente y el vandalismo

comenzó su escalada hasta convertirse en una grave problemática social. Los medios de comunicación contribuyeron a potenciar este fenómeno con su lenguaje bélico y agresividad al momento de reflejar lo que sucedía en torno a los *hooligans*, un término que empezó a utilizarse desde ese entonces para describir al grueso de los aficionados del fútbol inglés. En Highbury emergió un grupo de hinchas radicales conocidos como *The Herd* (La manada) que eran liderados por un hombre llamado Dainton Connell, también conocido como el Oso. Se convirtió en una celebridad en la época de los arrestos masivos, las invasiones de campos, los partidos suspendidos y las peleas en las tribunas. Cuando murió en 2007, miles de personas asistieron a su funeral en el barrio de Holloway, incluidos algunos ex futbolistas como Ian Wright y Lee Dixon. En el primer partido en el Emirates Stadium después de su muerte, muchos seguidores del Arsenal F.C. vistieron de negro y formaron parte de una procesión que pasó por Highbury, antes de arribar al nuevo estadio. Dejaron coronas de flores y cartas en los dos cañones de bronce que están frente al ingreso de la tienda oficial. Aunque su fama, a diferencia de otros como Cass Pennant (West Ham) o Martin Knight (Chelsea), no era de dominio público ni mucho menos rentable. Más bien era una figura venerada en la intimidad.

Connell nació en Brighton en 1961, era hijo de inmigrantes jamaiquinos en Inglaterra, aunque su vida se desarrolló en el barrio londinense de Wood Green. Después de dejar la escuela a los 16 años, trabajó como obrero en la construcción hasta los 20, al mismo tiempo que asistía a los partidos del Arsenal F.C. de local y visitante. Se enamoró de esa sensación de seguir al equipo bajo cualquier circunstancia y se sintió cómodo en un club donde los seguidores eran un poco más abiertos que otros. No obstante, Dainton Connell era muy atrevido para su edad y solía hacer frente a las típicas problemáticas que había en aquellos años. Incluso admiraba mucho a Johnny Hoy, el *hooligan* más importante de Highbury en ese entonces, quien lideraba a los fanáticos *gunner*s en esos primeros combates ante los rivales que osaban ganar espacio en las gradas del norte de Londres. Connell empezó a ganar notoriedad a mediados de los 70, cuando el activista político fascista John Tyndall lanzó una campaña de reclutamiento a las afueras de los estadios. El Frente Nacional británico iba los días de partido a Highbury para intentar sumar miembros, aunque fue una práctica que no se extendió más allá de la década de los ochenta. El Oso, que ya empezaba a tener su propia manada, se mostró desafiante con este grupo, varias veces les quitó los folletos y las revistas de extrema derecha que vendían, lo que ayudó a mantener a esta agrupación política lejos de la gente que apoyaba al club. Pese a que la tensión racial merodeaba los estadios de fútbol, en el Arsenal F.C.

todo funcionaba diferente: un joven afrodescendiente como Dainton Connell lideraba a la afición fuera del campo y también surgían líderes adentro. "El Arsenal utilizó notablemente más jugadores negros que la mayoría de los demás equipos. Jugadores como Viv Anderson, Chris Whyte, Raphael Meade, Paul Davis y el incomparable David Rocastle eran habituales en el equipo. Holloway y Finsbury Park han contado durante mucho tiempo con orgullosas comunidades africanas y caribeñas. Una vez más, esto empezó a reflejarse en el crisol de culturas de Highbury. A principios de los años 90, cuando jugadores como Kevin Campbell e Ian Wright eran pilares del equipo y aportaban bailes de reggae contemporáneos a sus coreografías de celebración de goles, una generación de jóvenes afrodescendientes acudió a Highbury. El rincón del Arsenal en el norte de Londres lleva mucho tiempo viendo cómo las comunidades de inmigrantes echan sus raíces en su suelo, lo que se ha reflejado en la afición", profundiza Tim Stillman en la obra titulada *So Paddy got up - an Arsenal anthology*.

La popularidad de Connell creció a partir de las peleas que protagonizó junto a sus secuaces en distintos estadios. Muchos le recuerdan un enfrentamiento en Highbury frente a la Inner City Firm (ICF), la agrupación radical del West Ham United. El 1 de mayo de 1982, los hinchas visitantes habían planeado infiltrarse en la tribuna *North Bank*. Unos 500 miembros de la ICF se reunieron en la parte superior de la grada y estaban listos para bajar los escalones con una enorme pancarta blanca con dos martillos pintados de celeste y bordó, pero su plan quedó frustrado tras la explosión de una bomba de humo que derivó en una pelea y el posterior accionar de la policía. Había tanto humo que los jugadores fueron retirados de la cancha y muchos fanáticos huyeron en medio de una estampida. Después del partido, un aficionado del Arsenal F.C. fue asesinado a puñaladas en la estación de metro que lleva el nombre del club. Fue un punto de inflexión en Highbury, porque a partir de ahí aumentó la vigilancia policial y se colocaron cámaras de seguridad, lo que hizo que las peleas se produjeran mayormente en las calles. Otro de sus episodios violentos más recordados fue durante el partido de la tercera ronda de la FA Cup frente al Millwall disputado en enero de 1988. Ese fue, probablemente, el punto máximo de salvajismo que se ha visto en Highbury; la violencia fue incontenible para los policías que formaron parte del operativo de seguridad. Dentro del estadio, hubo 48 arrestos y más de 60 personas expulsadas del terreno de juego. Afuera, la estación de metro fue destrozada, al igual que Arsenal Tavern y Plimsoll Arms, dos famosos *pubs* donde se reunían los *Gooners*. El caos se desató cuando un multitudinario grupo de seguidores del Millwall invadió la tribuna *Clock End*. En cuestión de minutos, todo se convirtió en un baño

de sangre y en uno de los sucesos más emblemáticos del apogeo del vandalismo en el fútbol inglés. Al año siguiente, la tragedia de Hillsborough cambió la escena por completo.

Dainton Connell siguió firme como espectador en los partidos del Arsenal F.C., pero al tiempo que la barbarie mermó en los estadios fue contratado para trabajar como seguridad privada de los Pet Shop Boys. Falleció en octubre de 2007, a los 46 años de edad, en un accidente de tránsito en Moscú, donde se encontraba de viaje junto a Chris Lowe. Para aquel entonces ya era un héroe popular para los fanáticos del Arsenal F.C. y una personalidad famosa en el norte de Londres, algo que quedó demostrado durante ese último adiós que se organizó en las adyacencias del Emirates Stadium. No obstante, también es probable que muchas de las personas que estuvieron presentes en esa triste jornada no supieran ninguna de las historias del Oso Connell. Ya la base de fanáticos *gunners* había alcanzado otra dimensión. Con la llegada de la tecnología de la TV y de Internet, la afición *gunner* se ha ampliado y diversificado más que nunca.

GOONERS AFUERA, TURISTAS ADENTRO

Aquel 20 de octubre de 2007, ese grupo de amigos que normalmente hubiera compartido unas pintas de cerveza con Dainton Connell antes del partido del Arsenal F.C. contra Bolton Wanderers por la Fecha 9 de la Premier League 2007/08, se reunieron para llorar su muerte y posaron en las gradas con unos carteles que tenían la leyenda *"R.I.P. The Bear"* en las gradas de un Emirates Stadium que acogió a 59 442 espectadores. El nuevo estadio del club apenas había cumplido su primer aniversario hacía unos meses, pero ya era habitual ver a decenas de miles de personas transitar las calles de Islington y los distritos circundantes en los días de partido. No solamente eran lugareños, ya que la institución por esos años ya atraía gente de todo el mundo. Aquella mudanza había sido una decisión que permitió a la entidad albergar a su base de fanáticos *gunners*, una multitud en la que había habitantes londinenses, pero también una gran cantidad de turistas de cientos de países. Algunos de ellos viajaban a Londres únicamente para estar 90 minutos dentro de lo que surgió como uno de los estadios más modernos del planeta.

La violencia en los estadios ya estaba prácticamente erradicada; era parte del oscuro pasado de las gradas del fútbol inglés. Ya no era habitual ver a los *hooligans* apoderarse violentamente de la escena ni ser los protagonistas de cada jornada. Probablemente, el ataque sorpresa de los fanáticos del Arsenal F.C. a los del Galatasaray en Copenhague en mayo de 2000 fue la última gran batalla que se le conoció a los hinchas *gunner*s. Ese desmadre ocurrió en vísperas de la final de la UEFA Cup 1999/00, que se disputó en la capital de Dinamarca. Fueron dos días de violencia intermitente que dejaron un saldo de varias personas apuñaladas, algunas heridas de gravedad, y un total de 54 detenidos por la policía local. La efusiva afición turca había hostigado a la parcialidad inglesa en los días previos al partido y, después de algunos pequeños enfrentamientos, una turba de alrededor de 500 fanáticos del Arsenal F.C. montó un ataque cuidadosamente orquestado que tomó desapercibidos a los hinchas del Galatasaray, los lugareños daneses y a la propia policía. Más allá de que se vivieron 20 minutos de puro terror, había resultado un suceso aislado que ni siquiera tuvo lugar en Inglaterra, donde la barbarie había pasado a un segundo plano con el correr de la década del noventa. El gran punto de inflexión fue la Tragedia de Hillsborough, aquel suceso ocurrido el sábado 15 de abril de 1989 en el estadio del Sheffield Wednesday F.C. en el que 97 fanáticos del Liverpool F.C. murieron aplastados contra las vallas del estadio a causa de una avalancha. El gobierno de Margaret Thatcher utilizó ese lamentable episodio para imponer una política de seguridad en los estadios. En agosto de 1990, tras una larga investigación, se presentó el Informe Taylor, un paquete de medidas y recomendaciones para cortar para siempre con el vandalismo elaborado por Peter Taylor, *Baron Taylor of Gosforth*. La transformación más significativa de todas fue que los estadios tuvieron que colocar asientos en todas sus tribunas, porque ya no se permitía que hubiera personas de pie. En el caso de Highbury, que en sus mejores días había contado con la presencia de más de 73 000 personas, vio su capacidad reducida casi en un 50%. A partir de la remodelación exigida por el Informe Taylor, el club quedó limitado a albergar un máximo de 38 419 espectadores, justo en una etapa en la que el éxito conseguido por Arsène Wenger y la expansión global de la Premier League hicieron que el club ampliara a niveles insospechados su base de fanáticos. Aquel fútbol atractivo llegaba a cada rincón del planeta, a la vez que en todos los partidos en condición de local era normal ver que el estadio estaba ocupado casi al máximo. Y por más especial que fuera Highbury, empezaba a quedar chico para la cantidad de personas que apoyaban al equipo. Era imposible remodelarlo por diferentes restricciones, como que la tribuna East Stand era un edificio protegido por su valor cultural y también el hecho de que el estadio estaba rodeado de una zona residencial, lo que hacía que cualquier expansión fuera compleja y

costosa. La construcción del Emirates Stadium, con capacidad para 60 260 espectadores, se transformó, entonces, en una gran oportunidad para los seguidores del Arsenal F.C. de todo el mundo.

Uno de los momentos donde más se ha manifestado la expansión de la base de fanáticos *gunner*s a escala global fue a mediados de 2011, en la primera gira de pretemporada del ciclo de Arsène Wenger fuera de Europa. Tradicionalmente, el primer equipo transitaba este período de preparación en la península escandinava. Luego, cuando llegó el estratega francés, Bad Waltersdorf se transformó en el destino predilecto de cada año. Pero el club se dio cuenta de que esa pequeña ciudad balnearia de Austria no le permitía generar beneficios comerciales, por lo que en la previa de la decimocuarta campaña de Wenger al frente de la institución, se llevó a cabo una lucrativa gira de pretemporada por Malasia y China. Miles de fanáticos recibieron a la delegación de un Arsenal F.C. que en los años siguientes trasladó esta práctica a Indonesia, Vietnam, Japón, Australia, Estados Unidos, Dubai y Singapur, entre otros destinos, donde experimentó la misma fiebre que la primera vez. Es un fenómeno que emergió como resultado del avance de la tecnología, pero que ayudó a consolidar esa diversidad sociocultural que se veía en las gradas desde que el club se instaló en el norte de Londres. No es que el Arsenal F.C. es una utopía a nivel seguidores ni tiene una base de fanáticos absolutamente libre de prejuicios; se han oído en Highbury y todavía existen hinchas en el Emirates Stadium que entonan cánticos agresivos, principalmente contra el Tottenham, pero es cierto que a lo largo de su historia ha mostrado mucha más empatía con respecto a otros clubes de Inglaterra y la diversidad cultural se ha impregnado en la filosofía del club, más aún a partir de la postura cosmopolita de Arsène Wenger. Bajo su mandato, llegó a prescindir de los jugadores ingleses en un encuentro ante el Crystal Palace disputado en febrero de 2005, y también alineó a 11 jugadores de nacionalidades diferentes para un partido de la UEFA Champions League contra el Hamburger S.V. en septiembre de 2006. Puede que dos partidos sean una muestra muy pequeña dentro de su ciclo de 22 años, pero reflejan una postura disruptiva a la que la propia institución decidió adherirse para garantizar que todas las personas que eligieron al Arsenal F.C. como el equipo de sus amores sintieran el mismo orgullo. En 2008, como una celebración de la diversidad dentro de la base de fanáticos, nació *Arsenal for Everyone* para englobar distintas iniciativas que muestran la cara más heterogénea y solidaria de la entidad con su gente. "A través de *Arsenal for Everyone*, nos esforzamos por garantizar que todos los que están conectados al club sientan el mismo sentido de pertenencia. Continuaremos celebrando nuestra diversidad y usaremos nuestras plataformas para

educar a otros y continuaremos con nuestro enfoque de tolerancia cero a la discriminación. Nos comprometemos a usar nuestra voz y nuestra red para fortalecer las medidas y acciones tomadas por las autoridades pertinentes para castigar a los responsables de este abuso. Los jugadores que ves hoy y los que los precedieron son atletas de élite, íconos para muchas personas en todo el mundo, pero ante todo son seres humanos y parte de nuestra familia. Este abuso nos afecta a todos. No podemos permitir que los abusos racistas y llenos de odio se conviertan en una parte normalizada del juego", escriben en el sitio web oficial sobre estas actividades que se realizan constantemente con diferentes fanáticos.

Como todos los principales clubes de fútbol ingleses, hay varias decenas de *Supporters Club* oficiales distribuidos en los cinco continentes —América, Europa, Asia, África y Oceanía— y también existen algunas agrupaciones que buscan representar los intereses de todos los fanáticos en el Foro de aficionados que se reúne tres veces por temporada con miembros de la Junta Directiva para discutir cuestiones que mejoren la experiencia de las personas que eligen darle su apoyo al institución. Una de ellas es la Arsenal Independent Supporters' Association (AISA), que es una voz independiente para los fanáticos, que ha peleado por cuestiones como precios de las entradas, la calidad del sonido en el estadio o el reconocimiento para los ídolos; y la otra agrupación famosa es Arsenal Supporters' Trust (AST), que desde que fue creada en 2003 empezó a poner la lupa sobre la forma en la que se administra el club y las cuestiones de gobernanza o financieras que influyen directamente en su futuro. Justamente, estas agrupaciones fueron las que, a partir del 2016, encabezaron las protestas para pedir la salida de Arsène Wenger. Esas pancartas elogiosas con mensajes como *"Arsène Knows"* (Arsène sabe) y *"In Arsène We Trust"* (En Arsène creemos) que se vieron en el Emirates Stadium durante los primeros años después de la mudanza, fueron reemplazadas por otras en tono más crítico. El *"Wenger Out"* empezó a ganar cada vez más adeptos y, posteriormente, hubo encuestas que resultaron lapidarias para el futuro del estratega francés. En marzo del 2017, unas semanas después de esa humillante eliminación por un resultado global de 10-2 a favor del FC Bayern München en los octavos de final de la UEFA Champions League, el *Arsenal Supporters Trust* (AST) sondeó a sus 1000 miembros y el 78% de los encuestados dijeron que habían perdido la fe en Wenger. Fue un giro radical, porque 18 meses antes el 84% de los seguidores consultados lo había respaldado en una encuesta similar. Un año después, la misma agrupación volvió a consultar a sus miembros y la desaprobación a Wenger ascendió al 88%, lo que hizo que su continuidad fuera insostenible. También estos grupos alzaron su voz cuando el club se convirtió en uno de

los fundadores de la Superliga Europea y lograron, junto a los aficionados de otras entidades, frenar la realización de este proyecto. En esa ocasión, la mayoría de las críticas y mensajes estuvieron dirigidos hacia la figura del empresario estadounidense Stan Kroenke, cuya relación con el público no se ha descongelado del todo, pese a que su participación ha ido en aumento con el correr de los años. Muchas veces en el Emirates Stadium —y alrededor del mundo a través de las redes sociales— se puso en tela de juicio su compromiso con el desarrollo deportivo del club, ya que siempre ejerció su rol de propietario de manera reservada y se mantuvo distante con los fanáticos, incluso cuando muchas de sus decisiones generaron descontento. No obstante, una vez superado el conflicto inicial de la Superliga y al regresar el público a los estadios, tras la interrupción por la aparición del COVID-19, el hincha del Arsenal F.C. corrió el foco de unos dueños que hicieron una gran inversión para restaurar la plantilla y se dedicaron a reconstruir ese vínculo con el equipo y sus jugadores que había quedado en suspenso durante la pandemia.

FIDELIDAD PARA SIEMPRE

Durante nueve meses los estadios de Inglaterra estuvieron vacíos a causa del avance del coronavirus en todo el mundo y el Arsenal F.C. de Mikel Arteta obtuvo su primer título sin la presencia de aficionados en las gradas. El 1 de agosto de 2020, en un Wembley completamente vacío, el elenco dirigido por Arteta remontó el partido ante Chelsea y se consagró campeón de la FA Cup 2019/20, lo que les permitió también clasificar a la UEFA Europa League del siguiente curso. Fue una consagración más en un estadio al que muchos fanáticos *gunner*s reconocen como su segunda casa, no solamente por la gran cantidad de definiciones de copas domésticas que han protagonizado allí, sino también porque fue su hogar en varias noches de la máxima competición europea. Durante el comienzo del ciclo de Arsène Wenger, el Arsenal F.C. alquiló Wembley para jugar partidos de la UEFA Champions League y registró un pico de 73 707 espectadores en el duelo ante Lens que se llevó a cabo el 25 de noviembre de 1998. Esa fue una de las tantas veladas en el templo del fútbol inglés que le sirvieron al club para terminar de convencerse de que era necesario irse de Highbury para sacar el mayor provecho posible a la gigantesca expansión que había experimentado su base de seguidores. Por eso, aunque implicó un colosal esfuerzo financiero, mudarse al Emirates Stadium fue otra decisión acertada en la historia de la entidad.

Desde que el Arsenal F.C. comenzó a jugar en su nuevo hogar, sus fanáticos tuvieron que acostumbrarse al hecho de tener que pagar por los *tickets* más costosos de la Premier League y uno de los abonos de temporada más caros de Inglaterra cada año, para asistir a un estadio que durante mucho tiempo fue tildado de cauteloso. Durante los años de Highbury, se había construido naturalmente una cultura en las gradas donde cada hincha elegía su sector predilecto. En los extremos de la tribuna *North Bank* se ubicaban los más civilizados y la parte media y superior era integrada por una atmósfera más vocal. En la *Clock End* solían estar esos fanáticos que disfrutaban de cantar contra la parcialidad visitante, mientras que para sentarse a ver tranquilamente el partido era mejor acudir a la grada Este u Oeste. Pero una vez en el Emirates Stadium, se perdieron las referencias y la gran masa de seguidores terminó por diluir dichas costumbres. Ir al estadio del Arsenal F.C. se transformó en una experiencia de primer nivel en términos de servicio gastronómico, comodidad de los asientos y visión del campo de juego, pero la atmósfera ha recibido muchas críticas por su falta de ebullición durante los partidos. Aunque la tendencia a la calma ha ido modificándose con el correr del tiempo y, desde el regreso del público a los estadios después de ese largo período sin público por el COVID-19, se ha visto un marco más festivo en el norte de Londres.

En diciembre de 2020, los aficionados regresaron al Emirates Stadium cuando el Arsenal F.C. enfrentó al Rapid Vienna en la fase de grupos de la Europa League 2020/21 y ocuparon asientos distanciados en las gradas para alentar a los jugadores en la competición europea. Un grupo de 2000 personas esparcidas en el gigantesco estadio ubicado en Ashburton Grove tuvo la oportunidad de volver a ver de cerca a sus ídolos a 272 días de la última cita, justo antes de que la pandemia obligue a desarrollar los eventos deportivos a puertas cerradas. Unos meses más tarde, en mayo de 2021, un aforo de 10 000 personas —con Josh Kroenke incluido en el público— presenció el partido ante Brighton & Hove Albion, que puso fin a la participación del equipo de Mikel Arteta en la Premier League 2020/21 y decretó que el club quedaba fuera de las competiciones europeas por primera vez en 25 años; uno de los alicientes que suscitaron nuevas protestas en contra de los propietarios. Al curso siguiente, con las gradas de todos los estadios de Inglaterra nuevamente a tope, el apoyo fue creciendo exponencialmente a partir de la mejora en los rendimientos y con la obtención de resultados positivos. Mientras el equipo de Arteta se mantuvo cerca de la pelea por clasificar otra vez a la UEFA Champions League, el

optimismo se manifestó en las gradas y quedaron en evidencia algunos axiomas que pueden marcar el futuro de la forma en que el Emirates Stadium manifiesta su fervor. Después de más de 15 años de críticas por ser un estadio apático y parsimonioso, el hogar del Arsenal F.C. mostró su costado más estridente. Y es probable que haya una mezcla de factores detrás de este cambio de paradigma.

La pandemia ha renovado el público en general en las canchas de Inglaterra y abrió las oportunidades para que los fanáticos más jóvenes hagan su aparición, además de que las restricciones de viaje por el COVID-19 limitaron el número de turistas en Londres y, lógicamente, la cantidad de seguidores extranjeros en la institución más cosmopolita del fútbol inglés. En cuanto a esos privilegiados que pudieron experimentar de primera mano la sensación de volver al equipo en el Emirates Stadium, llevaban un largo tiempo con sus emociones contenidas y se encontraron con un Arsenal F.C. que, aunque ya estaba hace años en proceso de reconstrucción, esta vez proponía un enfoque distinto. Las expectativas en las gradas se renovaron, porque el proyecto dio un giro radical; los fanáticos entendieron que debían apoyar más que nunca al equipo más joven y al mánager más novato de la Premier League para que el club pueda regresar a la élite mundial. Desde que la responsabilidad futbolística cayó en manos de Bukayo Saka, Emile Smith Rowe, Martin Ødeegard, Gabriel Martinelli, Albert Sambi Lokonga, Kieran Tierney, Ben White, Gabriel Magalhães y Aaron Ramsdale, entre otros futbolistas de corta edad, el público comprendió que su función era acompañar su crecimiento y desarrollo con una postura positiva. Había mucha negatividad acumulada después de ver al equipo en tres temporadas consecutivas fuera del *Top 4*, y la decepción fue total cuando el club falló en su intento de sostenerse en las competiciones europeas, pero los hinchas aceptaron la nueva posición del equipo, sobre todo cuando la plantilla empezó a despojarse de esos jugadores envejecidos que cobraban salarios ridículos y hacían una pésima contribución para mejorar los estándares deportivos. Poco a poco la toxicidad en las gradas comenzó a desaparecer y surgió una conexión natural con esos futbolistas jóvenes, hambrientos y carismáticos que empezaron a transformar la cultura del club.

Los seguidores, a partir de ahora, tienen claro que habrá tropiezos en el camino. Han aceptado que esas frustraciones son parte del proceso. Y aunque muchas veces necesitan que desde el campo de juego haya rendimientos superlativos para mostrar su lado más efervescente, han comprendido también que la reedificación está en marcha y están dispuestos a esperar por la gloria. Es importante que se sostenga la alta intensidad de apoyo fuera de casa y que el Emirates Stadium tenga cada vez más positivismo, que en las tribunas se sienta poco a poco esa mística que tuvo Highbury y que los fanáticos recuperen ese aura que caracterizó al club durante gran parte de su historia. Atrás tienen que quedar las jornadas silenciosas y los abucheos desmedidos, y la reprobación debe aparecer únicamente en situaciones notablemente críticas, porque si hay quejas infundadas es probable que se vea boicoteado el objetivo de ver a la institución brillar otra vez. Puede haber diferentes intérpretes, dentro del campo de juego y también en los despachos, pero algo no cambiará en absoluto: la lealtad de los hinchas. Ese apoyo de los fieles seguidores siempre será necesario para el crecimiento. El apoyo desde las tribunas es fundamental para que los jugadores saquen a relucir su potencial; esa sinergia con el público les genera confianza. Es sabido que los *Gooners* necesitan estimularse con lo que ocurre en el césped para ser más activos, pero eso no quita que deban mostrarse firmes sea cual sea la realidad del equipo; dar soporte en las épocas fructíferas, pero, principalmente, en los momentos más oscuros. La fidelidad estará ahí por siempre. Hay que ser del Arsenal F.C. hasta la muerte.

CAPÍTULO VII

WE ARE THE ARSENAL

¿Qué hubiera sucedido si ese pequeño grupo de trabajadores de una fábrica de armamentos en Londres liderados por el escocés David Danskin no se reunía para formar un equipo de fútbol? ¿Cuál hubiese sido el futuro de este deporte si Danskin y sus amigos no rompían el molde en un área dominada por el rugby y el *cricket* para fundar lo que después se transformó en uno de los clubes más importantes del mundo? En octubre de 1886, estos 15 hombres pusieron de su bolsillo seis peniques cada uno para poner en marcha un sueño, un proyecto que llegó mucho más lejos de lo que hubieran imaginado. Cuando empezaron a organizarse, es probable que no tuvieran noción de lo que iban a conseguir a partir de una iniciativa que surgió para sacarlos de la monotonía laboral. Dieron pequeños pasos, la gran mayoría en la dirección correcta, y avanzaron en línea ascendente sin prisa. En diciembre, sin un nombre completamente definido ni un campo de juego fijo, Danskin y sus laderos cruzaron el río Támesis para vencer por 6-0 a Eastern Wanderers, lo que resultó un comienzo más que auspicioso para todo lo que vino después: una sucesión de hechos que dan sentido a lo que es el Arsenal Football Club; a lo que somos.

A grandes rasgos, podría decirse que el Arsenal F.C. es un club de fútbol que tiene una identidad que mezcla los orígenes humildes en las fábricas, con la clase y el prestigio futbolístico que inició a partir de la mudanza a Highbury y la revolucionaria obra de Herbert Chapman; además de la expansión global, la visión cosmopolita y el estilo de juego que instauró Arsène Wenger en el ciclo más

famoso de la historia del club. No obstante, no solamente es el producto de sus etapas más decisivas, sino que es cada uno de esos momentos que lo hicieron llegar a ser lo que es en la actualidad; cada pequeño suceso que lo ha posicionado entre las entidades deportivas más valiosas y reconocidas de todo el planeta; como también cada individuo con el que se ha vinculado: fundadores, jugadores, mánagers, directivos, empleados en general y, principalmente, los hinchas. Todos somos parte de una comunidad que fue haciéndose cada vez más grande, una familia con una identidad que trasciende al fútbol. Cada momento o personalidad que haya pasado por el Arsenal F.C. ha contribuido al desarrollo de lo que podría considerarse un comportamiento en sí mismo ante la vida. Un conjunto de principios, valores e ideas que se han constituido a partir de esos gloriosos —y también lapidarios— instantes que han marcado nuestro camino; esas vivencias que nos han enseñado cuál es la forma en la que elegimos perseguir el éxito.

Somos un club que no pierde la modestia, porque no olvida la resiliencia, el esfuerzo y crecimiento de esas casi tres décadas en Plumstead. Por esas fábricas de armamentos que estuvieron en Woolwich desde el siglo XVII pasó una innumerable cantidad de personas. David Danskin tuvo la dicha de coincidir con un grupo de colegas que lo ayudó a potenciar sus intenciones al gastar unos peniques para comprar un balón de fútbol, seguramente con el simple objetivo de promover una actividad social en el ámbito de trabajo y sin saber las grandes consecuencias que traería para la vida de muchas personas de distintas épocas. Somos la humildad de esos obreros cuyo cable a tierra ante la exigencia de las interminables jornadas laborales —en un contexto de absoluto contraste entre la alta burguesía y un proletariado prácticamente sin beneficios sociales— eran esos partidos de fútbol de los sábados. ¿Cómo se hubiera llamado este equipo si los trabajadores no se hubieran juntado en el pub Royal Oak, junto a la estación de Woolwich, al momento de la fundación; o si la fábrica que los reunía diariamente para trabajar no era la Royal Arsenal East? ¿De qué color sería ahora la camiseta del equipo si Fred Beardsley y Morris Bates, que hicieron gestiones para conseguir su antigua indumentaria del Nottingham Forest, no se hubieran acercado a Danskin; o si hubieran jugado anteriormente para otro cuadro? Somos esa hermandad que generaron los fundadores para crecer, como también la cofradía que la multitudinaria base de aficionados formó con los jugadores, con quienes incluso bebían alcohol en el pub donde se fundó el club después de los partidos en casa; un hábito que nació porque todos habían surgido de las mismas raíces. Esos cimientos nos impulsaron hacia la grandeza de ser el primer club profesional del sur de Inglaterra, un hito que fue significativamente impor-

tante para el resto de los equipos de Londres. No lo hizo ningún otro elenco de la zona, como Chelsea, Tottenham, Fulham, Clapton Orient o Millwall. La irrupción en una escena integrada, hasta ese entonces, únicamente por clubes de la parte alta del territorio inglés la hizo el Woolwich Arsenal F.C. en 1893, en una época en la que Jack Humble y los primeros directores mostraron su unión y rebeldía para promover actividades sociales que unieran a la gente del club y juntar dinero que sirviera para solventar gastos; además de que arriesgaron los ahorros de toda su vida y sus casas cuando la institución no tenía los avales financieros suficientes para seguir adelante. Somos la valentía de esos hombres que defendieron sus ideales y no cedieron ante la presión de un grupo de *gentlemans* que intentó expulsarlos del club que habían fundado con la intención de darle un mayor e*status* social, porque entendían que el lenguaje y el comportamiento del público en las canchas solía ser impropio de la Inglaterra victoriana, en donde la mayoría de los equipos de la Football League venían de la parte alta del país. Sin ser de la órbita de los conjuntos más establecidos, tuvimos un rol protagónico para el desarrollo del fútbol en la ciudad más importante de la nación que creó este deporte.

Somos el club de fútbol con más clase del mundo, porque esa transformación en el e*status* finalmente iba a materializarse unas décadas después, pero no a través del atropello de un grupo de ricos que buscaban romper con nuestra esencia, sino con la ayuda de un empresario como Henry Norris, quien decidió dejar su comodidad en Fulham para pagar desinteresadamente las deudas de un Arsenal F.C. que mostraba brotes verdes, pese a que estaba al borde de la bancarrota, y lo hizo sin imponer condiciones. Norris no pudo convencer a las autoridades de la Football League de fusionar ambas instituciones ni a George Leavey de mudar al equipo a Craven Cottage; pero siguió adelante porque valoró el espíritu que traía el club y, después de esa temporada 1912/13 en la que el equipo terminó último y descendió por única vez en su historia, tomó la decisión de llevarlo a Highbury para potenciar esa grandeza que asomaba en los orígenes y que quedó más expuesta que nunca cuando los equipos de la Football League lo manifestaron a través de la votación que decretó el regreso del club a la máxima categoría, tras 11 temporadas. El Arsenal F.C. tenía que estar en la élite después de la interrupción causada por la Primera Guerra Mundial; así lo entendieron sus pares. Si bien el conflicto bélico puso en pausa el gran desarrollo estructural que se estaba llevando a cabo en esos tiempos, Henry Norris tuvo la virtud de aprovechar esa ampliación de equipos participantes en la Primera División, tras un contexto caótico, para poner de nuevo al Arsenal F.C. en la élite del fútbol inglés... ¿Cuánto tiempo se hubiera tardado en regresar

sin ese sufragio que se llevó a cabo en 1919, donde los *Gunners* superaron ampliamente a Tottenham, Barnsley, Wolverhampton, Nottingham Forest, Birmingham y Hull City? Pasó más de un siglo y el Arsenal F.C. no volvió a caer a la Segunda, se mantuvo al más alto nivel y estableció un récord de permanencia en esa categoría que actualmente conocemos como Premier League.

Aunque ese ascenso por sí solo no era una garantía de éxito, por eso fue vital la llegada de una mente brillante como la de Herbert Chapman, quien llevaba prácticamente toda una vida ligada al fútbol y había cultivado su sapiencia con distintas experiencias. Chapman, quien paradójicamente se decidió a tomar su primer empleo como mánager siendo jugador del Tottenham, encontró en el Arsenal F.C. un ecosistema ideal para convertirse en uno de los entrenadores más revolucionarios de la historia del fútbol. Somos un club cortés, digno, civilizado, extrovertido y competitivo, porque ese es el legado de la personalidad de un Herbert Champan que —durante sus nueve años en el cargo— se tomó el trabajo de brindarse por completo para supervisar todas las áreas del club, y fue el gran artífice de sacar a relucir esa grandeza. Somos un club sofisticado porque Chapman puso en marcha un proyecto estructural que transformó a Highbury en uno de los estadios más maravillosos del fútbol mundial, con un lujoso vestíbulo principal con piso de mármol (*Marble Halls*) y una fachada exterior que se convirtió en un ícono del movimiento *art déco* que tuvo su auge entre las guerras y todavía sigue en pie porque es un edificio de interés arquitectónico especial. Era una construcción muy innovadora para aquella época, lo que sirvió para atraer a esos seguidores de Holborn, King's Cross, Hackney y Finchley que se beneficiaron de las conexiones de transporte que había detectado Norris al embarcarse en la aventura de tallar y pulir ese diamante en bruto al que salvó de la desaparición. Sin ese traslado al norte de Londres, es posible que la entidad ni siquiera hubiera sobrevivido, y mucho menos se hubiera alcanzado el reconocimiento a nivel global. Sin esa visión que tuvieron Norris y William Hall para instalarse cerca de una estación de metro —que adoptó el nombre del club con el fin de atraer a grandes multitudes—, no hubiese sido posible aumentar la base de fanáticos.

¿Qué hubiese pasado si Norris no contrataba a un Herbert Chapman que empezaba a demostrar su talento en el Huddersfield Town? ¿Chapman hubiera encontrado allí, o en algún otro sitio, un consejero como Charlie Buchan para crear el sistema 'WM' (3-2-2-3)? ¿El Arsenal F.C. habría sido capaz de ver a Highbury transformarse en uno de los estadios más emblemáticos del mundo? ¿En qué momento en la historia del fútbol se hubiesen introducido los números en las camisetas, los relojes y la iluminación en los estadios, el semicírculo en la frontal de las áreas y otras grandes innovaciones que nacieron de su ingenio? ¿La camiseta de los *Gunners* sería hoy completamente roja o alguien se animaría a agregar las mangas blancas, esas que Chapman introdujo porque creía que le permitían a sus jugadores identificarse más fácilmente? ¿Qué hubiera sido del reloj de Highbury, un símbolo del club que trascendió todas las épocas? ¿Dónde se hubiera hecho la primera transmisión de TV en la historia del fútbol? El Arsenal F.C. le permitió a su revolucionario mánager trabajar con libertad durante cinco años en los que no se ganó ningún trofeo, porque asumió el cargo de cara a la temporada 1925/26 y su primera conquista fue la FA Cup 1929/30, pero en ese período se vieron otro tipo de crecimientos. Chapman contó con los recursos necesarios para desarrollar sus ideas más transformadoras y eso le permitió al equipo crear un entorno propicio para subir sus estándares deportivos de forma natural. En la atmósfera ya se respiraban los aires del *Victoria Concordia Crescit*, esa frase en latín que asomó en plena transición al nuevo hogar y que se transformó en el lema oficial del club en la temporada 1947/48, tras ganar el campeonato de la Primera División por quinta vez. Ese enunciado se convirtió en mucho más que una expresión decorativa.

Es un mantra que nos reafirma que somos un club con una absoluta convicción en que los procesos son una parte fundamental para conseguir el éxito, porque hemos sido testigos en innumerables ocasiones de que "La victoria crece a través de la armonía". Después de pasar más de 40 años sin conseguir ese ansiado primer trofeo, que difícilmente iba a llegar en medio de los grandes contratiempos para lograr estabilidad, el Arsenal F.C. dominó por completo el fútbol inglés bajo los lineamientos de la gestión de Herbert Chapman y logró prolongarlo con los ciclos de George Allison y Tom Whittaker. Esa evolución se demoró mucho tiempo pero fue necesaria para que la genialidad de Herbert Chapman tuviera un contexto favorable y todas las esferas del club pudieran estar en sintonía. Ese desarrollo paulatino y sincronizado en distintas áreas desembocó en la primera gran etapa dorada de la entidad. No resultó nada sencillo llegar hasta ese punto, pero dio paso a una catarata de consagraciones que hizo que los *Gunners* fueran en 1950 el primer equipo en ganar siete títulos de liga en la máxima categoría del fútbol inglés. El último de esos trofeos se logró en una de las definiciones más ajustadas de todos los tiempos, en la temporada la temporada 1952/53, imponiéndose al Preston North End por una diferencia del 0,099% en el promedio de goles de aquel curso, que acabó con una victoria por 3-2 ante Burnley en Highbury. Fue una conquista casi milagrosa que derivó en una sequía de 17 años sin conocer la gloria. Se trató del último espasmo de la maravillo-

sa labor de un Chapman que, hasta que murió repentinamente de neumonía en enero de 1934, hizo crecer al Arsenal F.C., pero también se benefició de los recursos de la entidad para transformar por completo el ecosistema del fútbol mundial. Más allá de los 12 trofeos en ocho temporadas que los *Gunners* consiguieron en ese memorable período, su obra también ha sido trascendental para todo el entorno.

Hubo que esperar hasta septiembre de 1996, cuando Arsène Wenger hizo su desembarco en el norte de Londres, para ver una revolución de tal magnitud. Tuvieron que pasar más de 60 años para que la institución volviera a tener un nuevo proceso con mucho éxito deportivo pero también con un crecimiento integral que generara impacto en el ambiente. Aunque no hay que desestimar todos esos acontecimientos previos a la llegada de Wenger, porque también han sido fundamentales para el desarrollo de esa identidad que se había forjado con Herbert Chapman y sus sucesores inmediatos, quienes se esforzaron al máximo por sostener su legado. Somos un club que aprendió de sus momentos más difíciles. Sin esas campañas desoladoras que encabezaron Jack Crayston, George Swindin o Billy Wright, donde no hubo trofeos ni rumbo futbolístico pero se logró sostener el prestigio institucional y disfrutar de algunos talentos como George Eastham o Joe Baker, no habría sido posible reconocer que era necesario volver a las raíces para reencontrarse con la victoria. Denis Hill-Wood, uno de los miembros de esa familia que dirigió el rumbo de la entidad durante gran parte de su historia, le propuso a un hombre de la casa como Bertie Mee que dejara su puesto de fisioterapeuta para convertirse en mánager y su equipo tuvo varios tropiezos antes de conquistar el doblete. ¿Cómo hubiera sido posible que ese joven elenco alcanzara su alto grado de fortaleza mental y resiliencia sin caer derrotado en dos finales consecutivas de la Copa de la Liga? ¿Qué sentido tuvo esa segunda derrota de la definición de 1969, ante un Swindon Town que militaba en la tercera división, si no fue preparar a jóvenes como Peter Simpson, John Radford, George Amstrong y Peter Storey para tolerar frustraciones y afrontar partidos de gran calibre? ¿De qué forma se hubieran convencido estos talentos de la Academia de su potencial si no era con un triunfo por 3-0 en Highbury ante el poderoso Ajax de Johan Cruyff en las semifinales de la Inter-Cities Fairs Cup, el torneo que rompió con la sequía? Aquellos años no se vio un Arsenal F.C. dominante como el de Chapman o Wenger, incluso hubo más traspiés que alegrías, pero se llegó a instancias decisivas en muchas competencias, sobre todo en ese mandato de Terry Neill en el que se jugaron tres finales consecutivas de la FA Cup (1978, 1979, y 1980) y una de definición de nivel europeo. Solamente se logró conquistar una de esas copas locales,

además de que la experiencia continental fue una dolorosa derrota por penales ante el Valencia en la UEFA Cup Winners' Cup 1980; pero también hubo victorias frente a colosos como el Liverpool, que venía de ser bicampeón de Europa, o la Juventus, que tenía a cuatro jugadores que iban a ser campeones del mundo en 1982. Fue un largo período de decepciones, pero también de consolidación entre los clubes animadores en Inglaterra a partir del desarrollo de jugadores muy conectados con los valores institucionales, como Pat Rice, David O'Leary, Liam Brady, Peter Simpson, George Armstrong y Frank Stapleton; o lo que posteriormente fueron Tony Adams, Rocky Rocastle, Michael Thomas y Paul Merson para el excitante ciclo de George Graham, quien había forjado su propia historia como jugador dentro del plantel que ganó el doblete con Bertie Mee, pero luego escribió grandes páginas como mánager.

Somos un club con un enorme sentido de pertenencia porque Graham, quien vistió orgullosamente la camiseta en más de 200 oportunidades, inculcó la disciplina al máximo y una sólida ética de trabajo al regresar al Arsenal F.C. como entrenador. Hizo que su vestuario odiara la derrota y les enseñó a luchar hasta el final por sus objetivos. Su grupo de jugadores comprendieron el mensaje y mostraron un impactante nivel de compromiso para defender el honor que les significaba llevar el cañón en el pecho, lo que los impulsó a conseguir el primer campeonato de liga para el club en 18 años. Hubo momentos gloriosos que alimentaron su prestigio futbolístico y generaron profundos efectos en su cultura ganadora: las cuatro victorias por 2-1 en White Hart Lane en un lapso de 10 meses en 1987, la victoria *in extremis* de Anfield para ser campeón liguero en 1989, el título de 1991 con la menor cantidad derrotas en la élite del fútbol inglés en el siglo XX, el triunfo agónico tras dos finales ante el Sheffield Wednesday en Wembley en 1993, o la consagración europea ante el Parma en Copenhague de 1994. El equipo alzó seis trofeos en un período de ocho años, tres de ellos ganados con goles de última hora, lo que generó una enorme satisfacción en una base de fanáticos que no se inmutaba ante los cánticos peyorativos *Boring, boring, Arsenal* y *One-nil to the Arsenal* (1-0 para el Arsenal) que se entonaban en las tribunas, porque apoyaba incondicionalmente a esos jugadores que dejaban la piel siempre que pisaban el césped, principalmente cuando enfrentaban a sus rivales más acérrimos. "Está bien que la gente nos odie. Es parte de nuestra historia", dijo Graham en tiempos donde también los medios de comunicación empezaron a ser muy crueles con el club, sobre todo al maximizar algunos sucesos con el objetivo de empañar el prestigio de la institución, como la quita de puntos por la pelea en Old Trafford de 1991 o los escándalos de un Tony

Adams que hizo de Highbury su mayor refugio ante sus problemas de adicciones.

Somos un club revolucionario porque, como si las innovaciones que Champan introdujo en su época no hubieran sido suficientes, y cuando parecía que el fútbol era un deporte constituido sin muchas tuercas por ajustar, apareció Arsène Wenger para romper con los moldes en Inglaterra y colocar al Arsenal F.C. entre los clubes más importantes del mundo. Cuando Peter Hill-Wood decidió venderle un porcentaje de las acciones a David Dein, lo calificó de "dinero muerto", pero terminó abriéndole las puertas de la entidad al impulsor de la contratación de Wenger, quien se transformó en el gran artífice del Arsenal F.C. que conocemos en la actualidad... ¿Qué hubiera pasado si Dein era rechazado por Hill-Wood? ¿O si no conocía a Wenger en aquel clásico frente al Tottenham del 2 de enero de 1989, que tuvo al estratega francés como espectador ocasional en Highbury? Ese encuentro en la sala de invitados del estadio y la reunión posterior en la casa de Dein fueron la semilla de la mejor etapa en la historia del club, que llegó tras más de un siglo de crecimiento sostenido, a pesar de algunos obstáculos que hubo que atravesar. David Dein ha sido importante en muchos aspectos para el desarrollo en tiempos modernos. Fue el principal impulsor del proyecto de crear un equipo femenino de fútbol que presentó Vic Akers, lo que derivó un fantástico ciclo con 32 trofeos grandes, muchos de ellos logrados por ese elenco que tuvo un invicto de 108 partidos de liga en tres temporadas, con una seguidilla de 51 victorias consecutivas. También fue quien acercó a Stan Kroenke y Alisher Usmánov a los despachos, lo que provocó fuertes cortocircuitos en el área directiva durante algunos años. Pero la contratación de Wenger ha sido su razón de ser en el norte de Londres, porque lo trajo justo en el momento en que el Arsenal F.C. necesitaba otra revolución y el estratega francés llegó listo para asumir ese desafío. Tenía 47 años, había sido entrenador de fútbol en distintos niveles —infantil, juvenil y profesional— y había experimentado la sensación de trabajar lejos de casa, incluso la idiosincrasia de Japón resultó ser altamente enriquecedora para su visión profesional. Todas sus vivencias de Estrasburgo a Nagoya fueron parte de su proceso de maduración para recalar en Highbury más preparado que nunca; incluso las que no estuvieron relacionadas directamente con el fútbol, como ese verano que estuvo en Cambridge cuando era joven y que le sirvió para perfeccionar su inglés. La comunicación resultaría vital para que Arsène Wenger pudiera ganarse la legitimidad del vestuario rápidamente y beneficiarse de la sólida base defensiva que había construido Graham, como también para imponer sus innovadores métodos de trabajo e ideas modernas que abrieron la mente del fútbol inglés. Sus éxi-

tos deportivos no tardaron en llegar —ganó dos veces el doblete de Liga y Copa en sus primeras cinco temporadas completas en el cargo— y eso le permitió edificar los equipos a su antojo y elegir uno por uno a esos jugadores que cambiaron los paradigmas del juego en la Premier League y nos convirtieron en un club eternamente invencible. George Graham estuvo muy cerca de lograr ser campeón invicto, lo hubiese conseguido de no ser por aquella derrota ante el Chelsea de febrero de 1991, pero... ¿Hubiera sido lo mismo alcanzar ese hito en la época en que las tribunas se oía constantemente el *Boring, boring, Arsenal*? ¿No creen que la campaña de 49 partidos sin conocer la derrota tuvo mucha más repercusión gracias al contexto de globalización, las nuevas tecnologías, y por lograrse a partir de una filosofía de juego más cautivadora? Tuvieron que pasar 13 años después de ese intento fallido de Graham, pero ese hito se materializó bajo lineamientos futbolísticos mucho más atractivos y el mundo actualmente asocia al Arsenal F.C. con un estilo de juego elegante, vistoso y encantador.

Somos los dueños del norte de Londres, porque el título de Los Invencibles se selló el 25 de abril de 2004, nada más y nada menos que en White Hart Lane, el estadio del Tottenham. La gran rivalidad entre ambos empezó a gestarse cuando los Spurs se opusieron a la mudanza de los *Gunners* a Highbury, se consolidó con la cercanía y recrudeció con los comicios que determinaron el ascenso de uno y el descenso del otro, tras la Primera Guerra Mundial. A partir de ahí, el antagonismo fue en aumento, incluso el Arsenal F.C. ya había ganado el título de liga en el estadio de su máximo rival en 1971 con aquel cabezazo de Ray Kennedy que sentenció el 1-0 para que el trofeo volviera a las vitrinas de Highbury por primera vez en décadas. Nadie hubiera imaginado que después de ese triunfo del equipo de Bertie Mee llegaría una experiencia similar de la mano de Arsène Wenger, quien siempre será recordado por esa racha de 49 partidos sin tropiezos, pero también por fichar a Sol Campbell a costo cero y por la celebración del St. Totteringham's Day —el día de la temporada en que Tottenham matemáticamente no puede terminar por encima del Arsenal en la tabla— durante 21 años consecutivos. Con Wenger también se ha intensificado la enemistad con el Manchester United, sobre todo porque existía un notorio antagonismo entre su gestión y la de sir Alex Ferguson, como también entre sus capitanes de esos años: Patrick Vieira y Roy Keane. A lo largo de la historia hubo algunos partidos memorables entre ambos, como el triunfo del Manchester United de Matt Busby por 5-4 en Highbury, unos días antes del desastre aéreo de Múnich en el que murieron cinco de sus futbolistas; o también la victoria del Arsenal F.C. en Wembley por 3-2 con gol de Alan Sunderland en el minuto 89 para ser campeón de la FA Cup 1978/79.

Pero la tensión creció a fines de la década del ochenta y principios de los noventa, sobre todo tras esa pelea iniciada por Anders Limpar y Denis Irwin en Old Trafford, que terminó con deducción de puntos y multas para ambos elencos; y la rivalidad alcanzó su auge con la Batalla de Old Trafford de septiembre de 2003, un empate 0-0 donde Ruud van Nistelrooy fue instigado por varios jugadores del Arsenal F.C., que consideraban que había hecho trampa para expulsar a Vieira y luego falló un penal. Una temporada más tarde, el Manchester United puso fin a la célebre racha invicta del Arsenal F.C. en otro partido de fallos arbitrales polémicos, lo que provocó otro enfrentamiento entre jugadores, esta vez en el túnel de vestuarios. Siempre seremos opuestos a esa mentalidad ganadora básica donde el éxito es perseguido a cualquier costo, sin respeto por los procedimientos y menospreciando al mérito, es por eso que también se ha producido una gran grieta con clubes como el Chelsea o Manchester City después de que empezaron a abusar de la riqueza de sus inversores externos para subir sus estándares competitivos de forma meteórica. Nunca hubo buen *feeling* con los vecinos de Londres, sobre todo porque sus orígenes y los de Stamford Bridge son la antítesis del gran empeño que supuso la creación del equipo de la fábrica de armamentos y lo mucho que costó establecerse, pero la hostilidad aumentó con la ajustada victoria de los *Blues* ante Los Invencibles en la UEFA Champions League 2003/04; y más aún cuando ellos se potenciaron con las inyecciones económicas de su dueño. Las diferencias quedaron más expuestas con el choque de estilos de gestión de Arsène Wenger y José Mourinho, dos mánagers con comportamientos e ideas muy distintas, que tuvieron varios chispazos en sus años en Inglaterra. No podemos evitar sentirnos contrarios al dinero como elemento de poder y atajo hacia la grandeza, porque hemos construido nuestro prestigio de forma intrínseca, sin perder la esencia ni las tradiciones. Preferimos identificar los objetivos y caminar hacia ellos a nuestra propia manera, siendo absolutamente conscientes de que en ese trayecto puede que haya varios obstáculos para superar, pero que tendrán sentido al momento de alcanzarlos. Al Emirates Stadium se lo levantó ladrillo por ladrillo con el dinero de préstamos bancarios, bonos a largo plazo y acuerdos de patrocinio que significaron un riesgo muy grande. Las enormes multitudes de las noches europeas en Wembley terminaron de demostrar que era necesario irse de Highbury para sacar el mayor provecho posible a la gigantesca expansión que había experimentado el club; por eso la mudanza fue una decisión muy acertada pese a que implicó un colosal esfuerzo financiero que privó a Wenger de contratar figuras durante varios años.

Somos un club que valora mucho la fidelidad, sobre todo la de aquellos que más se identifican con sus tradiciones y muestran respeto por su historia… ¿Qué hubiera sucedido si Arsène Wenger elegía irse a Juventus, Real Madrid, PSG, Bayern Múnich, o convertirse en el seleccionador de Inglaterra o Francia, al término de su primera década? Su leyenda no solamente se compone de su éxito prematuro y la histórica campaña de Los Invencibles, también tiene que ser reconocido por asumir un compromiso total con el club y no dudar en abandonar el barco, ni siquiera en ese período de turbulencia. Hay que reconocer que Wenger logró que su equipo fuese uno de los mejores de Europa sin ganar el máximo trofeo continental. La derrota ante el Barça en París significó un punto de inflexión dentro de su ciclo de 22 años, que llegó a su fin en mayo de 2018. Ningún verdadero hincha del Arsenal F.C. puede reprocharle nada y tampoco hay que pensar que debió marcharse antes de tiempo, o que el club desperdició años valiosos al seguir apostando por él cuando sucumbió ante la modernización del fútbol y sus tácticas quedaron obsoletas. Pudo haberse ido muchas veces, pero él ni siquiera lo consideró, estaba cegado por su amor al equipo y la obsesión por ganar. Sería un error juzgarlo por eso… ¿Quién es lo suficientemente sensato como para darse por vencido cuando todavía se cree capaz de revertir una situación adversa? A Stan Kroenke y el resto de la Junta, probablemente les resultó muy difícil lidiar con una personalidad tan fuerte dentro de su estructura. Su ciclo se terminó a tiempo, ni antes ni después. Y su legado será eterno. No solamente por la cantidad de trofeos ganados, sino por ese fútbol estético que se transformó en una marca registrada del equipo y por conseguir que la institución alcanzara una dimensión global y lograra un salto de calidad que se manifestó en muchos aspectos.

Somos amantes del juego y de aquellos futbolistas que se destacan más por su talento que por su temperamento. Necesitamos que nuestros jugadores defiendan la camiseta con la misma pasión que lo haríamos nosotros, pero, principalmente, que cuiden nuestros estándares deportivos e idioma futbolístico. Para conseguir prestigio al momento de vestir el cañón del Arsenal F.C. en el pecho, se necesitan cualidades especiales, como destreza, inteligencia, humildad y carácter. Esos son mayormente los valores que distinguen a quienes han marcado grandes hitos dentro de la historia del club, sobre todo de los integrantes de ese vestuario que estuvo 49 partidos invicto y ganó la Premier League 2003/04 sin conocer la derrota. Cada futbolista era una pieza del rompecabezas con el que Arsène Wenger se dio a conocer al mundo. Patrick Vieira fue la piedra fundacional y luego el capitán de ese elenco que vio explotar su máximo potencial a Thierry Henry o Dennis Bergkamp, por nombrar

algunas de las figuras que hicieron historia grande... ¿Por qué ninguno de estos talentosos jugadores logró mostrar su mejor versión en su paso por Italia? ¿Qué sentido tuvo ese flojo rendimiento en la temporada 1994/95 y el adiós a las competiciones europeas si no fue para luego romper el mercado con la contratación del exquisito atacante holandés que buscaba irse del Inter de Milán? ¿Hubiera podido Henry convertirse en el máximo artillero *gunner* de todos los tiempos sin su sociedad ofensiva con un Bergkamp que cerró su carrera profesional como ídolo en el norte de Londres? El destino los puso codo a codo para llevar al Arsenal F.C. a lo más alto, como también les ha dado a otros grandes jugadores la posibilidad de escribir sus propias páginas dentro de la historia de la entidad. Todos esos futbolistas que estuvieron en el seno de la institución han construido un vínculo con los fanáticos que no está estrictamente ligado a la obtención de trofeos. Es lógico que haya un aprecio especial por quienes más han ganado, como Cliff Bastin, Ray Parlour, Patrick Vieira o Tony Adams; pero se los valora aún más por sus lazos sentimentales con nuestra identidad. Los 10 trofeos que ha ganado Tony Adamas, incluyendo las ligas en tres décadas diferentes, no tienen sentido sin sus 15 años de compromiso absoluto con el club, sino... ¿Cómo es posible que haya tanto aprecio por algunas estrellas que no brillaron al máximo por culpa de las lesiones como Malcolm Macdonald, Eduardo, Jack Whilsere o Tomáš Rosický, por nombrar algunos? ¿Por qué dolieron tanto las salidas de algunas figuras como Liam Brady, Frank Stapleton, Ashley Cole, Robin van Persie o Cesc Fàbregas, por mencionar otros? Ambos interrogantes tienen la misma respuesta: el Arsenal F.C. está por encima de cualquier nombre y es un club donde todas las individualidades tendrán apoyo incondicional, mientras puedan demostrar su compromiso con los intangibles que nos definen, independientemente de la fama que arrastran o lo que suceda después. Los intérpretes van a ser reemplazados una y otra vez, algunos adioses serán más difíciles que otros, pero siempre habrá respeto por aquellos personajes que hayan tenido más empatía con la identidad y los valores que definen nuestra esencia.

Somos del Arsenal Football Club, porque hemos forjado un lazo pasional con sus tradiciones y esa forma de hacer las cosas que se ha extendido a lo largo del tiempo desde hace más de un siglo. Al club le sobran méritos deportivos, hitos, récords y personalidades destacadas, lo que puede funcionar como un gran atractivo para generar un acercamiento con los fanáticos. No obstante, lo que realmente sostiene ese vínculo inquebrantable y genera sentido de pertenencia en los hinchas son esos valores intangibles que van más allá de la práctica específica de un deporte, la idolatría por alguien o un suceso puntual en una determinada ubicación geográfica. Pese a que las raíces están fuertemente establecidas en el norte de Londres, se ha creado un legado que se extiende más allá de esta ciudad y que ha llegado a muchos rincones del planeta. Somos una gigantesca familia que permanece muy unida por una misma cultura, una comunidad que jamás olvida sus orígenes y defiende su reputación al actuar con clase, dignidad y valentía. Nuestro magnífico pasado le da sentido y respaldo a todo lo que vivamos en el presente o lo que nos depare el futuro. Mirar atrás para contemplar todo lo que hemos conseguido no es una práctica nostálgica, es más bien un recordatorio de que los malos momentos son fugaces y que debemos confiar en que nuestro camino a la gloria está en proceso. La grandeza está en nosotros. En tiempos donde el fútbol expone cada vez más su perverso costado industrial y el exitismo es moneda corriente, y mientras el avance de la tecnología nos empuja a llevar vidas monótonas, holgazanas y miserables; somos la convicción de que existe una manera diferente de lograr nuestros objetivos. Independientemente de cualquier altibajo, nos gusta siempre mirar hacia adelante con la fe puesta en que el éxito llegará naturalmente si primero logramos tener armonía. Sabemos que alcanzar nuestra mejor versión solamente será posible si logramos equilibrio en todos esos aspectos que influyen en el proceso. No vamos a ceder frente a las presiones externas de quienes constantemente critican nuestro estilo ni ante aquellos que están deseosos de vernos caer, porque no comparten nuestras creencias. Al contrario, nos mantendremos siempre fieles a esos valores intangibles que han edificado nuestro prestigio y buscaremos el progreso constante. Asumimos el desafío de aspirar a lo máximo y soñar en grande porque estamos convencidos de que lo conseguiremos si nos mantenemos auténticos. Esos son los principios que el Arsenal F.C. ha pregonado a lo largo de su historia. Es nuestra filosofía de vida.

BIBLIOGRAFÍA

- Mangan, Andrew - Arseblog. *So Paddy got up - an Arsenal anthology*. Portnoy Publishing.
- Cross, John - Arsene Wenger: *The Inside Story of Arsenal Under Wenger.* Simon & Schuster UK.
- Attwood, Tony; Kelly, Andy; Andrews, Mark - *Woolwich Arsenal: 1893-1915: The Club That Changed Football.* Hamilton House.
- Barclay, Patrick - *The Life and Times of Herbert Chapman: The Story of One of Football's Most Influential Figures.* Orion.
- Adams, Tony - *Sober: Football. My Story. My Life*. Simon & Schuster UK.
- Wenger, Arsène - Arsène Wenger. La filosofía de un líder (Córner). Roca Editorial de Libros.
- Fensome, David - *Good Old Arsenal!: The Making of Modern Arsenal - Volume 1 - 1966-1973.*
- Wilson, Jonathan - Inverting the Pyramid: The History of Football Tactics. Orion.
- Hornby, Nick - Fever Pitch. Penguin Publishing Group.
- Spurling, Jon - Highbury: The Story of Arsenal In N.*5.* Orion

SOBRE EL AUTOR

Rodrigo Duben nació en Buenos Aires (1990), es periodista deportivo e hincha del Arsenal Football Club desde la adolescencia. Aquella atracción por el estilo futbolístico desarrollado por Arsène Wenger se transformó con el tiempo en una profunda conexión con la historia del club y los valores que definen su identidad. Ha creado «Arsenal en América», un espacio multiplataforma de análisis e información, que ha transitado por distintas etapas (blog, transmisiones en vivo, podcast, eventos), y está principalmente dedicado a toda la comunidad gunner de habla hispana.

www.ingramcontent.com/pod-product-compliance
Ingram Content Group UK Ltd.
Pitfield, Milton Keynes, MK11 3LW, UK
UKHW041856190726
13854UKWH00002B/929